POSS

DADOS INTERNACIONAIS DE
CATALOGAÇÃO NA PUBLICAÇÃO (CIP)
Jéssica de Oliveira Molinari CRB-8/9852

Goodman, Felicitas D.
Possessão / Felicitas D. Goodman ; tradução de Eduardo
Alves. — Rio de Janeiro : DarkSide Books, 2023.
288 p.

ISBN: 978-65-5598-242-8
Título original: The Exorcism of Anneliese Michel

1. Exorcismo 2. Michel, Anneliese 2. Possessão
diabólica I. Título II. Alves, Eduardo

23-0620   CDD 265.94

Índices para catálogo sistemático:
1. Exorcismo

Impressão: Ipsis Gráfica

POSSESSÃO: O EXORCISMO DE ANNELIESE MICHEL
THE EXORCISM OF ANNELIESE MICHEL © 1981 by Felicitas D. Goodman
Published by arrangement with Wipf & Stock Publishers
Todos os direitos reservados
Texto "Terror nas Telas" © Gabriela Müller Larocca, 2023
Tradução para a língua portuguesa © Eduardo Alves, 2023

"Eles estão entre nós.
O bem e o mal são
uma realidade.
Uma luta milenar além
de qualquer religião."
— Ed e Lorraine Warren

Fazenda Macabra
Reverendo Menezes
Pastora Moritz
Coveiro Assis
Caseiro Moraes

Leitura Sagrada
Jéssica Reinaldo
Maximo Ribera
Talita Grass
Tinhoso e Ventura

Direção de Arte
Macabra

Coord. de Diagramação
Sergio Chaves

Colaboradores
Gabriela Müller Larocca
Jefferson Cortinove

A toda Família DarkSide

MACABRA™
DARKSIDE

Todos os direitos desta edição reservados à
DarkSide® Entretenimento Ltda. • darksidebooks.com
Macabra™ Filmes Ltda. • macabra.tv

© 2023 MACABRA/ DARKSIDE

Felicitas D. Goodman

UMA HISTÓRIA REAL DE

POSSESSÃO

Tradução
Eduardo Alves

MACABRA™
DARKSIDE

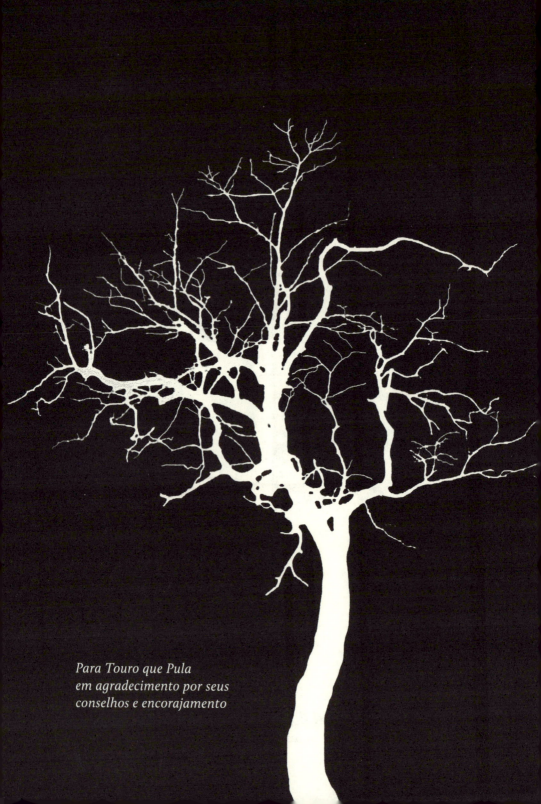

*Para Touro que Pula
em agradecimento por seus
conselhos e encorajamento*

Felicitas D.Goodman

POSSESSÃO

Summarium

11. *Introductio:* Preces contra o Mal

23. *Prologus:* Extrema-Unção

25. *Capitulum 1:* Infância

35. *Capitulum 2:* Rostos Abomináveis

45. *Capitulum 3:* Medicina e Devoção

70. *Capitulum 4:* A Represa se Rompe

113. *Capitulum 5:* Combatendo o Mal

153. *Capitulum 6:* Desafio Silencioso

177. *Capitulum 7:* Últimos Meses

197. *Capitulum 8:* Julgamento

221. *Capitulum 9:* Ideias em Confronto

248. *Capitulum 10:* Causa Mortis

271. *Epilogus:* A Partida

276. Terror nas Telas

284. Bibliographia

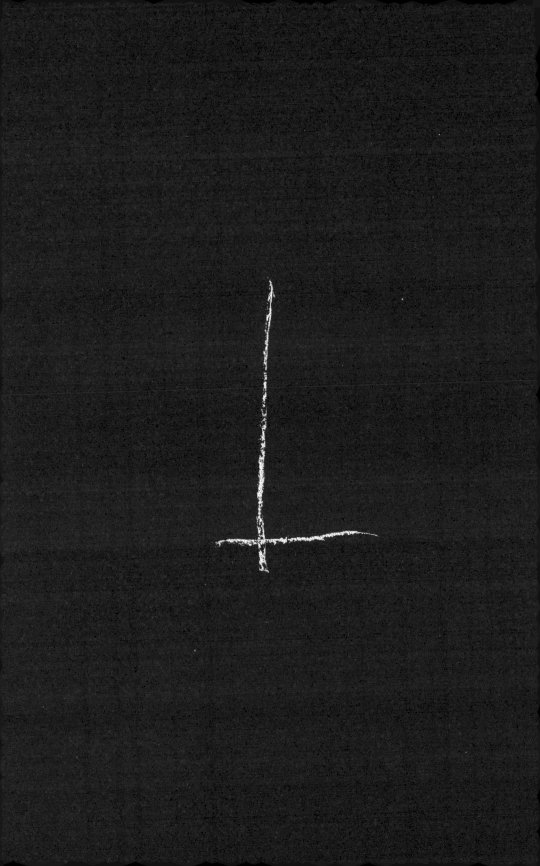

Felicitas D.Goodman

POSSESSÃO

Introductio

Preces contra o mal

No verão de 1976, na comunidade rural de Klingenberg, em um sobrado moderno na Mittlerer Weg, uma jovem estudante chamada Anneliese Michel veio a falecer pelo que pareceu ser espancamento e inanição. Tinha contusões no rosto, mãos, braços e pernas e estava extremamente emaciada. O médico para quem seu pai pediu um atestado de óbito se recusou a emiti-lo, pois não tinha certeza de que ela havia mesmo morrido de causas naturais. Um padre que tinha telefonado para o gabinete da promotoria em Aschaffenburg naquele mesmo dia mencionou possessão demoníaca e exorcismo. Outros detalhes logo vieram a público. Seus médicos, dizia-se, tinham suspeitado de que ela sofria de ataques epilépticos. Seus pais, contudo, acreditavam que ela estava possuída por demônios. Em resposta a seu pedido, e com a permissão oficial do bispo de Würzburg, o dr. Josef Stangl, dois padres realizaram um ritual de exorcismo. Ele foi conduzido em total segredo e durou meses, até a morte de Anneliese. Apesar de sua óbvia degradação física, nenhuma das pessoas a par do segredo, alegava-se, procurou ajuda médica para ela, ajuda que supostamente poderia ter salvado sua vida.

As agências de notícias alemãs logo agarraram a história. O filme norte-americano *O Exorcista* tinha sido visto na Alemanha. O público também tinha ficado perturbado por conta de uma discussão que se seguira a algumas teses publicadas pelo famoso professor de teologia de Tübingen, Herbert Haag: Seria o diabo apenas uma representação simbólica do conceito do mal ou será que forças demoníacas tinham uma existência objetiva? Comentários insistentes foram muito divulgados de ambos os lados. Havia, agora, um verdadeiro caso onde os dois pontos de vista opostos batiam de frente. A Igreja Católica, ao que parece, se opusera à ciência moderna e defendera a ideia da existência objetiva de diabos chifrudos e do restante da horda infernal. Ritos mágicos tinham sido realizados por baixo dos panos, ocultados pelas cortinas de seda da Igreja Matriz, resultando na morte de uma jovem inocente. Foi um sensacionalismo sem fim.

Tampouco o interesse do público diminuiu com o passar do tempo. Em agosto — quase dois meses após a morte de Anneliese — o Bavarian Radio Service reportou que o caso seguia inflamando a imaginação do público. Poucas pessoas sabiam o que era um exorcismo, o comentarista disse, visto que poucas permissões para a realização de um tinham sido concedidas no século xx — isto é, até o surgimento do caso de Anneliese Michel. "Junto ao seu leito, parece, não houve apenas preces contra o mal. O que os padres tentaram, em vez disso, foi um tipo de expulsão mágica de demônios típica dos fanáticos religiosos da Idade Média", opinou o radialista. Padres, no entanto, não eram mágicos. A Igreja Católica alemã teria se saído melhor se tivesse seguido o exemplo do bispo de Essen e deixado claro a diferença entre magia e religião. Quando questionado a respeito de exorcismos, esse bispo tinha afirmado que nunca outorgara nenhuma permissão para um exorcismo e não faria tal coisa no futuro, pois "a fé cristã é uma propriedade muito sagrada e deve ser protegida contra todos os tipos de superstições".

Apenas uma semana antes dessa transmissão, e sem que o Bavarian Radio Service soubesse, a "superstição" tinha provado sua força de uma forma marcante. Um cidadão da comunidade de Bretzingen, que não fica muito longe de Klingenberg, telefonou para as autoridades de Aschaffenburg. Ele não quis revelar seu nome, mas relatou que o padre católico do vilarejo, o pastor Hermann Heim, esteve tocando algumas fitas no sistema de som do "Zum Ross", um bar local. Ele supôs que essas fitas tinham sido gravadas durante as sessões de exorcismo de Anneliese Michel. Os gritos e imprecações guturais dos demônios estavam causando pânico em Bretzingen, contou ele. O promotor público ordenou que as gravações fossem confiscadas como provas materiais do caso de Anneliese Michel. Também ordenou que o padre, seus alojamentos e pertences, fossem revistados — uma ação inédita contra um homem do clero. Chocado pela reação vingativa das autoridades e da atmosfera de caça às bruxas que pairava sobre o público, o bispo de Würzburg passou a negar qualquer apoio ao que o comentarista da rádio tinha chamado de "elementos de uma cultura primitiva". Mas já era tarde demais. Leigos de todo o país entraram com processos contra ele, de Munique, Nuremberg, Ludwigshafen, Remscheid, Karlstadt e outros lugares, entre eles muitos advogados.

Após uma longa e detalhada investigação, os pais de Anneliese e os dois padres que tinham conduzido o exorcismo foram acusados de homicídio por negligência. O caso foi levado a julgamento na primavera de 1978 no Tribunal Distrital de Aschaffenburg. A imprensa pôde se esbaldar de novo. A Baviera foi retratada nas manchetes como "a terra onde os demônios uivam". "Tamanho disparate tem que ser erradicado", era a exigência. Os pais e os padres deveriam receber a punição máxima permitida por lei. O bispo Stangl levou parte da culpa pela morte da garota. Por fim, o tribunal em Aschaffenburg indeferiu os processos contra o bispo. Mas os ataques tinham surtido efeito. Ele largou o cargo e pouco depois sofreu um derrame, causado, disseram seus amigos, pela angústia que o assolou. Perdeu a fala e assim permaneceu, até o dia de sua morte, em 8 de abril de 1979.

A severidade das sentenças aplicadas aos quatro acusados, indo muito além do que a promotoria tinha exigido, surpreendeu até mesmo os mais vociferantes exponentes da indignação pública contra o "frenesi demoníaco do interior". Em parte por esse motivo, mas também porque alguns fundamentos religiosos estavam em jogo, o debate a respeito do caso não perdeu intensidade. Muitos livros foram publicados, explorando principalmente a existência de demônios. Essas obras citam extensamente uma declaração do papa Paulo vi, feita na audiência geral do dia 15 de novembro de 1972, onde ele disse, entre outras coisas: "O pecado, de sua parte, proporciona a um malfeitor sombrio e agressivo, o Diabo, uma oportunidade de agir em nós e em nosso mundo... Qualquer um que conteste a existência dessa realidade se coloca contra os ensinamentos bíblicos e da Igreja". Em janeiro de 1979, um repórter católico, Leo Waltermann, transmitiu um programa pela estação de rádio da empresa de radiodifusão Westdeutscher Rundfunk, no qual destacou o dilema da Igreja Católica. Ele acreditava que ela estava presa em crenças despropositadas sobre o diabo.

Nesse debate, ficou claro que a doce figura central do drama — a jovem que perdeu a vida — tinha sido praticamente esquecida. Os psiquiatras rotularam-na como doente mental, o tribunal tinha vingado sua morte — o que mais havia a dizer?

Muito mais, eu pensei logo que li sobre o caso pela primeira vez na revista *Newsweek* (23 de agosto de 1976). Intitulado "O Exorcista", o curto artigo dizia que uma epiléptica de 23 anos chamada Anneliese Michel morreu na Alemanha enquanto era exorcizada. Havia fitas contendo "gritos incoerentes misturados a profanidades furiosas" supostamente proferidos por seus demônios, que incluíam personagens infames tal como Lúcifer, Judas, Nero e Hitler. Seus pais e os dois padres envolvidos tinham aceitado o diagnóstico de possessão demoníaca, "mas", a *Newsweek* continuava, "católicos mais liberais o contestavam. 'Possessão é uma questão de fé, não um fato empírico', disse o teólogo Ernst Veth, orientador de Michel na Universidade de Würzburg. 'Eles deveriam ter chamado um médico'".

Três elementos em particular despertaram meu ávido interesse por essa notícia.

Um foi a associação entre epilepsia e o que obviamente foi uma experiência religiosa. Observadores ocidentais, como eu bem sabia com base em antigas literaturas antropológicas, com frequência relatavam o fato de que "tribos inteiras" tinham "crises epilépticas" durante rituais religiosos. Era suposto que toda uma população tivesse convulsões epilépticas quando ordenado e então realizasse complexas encenações ritualísticas enquanto sofria violentos espasmos. A conjetura era obviamente absurda. Será que tal concepção errônea tinha prevalecido nesse caso?

A segunda questão foi a suposta "possessão" por espíritos malignos. Ao contrário do que Ernst Veth tinha dito, "possessão" era sim um "fato empírico", isto é, uma experiência relatada por milhões de pessoas ao redor do mundo. Em meu trabalho de campo em igrejas apostólicas nos Estados Unidos, na Cidade do México e entre os camponeses maias em lucatã, eu tinha visto muitas pessoas que, em seus próprios contextos religiosos, tiveram a impressão de serem invadidas por uma entidade do reino sobrenatural, da região que Carlos Castaneda chama de "realidade separada". Algumas tinham, em suas experiências, sido dominadas pelo Espírito Santo, outras por Satã. Católicos carismáticos estadunidenses tinham o que chamavam de "missas de libertação" planejadas para expulsar "espíritos malignos". E um colega do corpo docente tinha me contado a respeito de sessões de exorcismo na Comunidade Luterana, localizada em uma cidade do Centro-Oeste, da qual ele fazia parte. "Você tinha que ouvir como os demônios imploravam porque não queriam deixar suas vítimas", contou ele, claramente abalado, "e as profanidades que exclamavam."

Em terceiro lugar, havia aquelas fitas, um registro das sessões de exorcismo. Eu tinha feito extensas pesquisas sobre padrões de fala de indivíduos que relatavam experiências de serem possuídos; essas pesquisas não foram baseadas apenas em minha própria coleção de fitas de falantes de inglês, espanhol e idiomas maias, mas também em materiais do Brasil, Malásia, Bornéu e África. Eu tinha descoberto que independentemente de suas línguas nativas, todos esses falantes compartilhavam alguns traços bastante característicos. Será que esses traços diagnósticos poderiam ser detectáveis também nas fitas da Alemanha? Eu queria muito descobrir, mas foi preciso cuidar de outros projetos primeiro e, por isso, deixei o assunto de lado.

Na primavera de 1978, uma reportagem transmitida por uma rede de televisão nacional inesperadamente voltou a desenterrar o caso de Anneliese Michel. Ao que parece, houvera uma investigação criminal que foi levada a julgamento. Os quatro réus, os pais de Anneliese e os dois padres que tinham conduzido o exorcismo, tinham sido condenados por homicídio por negligência, receberam uma suspensão condicional da pena e foram obrigados a arcar com as custas processuais. Essa foi uma conclusão bastante curiosa. Havia de fato provas de que eles tinham causado sua morte? Nenhuma das pessoas que vivenciaram "possessões" que eu tinha visto ou lido a respeito jamais tinha morrido. O que tinha sido diferente neste caso?

Escrevi para minha sobrinha na Alemanha, ela própria uma jovem advogada, e lhe pedi que me mandasse informações adicionais. Os artigos dos jornais alemães sobre o julgamento que ela me enviou me convenceram ainda mais de que valia a pena examinar o caso com maior atenção.

Ficou claro com base nessas reportagens que os pais tinham feito apenas o que a filha quisera. Anneliese disse que estava sendo atormentada por demônios e, como católicos devotos, os pais tinham chamado os padres. Os padres, por sua vez, tinham tentado ajudá-la, com o conhecimento e permissão explícita de seu bispo. Ainda assim, os quatro não tinham sido apenas sentenciados pelo tribunal, mas também insultados, ridicularizados e condenados pela opinião pública por conta de sua crença em possessão.

Talvez, por um acaso, o tribunal não tenha convocado nenhum psiquiatra que poderia saber algo a respeito desse tipo de comportamento humano. Havia, por exemplo, o professor Wolfgang Pfeiffer da Faculdade de Medicina da Universidade de Münster. Em seu livro sobre psiquiatria intercultural (*Transkulturelle Psychiatrie,* Stuttgart, 1971) ele fala sobre "possessão" como sendo uma das experiências humanas religiosas básicas. Em vez disso, o tribunal convocou especialistas não em psiquiatria *intercultural,* mas em *clínica.* Eles obviamente não estavam cientes — um resultado lamentável da especialização profissional — de que ao redor do mundo milhões de pessoas eram "possuídas" no contexto dos mais variados rituais. A mera crença de que uma entidade estranha pudesse assumir o controle do corpo de um indivíduo e falar através de sua boca foi considerada prova de insanidade por esses especialistas. O tribunal ficou tão impressionado com os pronunciamentos dos especialistas — pronunciamentos expressados em uma linguagem técnica bastante rebuscada — que sequer tivera a ideia de compará-los uns com os outros. Se os membros do tribunal tivessem se dado ao trabalho de fazer isso, sem dúvida teriam descoberto inúmeras contradições.

No começo do verão de 1978, eu tive a oportunidade de telefonar para o professor Pfeiffer. Ele também tinha acompanhado o caso, mas andava tão sobrecarregado com obrigações pedagógicas que não teve muito tempo para se dedicar à questão. Eu acreditava que algo precisava ser feito para ajudar as pessoas envolvidas. Elas não apenas tinham sido julgadas com base em opiniões clínicas irrelevantes para o caso, como também tinham sido abandonadas pela Igreja Católica que, sob o ataque da opinião pública, se dera por vencida. Eu me sentia bastante mal por elas.

Atendendo ao meu pedido, minha sobrinha obteve o endereço da sra. Marianne Thora, uma das advogadas de defesa. Depois de verificar minhas credenciais científicas, a sra. Thora decidiu cooperar comigo. Ela gentilmente cedeu todo o seu dossiê de documentos, totalizando quase oitocentas páginas de relatórios, cartas, declarações das testemunhas e depoimentos dos médicos de Anneliese e dos psiquiatras consultados pelo tribunal. Resumindo, dada a investigação criminal detalhada realizada pelo tribunal, eu me vi em uma posição invejável ao receber resultados que reuniam um extenso trabalho de campo incluindo os aspectos mais relevantes do caso.

Para poder mensurar o envolvimento pessoal dos diversos participantes, comecei a me corresponder com os dois exorcistas, que bondosamente responderam as muitas perguntas que dirigi a eles. O padre Renz, responsável por grande parte das sessões de exorcismo, me emprestou algumas de suas fitas do ritual. Com base nesse material, escrevi em alemão um "parecer da minoria", por assim dizer, de umas quarenta páginas. As ideias expressas ali formam a base da seção teórica deste livro. Esse parecer foi bastante circulado entre amigos e apoiadores dos envolvidos no caso. A sra. Thora escreveu dizendo que caso o Tribunal tivesse podido lê-lo antes que a sentença fosse anunciada, os réus não teriam sido condenados. Seu otimismo não foi posto à prova. Ela encorajou todos os quatro réus a entrarem com apelações com base nos novos argumentos, mas eles se recusaram a fazer isso. Eles sofreram tanto que é compreensível que não queiram se expor a uma outra rodada de publicidade e ataques, independentemente do que o tribunal de apelações viesse a decretar.

O caso é tão pluridimensional, tão bem documentado, que acredito que seria uma verdadeira perda se o grande público não viesse a conhecê-lo em uma época em que existe um ávido interesse por tais acontecimentos e também muitas especulações desinformadas. Eu, portanto, perguntei aos réus se eles consentiriam com um tratamento do caso em formato de livro. Os pais de Anneliese, contatados pelo padre Alt, ficaram reticentes em abrir feridas que mal tinham começado a fechar, mas não se opuseram a serem citados a partir de documentos em minha posse. Os dois padres se mostraram mais cooperativos. O padre Renz me enviou publicações relevantes, material adicional dos diários de Anneliese e algumas respostas às perguntas dos pais. Ele me deixou ficar com fotografias e o registro sonoro de um programa de televisão sobre o *Fall Klingenberg* — o caso Klingenberg, como é agora conhecido na Alemanha. Sua contribuição mais importante, contudo, foi uma cópia completa de todas as 42 fitas cassetes que ele gravou durante as sessões de exorcismo. Elas estão cuidadosamente numeradas e datadas e foram gravadas em um equipamento de alta qualidade. Sem as fitas, a história de Anneliese seria apenas outra história de terror. Com elas, fui capaz de fazer algo equivalente a um extenso trabalho de campo. É provável que sejam ainda melhores do que se eu tivesse estado ali registrando os eventos — de certo modo, um observador de fora "contamina" a cena, mas apenas os envolvidos estavam presentes.

Do padre Alt recebi cartas escritas a ele por Anneliese, mais algumas publicações e um registro em fita do julgamento e outros comentários, entre eles, uma descrição de uma visita a um santuário em San Damiano, no norte da Itália, aonde Anneliese tinha ido diversas vezes. Os dois padres responderam com paciência minhas várias perguntas feitas em longas correspondências. Além disso, o namorado de Anneliese, Peter, e a irmã mais nova dela, Roswitha, compartilharam comigo lembranças pessoais. Amigos na Alemanha e na Áustria me enviaram reportagens de jornais. Eu também tive esperanças de receber notícias daqueles psiquiatras que tiveram um maior envolvimento no tratamento de Anneliese, em especial os drs. Lüthy e Schleip, mas meus telefonemas foram recusados e minhas cartas permaneceram sem respostas.

Para completar o quadro, fui para a Alemanha em novembro de 1979 e tive a oportunidade de conversar com os principais envolvidos, de visitar as igrejas que Anneliese tinha frequentado e de ver seu túmulo. Sou muito grata por toda a cooperação e hospitalidade cortês que me foram oferecidas.

A partir desse vasto material, eu pude compor o que acredito ser um quadro confiável da vida de Anneliese e da história do exorcismo. Meticulosamente, eu separei, avaliei e reuni inúmeros pedaços e fragmentos, compondo um quadro mais completo do que qualquer participante poderia ter tido na época em que tudo aconteceu. Algumas vezes tive que elaborar um pouco o relato, o que pude fazer porque conheço a Alemanha e frequentei a Universidade de Heidelberg, que não fica muito longe da região onde tudo aconteceu. Mas nada na apresentação foi fantasiado. Os eventos são descritos conforme aparecem nos documentos em meus arquivos, às vezes ampliados a partir de relatos gravados ou de entrevistas — em outras palavras, todos foram corroborados.

Assim como todas as declarações, incoerências e equívocos atribuídos a cada um dos envolvidos no caso. Fazer referências às fontes em cada ocorrência teria feito com que a leitura se tornasse tediosa, mas a documentação é mencionada com frequência, ou ao menos fica clara com base no contexto.

O ponto de vista da narrativa é, tanto quanto possível, dos envolvidos, que compartilhavam um conjunto de suposições muitas vezes tácitas a respeito do mundo. O que contribuiu para a tragédia foi o fato dessas suposições não serem compartilhadas por outros — mais poderosos do que eles — da mesma sociedade. E as concessões que tentaram fazer se mostraram desastrosas.

Nos últimos dois capítulos, apresento uma análise do que aconteceu. Para isso, dois diferentes aspectos tiveram que ser levados em conta: o médico e o antropológico. Em relação ao primeiro, assumi o papel de um repórter investigativo. Como tradutora científica poliglota, trabalhei muitos anos com textos médicos, em especial sobre hematologia e bioquímica. Na faculdade, fiz cursos de neurofisiologia e psiquiatria. Comparei minhas suposições com a literatura relevante, conversei bastante com orientadores da Associação de Epilepsia e discuti os pontos proeminentes do caso com um amigo médico. Referente ao aspecto antropológico da questão, falo como uma pesquisadora treinada com muitos anos de experiência na área de transes religiosos.

Levando em consideração tudo isso, apresento uma hipótese diferente daquela que serviu de base para o julgamento de Anneliese Michel. Uma hipótese alternativa que leva em conta a validade geral — a realidade — da experiência de possessão.

A realidade, como você está prestes a conhecer, é assustadora.

Felicitas D.Goodman
POSSESSÃO

NOTA DA AUTORA

As datas de diversos eventos na vida de Anneliese são de fundamental importância. Nem todos os envolvidos nos eventos concordaram com o que aconteceu ou quando, mas com frequência foi possível eliminar discrepâncias com base no contexto e nas muitas cartas datadas incluídas nos arquivos do Tribunal. Conversas entre os envolvidos são todas baseadas em arquivos, embora eu, algumas vezes, tenha tido que confiar em alusões ou comentários, em especial em relação aos primeiros anos de vida de Anneliese. Essas conversas são conjeturais. Para os últimos anos de sua vida, muitas testemunhas proporcionaram paráfrases ou declarações recordadas literalmente, as quais em seguida pude usar para apresentar uma boa reconstrução do que foi dito. Antes da publicação, a tradução para o alemão do manuscrito, preparada por mim, foi revisada pelo padre Alt, pelo padre Renz e pela sra. Marianne Thora. Suas sugestões foram incorporadas, quando viável, tanto na versão em inglês quanto na em alemão. Felizmente, o arquivo sobre Anneliese estava tão completo, e o material reunido durante as entrevistas na Alemanha em novembro de 1979 tão satisfatório, que apenas algumas pequenas mudanças foram necessárias.

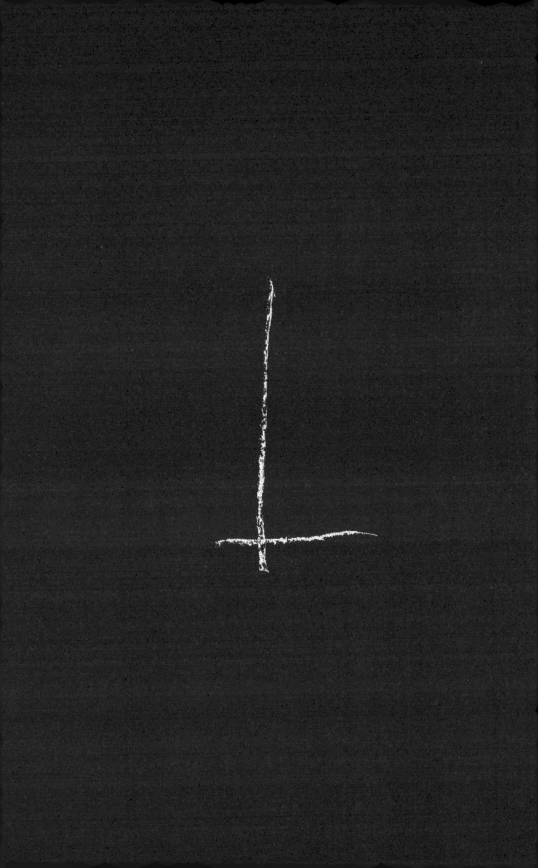

Felicitas D.Goodman
POSSESSÃO

Prologus

Extrema-Unção

O primeiro item na coleção de documentos da sra. Marianne Thora, a advogada de defesa do padre Alt, é uma entrada nos registros do gabinete do promotor público de Aschaffenburg, sede da administração do distrito de mesmo nome.

Hoje, às 13h30, recebi um telefonema de um tal de padre Alt. Ele não forneceu seu endereço. Descreveu um caso de exorcismo (expulsão de demônios) para mim, o qual, contou, ele tinha realizado em uma moça, Anneliese Michel, de Klingenberg. Descreveu os tratamentos anteriores aos quais a moça tinha sido submetida, todos sem sucesso, por psiquiatras e neurologistas de Aschaffenburg, especificamente o dr. Siegfried Lüthy, e de Würzburg. Descreveu os sintomas que ela estivera tendo e os sucessos e fracassos do exorcismo. Mencionou que durante períodos de agitação ela, às vezes, ficava incapaz de comer ou beber, e que isso também tinha acontecido recentemente. Todos tinham esperado, contudo, que ela logo voltasse a se alimentar. Por fim, mencionou que a garota tinha morrido naquela manhã.

Quando telefonei para o fórum de Klingenberg por volta das 15h, o atendente me contou que Josef Michel, o pai da garota morta, tinha ido ao cartório de lá por volta das 13h e requisitado um atestado de óbito para a filha. Ele disse que ela havia sido acometida por uma súbita febre muito alta e morrido inesperadamente naquela manhã. Quando foi informado que apenas um médico podia emitir tal atestado após ter examinado apropriadamente o corpo, ele disse que havia um médico em sua casa naquele momento. O atendente ligou para a casa dele e conversou com um tal de dr. Roth. Se essa pessoa era de fato um médico não se sabe. O dr. Roth disse que não estava com os formulários necessários. Ele não realizou nenhum exame post mortem.

O enterro será na manhã de sábado.

Ao telefonar para o clínico geral em Klingenberg, o dr. Martin Kehler, fui informado que durante seu exame post mortem, este tinha constatado que o cadáver estava completamente emaciado e ainda quente. O corpo exibia uma grande quantidade de escoriações. Ele não emitiu o atestado de óbito porque não pôde atestar que a morte tinha sido por causas naturais. Sugeriu que fosse realizada uma necropsia.

Ele também me contou que tinha visto a garota pela última vez em bom estado nutricional em outubro de 1975. Dois meses atrás, o pai dela havia lhe telefonado e pedido que fosse até lá para um atendimento em domicílio. Pouco depois, contudo, tinha cancelado a consulta.

Pedi ao Instituto de Medicina Forense da Universidade de Würzburg para fazer as preparações para uma necropsia.

Assinado em Aschaffenburg, 1 de julho de 1976
Stenger
Promotor Público

O fim do caminho. Mesmo ao longo do relatório fatual do promotor público podemos sentir a agonia do padre Alt enquanto relata algo tão estranho e fora do comum ao promotor, que precisa perguntar: "O que, exatamente, é um exorcismo? Ah, entendi, a expulsão de demônios...". Então, em um comentário secundário, o padre Alt acrescenta que a garota tinha acabado de morrer. O fim do caminho.

Felicitas D.Goodman

POSSESSÃO

Capitulum 1

Infância

Anneliese Michel tinha 23 anos de idade quando faleceu. Era uma filha da classe média alemã estável, frugal, trabalhadora, pacata, mais camponesa do que urbana, cumpridora da lei, e na Baviera, onde nasceu, firmemente católica. Os Michel tinham sido artesões de vilarejos durante séculos, em especial construtores e pedreiros. O pai de seu pai era dono de uma serraria em Klingenberg. Assim como o pai de sua mãe, o vovô Fürg, em Leiblfing, uma pequena comunidade na Baixa Baviera. Anneliese nasceu lá no dia 21 de setembro de 1952, a segunda filha de sua mãe. A primeira filha, Martha, morreu aos 8 anos devido a uma doença renal. "Todos adoravam a pequena Martha", a família costuma comentar. "Ela gostava de rezar e era uma criança alegre e meiga. 'Eu rezei três terços hoje', contava ela a todos quando entrava em casa depois de brincar com os três cordeirinhos que papai tinha dado a ela." A imagem da criança devota traz à mente pinturas da Baviera barroca.

Quando Anneliese era pequena, costumava visitar os avós em Leiblfing; durante toda a vida ela manteve a cadência especial do dialeto da vila de sua mãe. Esta última, Anna Fürg, frequentou três anos do ensino médio e em seguida fez um curso comercial, a escolha costumeira para moças de sua classe social. Apenas as mais inteligentes se tornavam freiras ou se matriculavam em uma faculdade de pedagogia para se tornarem professoras. Esse é um padrão que se repete. Duas das filhas de Anna seguiram esse caminho na geração seguinte. Antes de se casar com Josef Michel, Anna trabalhou no escritório da serraria do pai; como de costume, tinha morado na casa dos pais.

O pai de Anneliese, Josef Michel, foi enviado a uma escola de ensino médio em Miltenberg quando tinha 10 anos; isso foi feito de acordo com os desejos da mãe, que queria que ele se tornasse padre. Destinar alguns dos filhos a uma carreira eclesiástica era uma tradição familiar de longa data: três de suas próprias irmãs eram freiras professoras. O menino tirava boas notas em tudo menos latim, a matéria mais importante na época para um futuro padre. Com relutância, sua mãe por fim concordou em transferi-lo para uma escola profissionalizante, uma conclusão que ao que tudo indica não deixou seu pai muito preocupado. Ele sempre quisera que seu "Sepp" assumisse o negócio da família. Portanto, ele aprendeu carpintaria com um mestre carpinteiro no estabelecimento do pai. Depois de ser aprovado no exame de artífice três anos mais tarde, passou a trabalhar no ramo. Aos 22 anos, foi recrutado na eclosão da Segunda Guerra Mundial. Combateu primeiro no front ocidental, na Bélgica e na França, e então foi enviado à Rússia. A respeito dessa experiência, existe um pequeno registro emocionante, datado de 29 de outubro de 1975, no diário de Anneliese.

> São José me contou que foi ele quem se certificou de que papai encontrasse aquelas botas na Rússia. Papai costumava falar sobre isso, que na Rússia seus pés quase congelaram. Então, de repente, na neve, ele encontrou um par de botas russas maravilhosas.

Mais para o final da guerra, Josef Michel foi feito prisioneiro pelos estadunidenses. Foi libertado em junho de 1945 e foi para Munique para fazer um curso na área de construção civil em 1946. No verão de 1948, foi aprovado em seu exame de mestre artífice. Assumiu o negócio da família em Klingenberg e se casou dois anos depois.

Ao retornar da guerra, Josef Michel encontrou a casa dos pais e sua comunidade quase intocadas pela devastação dos ataques aéreos que tinham destruído cidades maiores. Em séculos anteriores era considerado perigoso viver em uma comunidade pequena em tempos de guerra. Era muito mais provável que o lugar fosse saqueado e seus habitantes mortos por exércitos que estivessem de passagem porque suas fortificações eram muito mais fracas do que aquelas das cidades maiores. Em tempos de guerras modernas, ser uma comunidade pequena se mostrou vantajoso. E Klingenberg é muito pequena. Não chega a abrigar nem 3 mil pessoas. Localizada no distrito de

Obernburg na Baviera, uma das regiões da Alemanha ocidental, ela fica às margens do estreito do rio Meno, que corre por entre as colinas ondulantes e arborizadas e separam as cordilheiras Odenwald e Spessart. Anneliese adorava sua cidade natal, e havia uma gravura de seus telhados pontudos aninhados no vale pendurada acima do sofá-cama no qual morreu.

Nas encostas das colinas, vinhedos ascendem os declives em retângulos irregulares. Os camponeses cujos lares permanecem em Klingenberg até hoje sabem fazer vinho tinto há mais de dois milênios, pois a arte da vinicultura foi apresentada a eles pelos romanos. Aqui e ali uma pedra de um antigo assentamento romano que outrora existiu naquela região aparece nos muros dos terraços nos quais as uvas são cultivadas. Os turistas vão para lá degustar o vinho nas tabernas de Klingenberg, e na igreja a bênção do padre o transforma no sangue do Senhor.

Um castelo protege o vale entre os estreitos no centro das colinas ondulantes. Em seu tempo, ele abrigava alguns nobres insignificantes, barões ladrões que cobravam pedágio das embarcações que navegavam na direção do Reno com suas cargas de grãos e vinho. Hoje, os estudantes chegam no trem que liga Klingenberg à cidade maior de Miltenberg e a Aschaffenburg, capital do distrito onde Anneliese cursou o ensino médio. As crianças escalam as ruínas dos muros do castelo, destruídos pelos disparos de pólvora de algum soldado francês há muito esquecido. As ameias de tijolos tinham bloqueado o caminho dos exércitos de Luís XIV, os quais passaram por lá no final da década de 1680 a fim de asseverar a reivindicação de seu Rei Sol ao Palatinado rico em vinhos. Deixaram para trás camponeses mortos, árvores frutíferas tombadas e vinhedos queimados. Essa tinha sido a segunda vez em um século que isso acontecera, pois duas gerações antes os mercenários saqueadores da Guerra dos Trinta Anos tinham deixado marcas parecidas. Assim como a revolta camponesa um século antes, quando alguns jovens inquietos de Klingenberg atacaram os nobres do castelo, acabando por serem torturados e decapitados após sua derrota. Mas com o passar do tempo houve outros filhos, novos vinhedos foram cultivados e os agricultores seguiram com suas vidas como antes. Existe muita perseverança nesses vilarejos.

Onde cinquenta anos atrás vacas passivas espiavam com um olho através de janelas minúsculas do primeiro andar ou do porão e aqueciam o andar superior para as pessoas com seu enorme calor corporal, as grandes casas dos vinicultores hoje formam o centro de uma popular área de recreação.

Novas ruas com casas modernas se estendem entre as colinas e ao longo do rio Meno. É ali que os donos e os operários dos barreiros vivem. Estes últimos estão localizados nas colinas perto de Klingenberg, assim como a pequena fábrica onde medidores de pressão são montados. A família de Anneliese também tem uma casa assim, cercada por árvores e arbustos ornamentais, e os vinhedos se erguem por trás da cerca dos fundos. As janelas no lado esquerdo dão para o cemitério onde Anneliese está enterrada.

Alguns dos funcionários das indústrias e empresas comerciais de Klingenberg são recém-chegados, destroços carregados pelas águas tumultuosas da Grande Guerra. Mas a maioria, como os pais de Anneliese, vem de famílias estabelecidas pelos filhos mais novos dos vinicultores, para os quais não havia sobrado terraços nem campos para subdividir. A indústria moderna lhes proporcionou novos meios de sustento em sua antiga cidade.

Mesmo com novas oportunidades de emprego, contudo, esses descendentes continuam presos à cultura que faz parte da região tanto quanto a fragrância florestal de Spessart e Odenwald ou a névoa sobre o Meno. Essa é uma cultura comum a todos os vinicultores, independentemente de onde aram suas terras ou de como chamam seus deuses. Existe uma divindade cuja graça recai sobre pecadores indignos, tão superior, tão exaltada que quase não pode ser alcançada. Mas a vida é árdua e o agricultor precisa da ajuda dos poderes do "outro lado". Portanto, existem intermediários bondosos que irão ouvir, proteger e interceder. Maior entre eles, em Klingenberg e em outros lugares do mundo católico, está a Virgem Maria, a mais próxima de Deus, a mãe de Deus. "Santa Maria, tenha piedade de nós", proclama a voz do padre Renz na primeira das fitas que gravou durante as sessões de exorcismo de Anneliese, após invocar os personagens da Trindade. Mas então a oração do grupo ao redor dela apela para outros intermediários. "São Miguel, rogai por nós. São Gabriel, rogai por nós. Todos os santos anjos e arcanjos, roguem por nós. Santas Almas, roguem por nós. João Batista, os Patriarcas, São Pedro, São Paulo, Santo André, São Jacó, São João, São Tomé... roguem por nós, roguem por nós." Existem tantos. De vez em quando algum é expulso do calendário litúrgico. Outros ainda não passaram pelo longo julgamento de aceitação. Em Klingenberg, as pessoas esperam que o título "abençoada" seja concedido a Barbara Weigand. Anneliese tinha grande afeição por essa camponesa de uma vila em Spessart, falecida antes de seu tempo. Ela passou grande parte de seus 97 anos de vida trabalhando de maneira incansável, em oração e êxtase, e preparou as fundações da espaçosa igreja em Rück-Schippach, a paróquia do padre Renz.

Os pais e as irmãs de Anneliese rezam, enquanto demônios esbravejam e praguejam por sua boca. Os demônios são anjos caídos que odeiam Deus e estão atracados em combate eterno contra aqueles do exército celestial que permaneceram fiéis. Humanos também têm seu papel no drama, uns ajudando um lado, alguns o outro. O bem sempre vence, e aqueles que lutam de maneira virtuosa recebem a glória. Um destino terrível aguarda os demais. "O Inferno deve ser monstruosamente horrível", suspira Anneliese na única conversa extensa que o padre Renz registrou com ela. Na escola as crianças de Klingenberg aprendem sobre o dr. Fausto, um trapaceiro brilhante, de acordo com as primeiras versões da história, que passou por Würzburg, onde Anneliese cursou faculdade, muitas vezes. Elas aprendem sobre como ele fez um pacto com o diabo, que no fim o mata, arrancando cada um de seus membros e espalhando seu cérebro nas paredes. Elas também conversam sobre mulheres de Klingenberg, mulheres com poderes malignos. Durante a época sombria dos julgamentos das bruxas, havia tantas delas que os portões de Pancrácio da cidade não foram capazes de abrigar todas. Não são mais chamadas de bruxas hoje em dia, mas existem aquelas que são invejosas, que podem lançar uma maldição e infundi-la de vida. Muito depois de estarem mortas, a maldição pode deixar uma pessoa doente ou fazê-la enlouquecer, e nenhum médico tem uma cura para isso. Havia aqueles em Klingenberg que acreditavam que Anneliese foi vítima de tal maldição.

E então temos Hitler. Na Baviera, onde ele iniciou seu caminho para o poder, o horror obsceno de sua presença paira acima das copas das árvores como morcegos de asas escuras.

A Trindade e a Virgem, os intermediários e Lúcifer, pecado e redenção — todas essas coisas são, claro, dogmas católicos. Eles persistem. Mas os detalhes mudam com o tempo, e as mudanças decretadas por Roma não costumam ser bem aceitas pelas pessoas que frequentam as igrejas dos povoados. Quando um papa decretou o celibato para todos os padres muitos séculos atrás, as mulheres da Baviera continuaram com seus maridos padres por uma geração ou mais. Houve muita oposição a Roma na Baviera ao longo dos séculos. O ginásio (ensino médio) que Anneliese frequentou em Aschaffenburg foi batizado em homenagem ao barão do Império Karl Theodor von Dalberg, bispo de Konstanz, príncipe de Aschaffenburg e mais tarde arcebispo de Regensburg. Em seus sermões e escritos ele lutou pela independência dos bispos alemães do poder papal. E mais tarde, no século XIX, quando os papas fizeram concessões sobre pontos de vista políticos, as pessoas na Baviera não quiseram que seus padres consentissem com tal decisão. É bastante lógico que na Baviera as reformas adotadas no Segundo Concílio Ecumênico não tenham sido muito populares. Por ironia, alguns dos demônios de Anneliese eram bastante liberais, enaltecendo as reformas que Anneliese detestava.

Foi em Klingenberg, arraigada com tanta firmeza no passado, que Josef Michel começou a se ajustar às obrigações como homem da casa. O papel lhe caía bem. Não foi difícil de aprender; ele o tinha visto ser encenado pelos homens da geração de seu pai. Não houve nenhuma mudança de tradição. Anna apropriadamente deixava todas as decisões a cargo dele, fossem grandes ou pequenas. Ele era o chefe da casa, assim como do negócio da família. Ele os sustentava e exigia obediência, mas também era um protetor ferrenho, o escudo da família contra o mundo. Embora costumasse ser bruto e truculento, as garotas sentiam seu amor fervoroso por elas. A voz de Anneliese se torna afetuosa quando conta ao padre Renz, naquela conversa gravada, como "papai" a repreende quando ela não come. "Você não é nem um pouco gorda, sabe", diz ele.

Depois de Anneliese, Anna deu à luz mais três meninas, Gertrud Maria (1954), Barbara (1956) e Roswitha Christine, a última (1957). As três irmãs mais novas eram bem robustas, mas Anneliese tinha pouca resistência a doenças infantis. Ela contraiu sarampo quando era bem pequena e teve caxumba e escarlatina quando tinha só 4 ou 5 anos. Ao ver a criança delicada, a professora do primário a considerou pequena demais para sua idade e aconselhou os pais a mantê-la em casa por mais um ano. Ela frequentou o jardim de infância durante algum tempo, mas essa não foi uma época feliz; as crianças mais agressivas ficavam intimidando-a.

Anna costumava ficar na defensiva sobre Anneliese adoecer tanto. Existe uma sombra de vergonha ligada à frequência com a qual um adulto adoece. Mas quando uma criança é propensa a doenças, bem, isso é um infortúnio, e quem sabe por que algumas pessoas têm tanto azar assim?

"Eu ainda estava fraca quando estive grávida dela", ela dizia às mulheres da vizinhança enquanto esperava que o quilo de açúcar e de farinha fossem pesados em uma mercearia do bairro. "Vocês sabem como era, todos estávamos tão famintos. Mesmo depois da guerra, toda aquela fome. Isso com certeza deixa uma mulher fraca, e a segunda filha depois da guerra, então...! Simplesmente não tinha muita coisa que ela pudesse obter de mim." As mulheres sabiam. Todos tinham passado fome. Alguns se lembravam de entrar na floresta em Spessart em busca de bagas, e de como as pessoas tinham revirado o chão da floresta à cata de galhos para o fogão a lenha, cogumelos e nozes de faia. Mas às vezes havia um motivo para uma mulher ter uma criança doente. Talvez houvesse inveja em algum lugar.

Em sua Primeira Comunhão, Anneliese ainda era menorzinha do que as outras crianças, usando seu vestido rendado mais bonito, um véu na cabeça, a noivinha de Cristo, segurando uma vela grande. Mas ela parecia estar superando seus problemas de saúde à medida que crescia, e quando entrou para o Dalberg-Gymnasium em Aschaffenburg em 1965, tinha alcançado seus colegas de sala. Era divertido pegar o trem todas as manhãs, se espremer no compartimento estreito com as outras crianças que frequentavam a escola na cidade e observar a paisagem passar pela janela. Além disso, agora a vovó Fürg tinha que ajudar a cuidar de suas irmãzinhas agitadas, e essa foi uma mudança bem-vinda. "Ela era como o restante de nós", sua amiga e colega de sala do ginásio, Maria Burdich, contou ao investigador do tribunal. "Ela era uma garota alegre que participava das pegadinhas e piadas estudantis de sempre." Josef Michel, em uma carta para mim, se lembra dela da mesma maneira.

> Quando Anneliese e suas irmãs cresceram, nós costumávamos pegar o carro e sair para passear aos domingos, e as garotas cantavam à vontade. Todas tinham um bom ouvido para música, tocavam diversos instrumentos e adoravam harmonizar quando cantavam. Isso era sempre muito agradável, momentos muito felizes. Anneliese em especial ficava sempre radiante de alegria.

Anneliese tocava acordeão e, como era esperado de garotas de famílias abastadas, tinha aulas de piano. Ela também estudava com afinco. "Não quero saber de você chegar em casa com notas baixas", dizia sua mãe com sua severidade ansiosa de sempre. "Você aprende rápido, e seu pai e eu queremos ver isso no seu boletim." Era assim que todos os pais falavam, e Anneliese se dedicava bastante. As coisas foram difíceis na escola nova durante algum tempo, mas ela logo passou a se sair bem, até mesmo em latim, que ela gostava muito. "Ela costumava pegar um relógio e recitar as tarefas de vocabulário de latim com uma velocidade de tirar o fôlego", Anna relembra em algumas anotações que fez para mim.

Anna costumava falar sobre as boas notas de Anneliese. "Ela é tão boa que é bem provável que se torne professora algum dia", contou à esposa do açougueiro, que tinha subido ao escritório no segundo andar da casa dos Michel para pagar algumas tábuas que o marido tinha comprado. "É de família", a esposa do açougueiro respondeu. "Olhe só para você, cuidando de toda essa contabilidade difícil." E talvez uma camponesa, a esposa de um vinicultor de uma vila próxima, que estivesse esperando a conta das novas treliças, estivesse escutando a conversa com uma pontada de tristeza. Alguém poderia ter três vacas no estábulo, um bom número de vinhedos produtivos, grandes barris de vinho tinto em um pomar e até mesmo um campo ou dois, mas ter um filho que iria ser professor ainda era algo especial. Seu Hans não tinha entrado no ensino médio. E até mesmo na escola profissionalizante, onde estava agora, o professor esculachava ele. "Você só é bom em religião, mas é reprovado em aritmética", o professor dizia, e os outros garotos riam dele. Se Anneliese Michel de fato se tornasse professora e aparecesse para uma visita, seu Hans iria se sentir honrado. Ele iria se levantar da cadeira da cozinha e pegar a cadeira acolchoada para que ela se sentasse, e a opinião dela teria mais influência sobre ele do que a de seus pais. Ela suspirou um pouco consigo mesma enquanto Anna Michel datilografava a conta. Não era difícil ver que a sra. Michel tinha ambições. Todos em Klingenberg sabiam que ela havia comprado tapetes novos para a casa. Enquanto subia, tinha visto que até mesmo as portas de vidro da casa tinham cortinas, algumas finas e floridas, outras pesadas sobre estas. Havia uma empregada trabalhando na cozinha, e suas filhas tinham os próprios quartos no segundo andar. As coisas não eram assim para muitas pessoas, onde as filhas dormiam em um sofá na sala de estar até saírem de casa para se casarem. Era fácil para uma família assim ter uma filha que iria se tornar professora.

Josef Michel também falou sobre as notas de Anneliese enquanto se sentava à "sua" mesa na taberna, a "Winterstübchen" na Bergwerkstrasse, onde passava uma noite bebendo "um tinto de Klingenberg" com os amigos, homens abastados como outro proprietário de uma serraria, talvez o mestre açougueiro, o mestre sapateiro e um ou outro mecânico da fábrica de medidores. "Ela é tão boa que vou deixar que se torne professora", disse. Eles sem dúvida aprovavam. Era útil ter uma pessoa instruída na família. Garotas instruídas se casavam com maridos melhores. Além disso, os Michel já faziam parte daquela classe. Havia um primo em Mömbris, onde Anneliese às vezes passava as férias de verão. Josef Michel falava com frequência sobre ele. *Ele* era professor. "Acredito que você sabe, Sepp, como é caro mandar um filho para a faculdade de pedagogia", alguém comentou, "pois fica lá longe em Würzburg, e então tem o dormitório dispendioso." Josef Michel replicou: "Os gastos não importam". Os homens aquiesceram. Era lucrativo ter uma serraria e uma loja em conjunto, embora Sepp não falasse sobre sua renda, apenas sobre como ele e a família sempre trabalhavam com afinco, todos os dias, de manhã à noite.

"Mesmo assim," um dos membros à mesa se atreveu a dizer, "não deixa de ser perigoso permitir que a filha vá para a cidade grande." Josef Michel também sabia disso e às vezes ficava preocupado, mesmo que tudo ainda estivesse em um futuro distante, com Anneliese com apenas 14 anos e Roswitha, a mais nova, no ensino fundamental. "Minhas filhas serão boas meninas", ele se vangloriou, "meninas muito boas!" Ele bateu o punho na mesa, balançando taças de vinho sobre seus guardanapos de papel azul e branco. "E se estão acostumadas a serem boas meninas em casa, também serão boas na cidade." Seguiu falando sobre o tópico por mais algum tempo e seus amigos deixaram, sabendo que ele era um homem mais dado a falar do que a ouvir. Além disso, não havia nada a dizer. Da maneira como Sepp criava as filhas, elas não iriam se relacionar com qualquer um quando crescessem, como muitas garotas de cidades grandes naqueles dias. Ele era rígido, claro. Mas, por outro lado, de que outra maneira poderia protegê-las? Além do mais, ninguém ouvia suas filhas reclamando sobre como eram tratadas em casa. Elas iam à igreja com os pais aos domingos e, às vezes, até mesmo nas noites da semana. Em casa, todos rezavam o terço juntos. Mas também se divertiam de maneira decente, frequentando aulas de esportes no clube local. Não havia nada de errado com as meninas Michel.

Anna não estava tão contente assim com as filhas frequentando o clube esportivo. E o fato de estarem fazendo aulas de dança de salão com garotos era ainda menos desejável. Ninguém sabia o que poderia acontecer quando garotos e garotas se reuniam. Anneliese tinha ouvido essa repreenda muitas vezes quando jovem: a honra de uma garota é como um lençol branco; todas as manchas aparecem. Ela queria que as filhas fossem virgens até o casamento. Os padres sempre faziam perguntas sobre essas coisas na confissão. Você tinha que dar ouvidos ao seu padre, pois ele era o guardião de sua alma. Ela havia conseguido manter Anneliese longe dos garotos e da dança ao argumentar: "Você é muito delicada, não deve se esforçar muito. Se não tomar cuidado, vai ficar doente de novo". Mas Anneliese era a filha mais velha. Com todo o trabalho no escritório agora, tinha menos tempo para as mais novas, menos força para se opor aos seus argumentos insistentes: "Mas todo mundo faz aulas de dança". Além do mais, Anneliese sempre tomava o partido delas.

Havia ocasiões em que suas irmãs encontravam Anneliese no quarto chorando por ter sido outra vez proibida de sair para dançar. "Todas as meninas da minha idade têm permissão para fazer isso", soluçou certa vez, "afinal de contas, tenho quase 15 anos." "Não chore", Gertrud a consolou, "mamãe nem deixa nós três sairmos para visitar nossas amigas."

"Eu acho que sei a razão", Barbara sugeriu. "É porque mamãe acha que vamos ler um daqueles livros imorais sobre os quais ela sempre nos alerta. Aposto que Anneliese também tem um desses." Então todas pularam em cima dela, rindo. "Anda, Anneliese, dê ele aqui." Mas ela apenas deu de ombros e ameaçou expulsá-las do quarto.

Roswitha teve outra ideia ao ver que Anneliese estava começando a chorar de novo. "Mamãe não deixa nenhuma de nós visitar nossas amigas porque essas amigas têm irmãos." "Ei", todas riram de novo e cutucaram Anneliese, pois sabiam que tinha um namorado. "Você está apaixonada", provocou Roswitha. "Confesse, nós sabemos mesmo. Como ele é? Ele tem um bom emprego? Os pais dele têm dinheiro?" Isso fez até mesmo Anneliese rir, pois Roswitha levava jeito para imitar a voz rabugenta da mãe. Anneliese puxou o cabelo da irmã de brincadeira e corou.

Anos mais tarde, contou ao psicoterapeuta sobre esse garoto e sobre como tinha sido feliz com ele, mas não sabemos seu nome.

Felicitas D.Goodman
POSSESSÃO

Capitulum 2
Rostos Abomináveis

Após os dias longos e descontraídos do verão, era muito divertido voltar para a escola em setembro, Anneliese pensava enquanto embarcava no trem para Aschaffenburg para o primeiro dia letivo de 1968–69. E *era* divertido. Todos os velhos amigos estavam lá, em especial Maria Burdich, com quem ela passava o intervalo das 10h, caminhando no pátio da escola. Elas costumavam conversar sobre ir para a faculdade de pedagogia em Würzburg, e como seriam os professores de lá, e os garotos. "E depois vou lecionar em algum vilarejo agradável, e todos meus filhos serão bem-comportados, e você irá para lá me visitar", Anneliese dizia.

Então, perto de seu aniversário de 16 anos no final daquele mês, algo aconteceu. Ocorreu de repente, como uma nuvem agitando-se sobre o horizonte, carregada de raios. No dia anterior, ela estivera sentada em uma aula, em seu lugar ao lado de Maria. Sem aviso, ela apagou. Maria apertou seu braço. "Minha nossa", sussurrou. "Anneliese, qual é o problema com você? Você pegou no sono ou algo assim?" "Acho que sim", Anneliese deu de ombros, ainda confusa. "Talvez tenha estudado demais." As duas deram risadinhas por algum tempo e então esqueceram o assunto.

Naquela noite, pouco depois da meia-noite, ela acordou e não conseguiu se mexer. Uma força enorme a imobilizava. Apertava seu abdômen e ela podia sentir a urina quente escapando. Sua respiração se tornou dificultosa. Dominada pelo pânico, ela queria chamar as irmãs, mas nenhum som saía. Era como se sua língua estivesse paralisada. "Santa Mãe de Deus", pensou, "devo estar morrendo." Quando o relógio da torre da igreja bateu o quarto de hora, tudo tinha acabado. Toda a pressão cessou como se tivesse sido soprada para longe. Apenas a língua estava dolorida.

Chorando de medo, tão cansada que mal conseguia se mexer, ela se levantou e trocou os lençóis da cama. No dia seguinte, contou à mãe que estava cansada demais para ir à escola. "Mamãe", disse, "devo ter ficado muito doente na noite passada. Minha cama ficou toda ensopada." Então Anna a deixou ficar em casa e fez com que lhe contasse o que tinha acontecido. Ela ficou muito preocupada. O que poderia ter sido aquilo? Mas como não voltou a acontecer, ela tirou aquilo da cabeça. Anneliese continuou na escola como antes, tirou boas notas, tocou piano. Começou a aprender a jogar tênis. O Natal chegou e passou, houve as provas finais e em seguida as férias de verão. Tudo estava bem.

Então, quase um ano mais tarde, na noite de 24 de agosto de 1969, o que quer que tenha sido aquilo atacou de novo, exatamente como antes. Houve o breve apagão durante o dia, onde ela apenas ficou sentada sem saber o que fazer. E no meio da noite aquela paralisia assustadora, com os braços completamente rígidos, a incapacidade de respirar, a tentativa desesperada de chamar alguém, de gritar por socorro e a inutilidade de tudo isso — pois aquela força não queria soltá-la.

"Essa foi a segunda vez", disse sua mãe na manhã seguinte quando Anneliese lhe contou o que aconteceu. "Em nome de todos os santos, qual é o problema com você?" Ela passou um pente pelo asseado cabelo ondulado e desceu a rua correndo até o consultório do dr. Vogt, o médico da família. Uma hora depois, ela e Anneliese tinham embarcado no trem para Aschaffenburg para uma consulta com o dr. Siegfried Lüthy, o neurologista que o dr. Vogt lhes tinha indicado.

"Ah, meu Deus, meu Deus, o que está acontecendo com você?", sua mãe ficou lamentando repetidas vezes. "O dr. Vogt disse que pode ser alguma coisa no seu cérebro. Não vamos falar sobre isso com ninguém fora da família, combinado? Você sabe como as pessoas fofocam. Elas são tão ignorantes. 'A Anneliese dos Michel é louca', elas vão dizer. 'Você ficou sabendo? Ela teve que ver um médico dos nervos'. Impensável." Anneliese, esgotada demais para se preocupar, observou a mão da mãe tremer quando ela tirou um lenço do interior da bolsa. Estava quente no trem e gotinhas de suor tinham surgido na testa da mãe. Com pequenos movimentos frenéticos ela as secou, balançando a cabeça enquanto o fazia. "Se isso se espalhar, pode ser que você nem consiga ser aceita na faculdade de pedagogia."

Anneliese sentiu o coração ficar apertado. E o que aconteceria com seu sonho de lecionar em uma vila tranquila, em uma escolinha, de filhos cheirando a feno e a trigo recém-debulhado?

O dr. Lüthy, alto e imponente, fez inúmeras perguntas e realizou muitos exames para verificar seus reflexos. Como contou ao investigador criminal que foi ao seu consultório para interrogá-lo no dia 9 de fevereiro de 1977, ele não encontrou nada de errado com ela. "Psico e neurologicamente, todos os resultados deram negativo." Ele pediu que retornassem no dia 27 de agosto para um eletroencefalograma (EEG). Outra vez saiu de mãos vazias, conforme lemos no registro do interrogatório: "As leituras do EEG do dia 27 de agosto de 1969 apresentaram atividades cerebrais alfas fisiológicas normais". Ainda assim, ele tinha que explicar as convulsões que sua jovem paciente tinha relatado, portanto continuou: "Julguei com base na descrição que me foi feita que *provavelmente* era um caso de convulsões cerebrais do tipo noturno, com sintomas de convulsão tônico-clônica". É possível detectar um tom de ansiedade, pois um pouco mais adiante no mesmo interrogatório, ele voltou a repetir: "Com base na descrição, aquilo *provavelmente* era uma doença neurológica do tipo convulsiva" (ênfase minha).

Existem duas versões do que aconteceu em seguida. A primeira versão aparece em uma carta que ele escrevera para o investigador público no dia 16 de julho de 1976. Ela desapareceu dos arquivos, mas o dr. Lüthy se refere a ela em seu interrogatório. Nessa carta, parece que ele tinha afirmado que naquela primeira consulta em 1969 ele já tinha receitado Zentropil para Anneliese, um remédio anticonvulsivo conhecido nos Estados Unidos como Dilantin (fenitoína sódica). A segunda versão foi apresentada durante o interrogatório: "Deixe-me enfatizar neste momento que eu não tratei a senhorita Michel com Zentropil... a partir do dia 25 de agosto de 1969, como afirmado em minha carta de 16 de julho de 1976". Em vez disso, ele insiste: "Visto que apenas dois ataques aconteceram no intervalo de um ano, não sugeri nenhum tratamento anticonvulsivo e aconselhei que fossem feitas observações adicionais".

Que seja. Quando as aulas começaram após essa consulta com o dr. Lüthy, Anneliese não estava bem. Roswitha, que tinha 11 anos na época, se lembra de como a irmã reclamava de dor de garganta. No fim, suas amídalas tiveram que ser retiradas. Logo em seguida, ela contraiu pleurisia e pneumonia, complicadas por uma tuberculose, e teve que largar a escola. Ficou confinada à cama em casa. Nada de missa da meia-noite na véspera de Natal para ela, tão bonita com todas as velas tremeluzentes. E também nada de se levantar para o aniversário de 12 anos de Roswitha no dia de Natal. Ainda sem nenhuma melhora em sua condição em janeiro, ela foi transferida para um hospital em Aschaffenburg em fevereiro e de lá, no dia 28 do mesmo mês, para uma clínica na região montanhosa no sul da Baviera. Esse lugar era um sanatório em Mittelberg, na região de Allgäu, especializado em doenças bronquiais e pulmonares em crianças e adolescentes.

Dia após dia, Anneliese observava pela janela os elevados picos de Allgäu, próximos e ameaçadores, não delicados e ondulantes como as colinas de seu lar, mas elevando-se abruptamente de fendas rochosas, os picos cobertos de neve e nuvens taciturnas. No amplo dormitório onde se encontrava havia algumas garotas de Oberpfalz, o Alto Palatinado. Todas pareciam se conhecer e fofocavam ruidosamente sobre as enfermeiras, os médicos, a comida, seus namorados e sobre quando iriam receber alta. O dialeto delas era diferente o bastante para que Anneliese não conseguisse compreender as principais frases que as faziam rir, e isso a deixava de fora. Elas costumavam rir juntas daquela maneira em casa, ela e as irmãs. Agora ela estava sozinha, muito sozinha. As cartas que recebia não ajudavam muito. Faziam com que a solidão fosse ainda mais cruel, como a dor em seu peito, uma dor sombria com bordas irregulares e avermelhadas.

Todas lhe escreviam, Gertrud, Barbara e até mesmo a pequena Roswitha, que sempre soava como se tivesse copiado um sermão de um livro devocional que tinham em casa. "Espero que possa suportar a cruz destinada a você com amor e sem se queixar..." Sem se queixar? Ela não estava se queixando. Estava disposta a sofrer como Cristo ensinara às pessoas através de seu exemplo. Mas era pecado pedir que aquilo terminasse em algum momento? Era errado rezar para que logo recebesse alta, como fazia todas as noites? Ela esperava que não, pois a saudade que sentia de casa quase sempre parecia sufocá-la com seu peso esmagador até que fosse forçada a pedir ajuda. Talvez seu pai devesse fazer uma peregrinação até a igreja do Padre Pio de Pietrelcina (que morreu em 1968) da cidade de San Giovanni Rotondo, aquele santo frade capuchino que carregara as chagas de Cristo de forma visível nos membros e no corpo. Seu pai já estivera naquele lugar e conhecia o caminho. Se ele rezasse lá por sua recuperação, isso poderia ajudar. Todos sabiam que tais orações eram muito eficazes.

Enquanto isso, ela continuou com as próprias súplicas à Virgem, e todas as manhãs esperava a enfermeira lhe dizer que estava melhorando. Será que sua temperatura tinha abaixado? Será que seus exames tinham dado negativo? Será que os médicos disseram alguma coisa que pudesse lhe dar esperanças?

A primavera chegou. Uma das garotas de Oberpfalz teve permissão de voltar para casa, e outra, ainda mais escandalosa, tinha tomado seu lugar. Anneliese recebeu permissão para fazer curtas caminhadas no parque do sanatório, mas ansiava por ver Odenwald, não aquelas faces rochosas onde neve derretida escorria de cicatrizes monstruosas. Em casa as tílias estariam em flor. Não havia nenhuma ali. Mas ela talvez recebesse alta em breve. Seria a hora certa, junho estava se aproximando e as aulas chegariam ao fim. Seria possível? "Por que não, tolinha", dissera uma das enfermeiras.

Isso não aconteceu. Seus pais foram informados de que havia alguns problemas cardíacos e circulatórios e ela ainda não podia receber alta em segurança. Anneliese ficou entorpecida de tão decepcionada. Talvez devesse simplesmente andar até as montanhas, subir até um daqueles penhascos escarpados — ninguém sequer iria notar — e ela pularia. A dor iria embora e ela se tornaria leve como uma borboleta e subiria até o paraíso de Deus.

Foi então que sofreu outro ataque, na noite de quarta-feira, 3 de junho de 1970. Houvera a rigidez dos braços, a sensação de esmagamento, o esforço para respirar, a urina morna. Desesperada, tentou se libertar. Por fim o grito escapou e todos — a enfermeira da noite, o jovem médico de plantão — vieram correndo. Até mesmo as garotas de Oberpfalz pularam de suas camas. Mas àquela altura tudo já tinha acabado. Toda mole, ela deixou que lhe trocassem as roupas e que fosse levada para uma cama nova e limpa. Adormeceu em seguida.

As garotas a deixaram em paz na manhã seguinte. Até elas puderam perceber que Anneliese estava cansada demais para falar. Mas no dia seguinte, caíram em cima dela como gralhas tagarelas. "Como assim, você não sabe qual é o seu problema? Está na sua cabeça, não percebe? Talvez você tenha água no cérebro. Ela entrou aí, sabe, antes de você nascer", uma delas sugeriu. "Eu tive uma tia..."

"Não, não", interrompeu outra. "Talvez você caiu e bateu a cabeça. Aconteceu isso com meu primo uma vez e ele nunca mais bateu bem da cabeça. A mãe dele o derrubou no chão da cozinha depois de dar banho nele. Ele bateu a parte de trás da cabeça com tudo nos ladrilhos."

"Eu cheguei a cair uma vez", admitiu Anneliese. Todas começaram a falar ao mesmo tempo. Como? Quando? Onde? "Tropecei e bati a testa. Eu tinha uns 11 anos."

"Você vomitou depois? Meu primo vomitou."

"Não, não vomitei. O médico disse que não era uma concussão. A gente só vomita depois de uma concussão."

"Então não pode ser isso." As garotas ficaram sem conjeturas. "Além do mais, você bate bem da cabeça", disse uma das garotas, e elas mudaram de assunto.

Mas Anneliese ficou relembrando as sugestões enquanto tentava compreender o que poderia haver de errado com ela. Falou sobre a teoria da "água no cérebro" com sua amiga Mechthild Scheuering na faculdade de pedagogia. A batida na testa surgiu em uma conversa com o padre Alt e ela também a mencionou para a dra. Irmgard Schleip, sua neurologista na clínica em Würzburg. Mas, posteriormente, na necropsia realizada no corpo de Anneliese, não havia nenhum sinal de "água" nem de lesão no cérebro.

Alguns dias após a convulsão, Anneliese estava sentada na cadeira ao lado de sua cama. O crepúsculo se avolumava no lado de fora e deixava os objetos do amplo dormitório indistintos. As enfermeiras não se apressaram para acender as luzes. Anneliese começou a rezar o terço. Crepúsculo. Era uma boa hora do dia. As garotas costumavam descer para a sala de lazer ou caminhar pelos corredores antes do jantar e ela podia pensar sobre sua casa. Eles rezavam o terço na cozinha por volta desse horário, todos eles juntos, até mesmo o papai. Fazia você se sentir bem, aquecida e protegida. Enquanto dedilhava uma conta lisa após a outra, ela tentava invocar aquela atmosfera especial. Bendita sois Vós entre as mulheres e bendito é o fruto do Vosso ventre, Jesus. E assim por diante. A atmosfera veio, como se chegasse nas pontas dos pés. Ave

Maria, cheia de graça. A atmosfera ficou mais forte, mais poderosa do que ela jamais tinha sentido em casa. Houve um delicado formigamento em suas bochechas e seus lábios tremeram. Ave Maria... Ave Maria. Fim da oração. Deixou as mãos caírem no colo, ainda segurando o rosário. Havia algo muito diferente naquela noite. Uma doçura que ela nunca experimentara antes a fazia vibrar. Sou um sino, pensou, vibro com o louvor da Mãe de Deus... um sino... um sino...

Ela olhou pela janela, como se tentasse descobrir se aquela doçura sobrenatural teria entrado por ali. Aquelas montanhas? Que estranho. Ela não tinha se dado conta antes de como aquelas montanhas ominosas lá fora eram tão bonitas. Os picos brilhavam com o dourado e o rosa de um altar, e fitas prateadas caíam na direção de profundezas preto-azuladas.

"Qual é o problema com ela?", ouviu, surpresa. Não tinha percebido que algumas das garotas tinham voltado, nem mesmo que agora as luzes estavam acesas. "Então, o que você estava fazendo?" Suas vozes estavam terrivelmente altas, mais altas do que o normal.

"Rezando, claro."

"Isso a gente viu, bobinha. Mas o que aconteceu com suas mãos?"

"Minhas mãos?"

"É, suas mãos. A gente estava observando você. Parecia que você estava com câimbra ou algo assim. Como quando minha gata coloca as garras para fora." Anneliese olhou para as mãos no colo. O rosário ainda estava lá e ele também tinha sido convertido em beleza. Mas ela não conseguiu ver nada diferente nas mãos. "Como se você tivesse patas ou algo assim."

"Vocês são umas loucas, sabiam? Não tem nada de errado com minhas mãos."

"E seus olhos", insistiu outra garota. "Achei que eram azuis. Agora estão completamente pretos."

"Não seja boba", Anneliese não pôde deixar de rir. Ainda havia aquela doçura soprando ao redor dela como a fragrância de violetas. Nenhuma quantidade de provocações iria estragar aquele momento para ela. Mas ela se levantou e foi até o espelho acima do lavatório. Seus olhos de fato pareciam mais escuros do que o normal. Era como olhar dentro do poço da casa da vovó Fürg. Mas o que chamou mais sua atenção foi seu rosto. Ela estava toda rosada, muito, muito bem. Ela pensou que era uma pena o médico não poder vê-la naquele momento, pois lhe daria alta imediatamente. Mas para as garotas ela apenas disse: "Me deixem em paz, está bem? Vocês só estão imaginando coisas".

Uma sensação de bem-estar perdurou até o dia seguinte. Deve ser a Virgem me ajudando, pensou agradecida. Aquela oração na noite passada tinha sido muito especial. Como se a Virgem tivesse estado lá com ela, iluminando o mundo com sua presença e fazendo tudo brilhar com sua glória. Ela ansiava por conversar com alguém sobre aquilo, mas isso teria que esperar até ela ter saído daquele lugar e estar de volta à escola. Maria Burdich iria ouvir e não iria rir dela.

Na manhã de terça-feira (16 de junho) a enfermeira entrou enquanto Anneliese escovava os dentes. "Vista-se, mocinha, você vai para Kempten hoje."

"Vou? Por quê?"

"Eles vão tentar descobrir o que está acontecendo na sua cabeça."

Anneliese corou. Ela odiava ser surpreendida pelo que iriam fazer a ela. Era como ser uma boneca de pano; qualquer um podia jogar você de um lado para outro. Eles podiam tirar seu sangue, espetar você, enfiar agulhas, colocar eletrodos na sua cabeça com aquela pasta horrível que era tão difícil de tirar do cabelo. Você nunca podia opinar a respeito de nada. Gostaria de poder fechar os olhos, pensou, e estar no meu quarto, e Mittelberg iria simplesmente desaparecer. Mas não adianta. Sou uma prisioneira e eles nunca, nunca irão me deixar sair.

O relatório do dr. von Haller, o neurologista de Kempten, não se encontra entre os documentos do caso de Anneliese Michel. Sabemos que ele registrou um EEG dela que apresentava um padrão alfa irregular com algumas ondas Theta e Delta dispersas — nada patológico. Estímulos — de qual natureza não nos foi informado — não desencadearam nenhuma descarga de acesso de nenhum grupo de células em particular, nenhum *lócus* no cérebro, e ela não respondeu com nenhuma convulsão. Mesmo assim, considerando o fato de ela ter tido convulsões antes, ele recomendou medicamentos anticonvulsivos, de acordo com o resumo do histórico médico de Anneliese entregue durante o julgamento pelo dr. Sattes, o especialista designado pelo tribunal. De acordo com os drs. Kehler, a equipe formada por marido e mulher que foram os médicos da família Michel a partir de abril de 1973, "EEGs foram registrados e a epilepsia foi tratada", seguido do nome da medicação. Infelizmente, este está borrado e ilegível na carta que enviaram ao promotor público.

Nos dias que se seguiram àquela oração especial, ela com frequência tentara invocar a mesma experiência outra vez. Isso quase voltou a acontecer em algumas ocasiões. Não se pode culpar a Mãe de Deus por não vir todas as vezes que você pedir, ela se consolou. Ela deve estar muito ocupada, com tantas pessoas clamando por sua ajuda a todas as horas do dia e da noite. Mas em uma noite, quase uma semana depois da viagem a Kempten, ela teve certeza de que iria conseguir. Era um daqueles dias calmos, sem vento entrando pela janela, os pés das montanhas bruxuleando no calor. Ela se sentou com o rosário enrolado nas mãos. "Eu gostaria de tocar a costura de seu manto", pensou. De repente, como nuvens iluminadas por relâmpagos no horizonte distante, ela viu uma enorme carranca cruel. Desapareceu quase no mesmo instante em que a viu, mas um medo indescritível a deixou gelada. Ela havia escrito em uma carta para os pais mais cedo naquele dia: "Eu coloco Deus em primeiro lugar na minha vida". Agora, depois de ver aquele rosto, sentiu que não conseguiria rezar. Guardou o rosário na gaveta de sua mesinha de cabeceira.

Anneliese, cada vez mais melancólica, ficou internada no sanatório por mais seis semanas após a ida ao consultório do dr. von Haller em Kempten. Às vezes, tinha medo de rezar o terço à noite, algo que antes já havia sido muito importante, trazendo à mente seu lar e a Virgem, consolo em ambos seus mundos. Pois quem poderia saber se em vez do doce perfume da presença da Mãe de Deus, aquela carranca horrorosa e medonha não iria irromper, temida, indesejada? Isso já tinha acontecido algumas vezes e, quando acontecia, a fazia rodopiar, como se estivesse sendo arremessada em um buraco escuro. Na última vez que isso aconteceu um pensamento aterrorizante tinha lhe ocorrido em seguida: E se aquela forma monstruosa, na verdade, estivesse dentro dela, não fora, onde ela parecia vê-la? Está dentro de mim, dentro de mim, dentro de mim... esse temor ficava ecoando em sua mente.

No dia 11 de agosto, o dr. von Haller voltou a examinar seu EEG e outra vez não encontrou nenhuma irregularidade. "Como você está se sentindo, mocinha?", perguntou. "Às vezes ficou tonta", respondeu ela.

Parecia impossível lhe contar mais. Seus temores eram pessoais e ela não estava pronta para entregá-los ao escrutínio de um estranho. "Teve outras convulsões?" Ela negou com a cabeça. No dia 29 de agosto, ela recebeu permissão para voltar ao seu lar.

Suas irmãs a consideraram mudada. "Você está tão mal-humorada", reclamou Roswitha. "Qual é o seu problema? Não está feliz por estar em casa? Você não nos ama mais?"

"Você está louca. Claro que amo. Amo muito todas vocês. Sei que amo. Só estou cansada demais para sentir. Parece que estou incapaz de sentir qualquer coisa."

"Deixem-na em paz", disse Josef. "É claro que ela está cansada. Ela deveria subir e ir dormir cedo. Queremos ir à primeira missa amanhã de manhã."

Portanto, Anneliese subiu para o segundo andar logo depois de rezar o terço com a família. Seu quarto estava inalterado e cheirava a roupas de cama secadas ao sol. Ela se sentou à mesinha no canto, entre o espaçoso guarda-roupas e a janela. As árvores balançavam sombriamente sob o céu pálido, com apenas o brilho das primeiras estrelas. Ela havia feito tantas coisas agradáveis àquela mesa, rabiscando fofocas sobre garotos em seu diário, escrevendo cartas para os primos, prensando raminhos de violetas entre as páginas de seu livro de orações. Gostaria de poder ser tão despreocupada assim outra vez. Acendeu o abajur sobre a mesa sem nenhum propósito em mente. A luz do globo leitoso refletiu no teto inclinado e fez as flores do papel de parede se destacarem em baixo-relevo. Ela o apagou e atravessou o quarto até uma mesinha com uma imagem emoldurada de Jesus sobre ela. Sua mãe tinha colocado um paninho bordado recém-passado em cima da mesa. Ou talvez tivesse sido Roswitha? Ela teria que agradecê-la pela manhã.

Devagar, fechou as pesadas cortinas floridas da porta de vidro que dava para o corredor e colocou seu relógio em cima da mesinha de cabeceira. Cansada, se despiu. Estremeceu um pouco quando puxou o lençol gelado e a manta florida sobre o corpo. Quantas vezes tinha imaginado aquele exato momento no sanatório. Agora o brilho daquela felicidade a eludia. "Ah, Senhor", pensou, passando a usar as expressões de seu livro de orações, "ah, Senhor, estou disposta a aceitar minha cruz. Mas por favor, por favor, não deixe que seja *aquilo*." Ela não conseguiu se forçar a dizer o que *aquilo* era e demorou algum tempo até que caísse em um sono agitado.

Felicitas D. Goodman

POSSESSÃO

Capitulum 3

Médicos e Padres

"Achei que iria ficar feliz em voltar para a escola", lamentou Anneliese. "Agora estou preocupada."

"Com o quê?", perguntou Gertrud, que estava sentada ao seu lado no trem naquela manhã de setembro de 1970. Ela havia se formado no ensino médio, em Erlenbach, e estava iniciando um curso na Euroschule, em Aschaffenburg.

"Para começo de conversa, aquelas garotas são dois anos mais novas do que eu. Meros bebês."

"Dois anos?"

"Claro que são dois. Eu comecei um ano atrasada e agora perdi outro ano."

"Maria Burdich vai estar lá."

"Verdade. Mas agora ela está em uma série além da minha. E na 11ª série, para onde estou indo, não vou conhecer ninguém."

Na verdade, havia uma garota em sua sala que ela conhecia. Esta era Ursula Kuzay. Elas tinham brincado juntas quando Anneliese visitara seu primo de segundo grau, Walter Hein, em Mömbris, que na época era professor do primário. Era o único rosto conhecido na sala, porém, quando olhou ao redor, ela ansiava por uma intimidade verdadeira. Queria conversar com alguém, com alguma amiga confiável, como Maria Burdich, por exemplo, sobre aquela doçura estranha e sobrenatural que tanto queria vivenciar de novo. E talvez... talvez... possivelmente... Maria também pudesse ser confiada com aquele outro segredo, o segredo que a fazia tremer de medo.

Maria de fato a recebeu com afeição durante o longo intervalo. Fez perguntas sobre o sanatório e como ela estava se sentindo agora. Mas então a conversa passou para as diversões do verão, garotos e o que o sr. Völkl, o professor da turma, tinha dito em sua primeira aula. Anneliese ficou desapontada. Tinha tentado conduzir Maria para o tópico mais importante, mas àquela altura a conversa esmoreceu e Anneliese parou de insistir. Não adiantava. Talvez fosse melhor não esperar por ela de novo na entrada do pátio. Maria não ficou menos decepcionada. "Depois da doença", disse ela ao investigador do tribunal, "Anneliese ficou diferente. Estava quieta e se afastou das amigas. Também percebi que na maioria das vezes ela ficava querendo ter conversas religiosas."

As novas colegas de classe de Anneliese concordavam com Maria. "Ela era quieta e séria", afirmou Karin Gora, "uma solitária mesmo não sendo de fora, introvertida e sonhadora, que participava de brincadeiras ou pegadinhas apenas se nós a chamássemos." Algumas das garotas falavam pelas suas costas. "Vamos fazer algo legal por ela", disse uma. "Vamos deixar que experimente haxixe." A outra riu até quase engasgar. "Fumar haxixe com a gente? É mais provável que diga para você que fumar haxixe é pecado e que para nos salvar alguém teria que fazer penitência por nós." "Que louca religiosa. Aposto que ela prefere ir à igreja do que ao cinema." "Não deixe a Ursula Kuzay ouvir você", alertou uma outra. "Ela acha que a Anneliese é legal." Durante seu interrogatório, essa antiga colega de escola de Mömbris declarou: "Percebi que ela era extremamente religiosa e que vivia de acordo com os preceitos de sua religião".

Abatida e sozinha, Anneliese tirava apenas notas medianas. Também não estava se sentindo muito bem. O sanatório tinha instruído seus pais a levá-la para fazer um checkup um mês após sua alta. Sempre preocupada com sua saúde, e ansiosa por fazer tudo que os médicos achavam necessário, no dia 6 de outubro de 1970 sua mãe a levou para um especialista em doenças pulmonares em Miltenberg, uma cidade perto de Klingenberg, que é pequena demais para ter quaisquer especialistas. Este era o dr. Reichelt. Quando, durante a consulta, ele questionou a mãe a respeito das convulsões descritas no arquivo da filha, Anna lhe contou que Anneliese tivera outra "recentemente". Em outras palavras, essa nova convulsão deve ter coincidido, mais ou menos, com o início do novo ano letivo.

Os pulmões de Anneliese estavam bem, mas o dr. Reichelt encontrou alguns problemas circulatórios e a encaminhou para um internista que também atendia em Miltenberg, o dr. Packhäuser. "Tudo o que sempre faço é ficar sentada em consultórios médicos", reclamou Anneliese. "Você me arrasta para um, depois me arrasta para outro, e depois outro. Gostaria de poder me livrar de todos eles e simplesmente viver como as outras garotas."

Anna se sentia mal pela filha. A situação também era difícil para ela, que tinha que se afastar de toda a rotina de trabalho, no escritório da serraria da família, e passar dias em Miltenberg, esperando os médicos examinarem Anneliese, por mais que não a estivessem ajudando em nada. Seria de se pensar que depois de um período tão longo no sanatório ela enfim estivesse saudável. Mas se aquele dr. Reichelt acreditava que Anneliese também precisava que um internista a examinasse, então era isso que teriam que fazer. Era para o melhor.

Não existe nenhum registro do que o dr. Packhäuser, o internista, sugeriu que fosse feito em relação ao problema circulatório de Anneliese. Mas ele também estava interessado nas convulsões e escreveu um bilhete a respeito disso para o médico da família Michel, o dr. Vogt. Visto que Anneliese tivera diversas convulsões naquele ano, disse, algo tinha que ser feito a esse respeito. Sua mãe parecia acreditar que estavam relacionadas com a circulação da menina, mas é claro que ele não podia concordar com aquilo. A família devia levá-la a um neurologista. Pode ser que o dr. Packhäuser estivesse com pressa para fazer outras coisas naquele dia. Ele não só tinha exagerado a quantidade de convulsões — acontecera apenas duas em 1970, uma em junho no sanatório, outra no começo do ano letivo — como também as rotulou como "apopléticas". Bem, o que quer que estivesse afligindo Anneliese, com certeza não tinha sido um derrame.

O dr. Vogt, ao que parece, não achou que uma consulta com um neurologista era necessária naquele momento. De acordo com Anna, contudo, ele prescreveu algum tipo de anticonvulsivo. Não existe nada que indique que Anneliese o tenha tomado por muito tempo, mas ela no geral não se sentia bem. Ela foi afligida por uma sucessão de breves crises de ausência, acompanhadas de depressão. Tornou-se difícil para ela se concentrar em suas lições de casa, que estavam cada vez mais desafiadoras.

"Nos dois últimos anos do ginásio [ou seja, 1971–72 e 1972–73], eu não dava a mínima para mais nada", contou ela ao dr. Lenner, um jovem internista do Instituto de Psicoterapia e Psicologia Médica da Universidade de Würzburg, onde passou por uma consulta no outono de 1973. "As coisas foram piorando cada vez mais. Eu fiquei completamente apática naqueles anos, sem nenhum interesse em nada do que estava acontecendo." Em uma introspecção impressionante, ela mais tarde elaborou sobre essa mesma questão em uma outra consulta. "Eu era capaz de perceber, mas não de vivenciar." Sua mãe, contudo, estava aguardando a formatura de Anneliese no ginásio com uma antecipação jubilosa. "Imagine só, vou ter uma filha que irá receber seu *Abitur*", dizia. E Anneliese seguiu se esforçando para agradá-la, embora suas notas já não fossem tão boas quanto eram antes de sua internação no sanatório em Mittelberg.

Mais para o final da 12ª série, em junho de 1972, houve outra convulsão grave. Anneliese ficou completamente exausta nos dias que se seguiram e temia o próximo ataque. Entretanto, as convulsões pararam tão abruptamente quanto tinham começado. Como abalos secundários depois de um terremoto, houve algumas menos severas e então o problema desapareceu por completo. Sua mãe costumava questioná-la. Ela estava bem? Será que não estava jogando muito tênis? Estava descansando o suficiente? "Dizem que o último ano do ginásio é o mais difícil, e então vêm os exames para o *Abitur*, ouvi dizer que eles os deixaram muito mais difíceis recentemente. Então, por favor, se cuide."

À medida que setembro se aproximava, a ansiedade de Anna se tornava cada vez mais intensa. "Estou bem", Anneliese lhe assegurava. "Você sabe que não é bem assim", sua mãe respondia. "E todas aquelas vezes em que, de repente, você ficou paralisada ou quando não sabia onde estava?" Ao que ela retorquia: "Isso não acontece mais com muita frequência".

Ainda assim, Anna se inquietava. "Você mal começou as aulas e sofreu outra convulsão. Vamos ver o dr. Lüthy agora, antes das aulas começarem, só por garantia, tudo bem? Talvez ele possa lhe dar um comprimido ou alguma outra coisa para que você consiga terminar o ano letivo e o *Abitur*."

"Mamãe vai ficar doente de tanta preocupação", Anneliese disse às irmãs. "É melhor deixar que ela me leve ao dr. Lüthy de novo."

Portanto, no dia 5 de setembro de 1972, mãe e filha mais uma vez fizeram a viagem para Aschaffenburg, para o consultório do dr. Lüthy na Bismarckallee. Existe um breve relatório do dr. Lüthy sobre essa visita. Ele contou ao investigador do tribunal durante aquele interrogatório em seu consultório no dia 9 de fevereiro de 1977 mencionado com tanta frequência, que Anneliese confessou que houvera algumas convulsões. "Eu então receitei o anticonvulsivo Zentropil, um comprimido pela manhã, dois à noite. Nenhuma patologia foi detectada no EEG."

O dr. Lüthy pediu que voltasse para fazer exames regulares e ela obedientemente se consultou com ele nos dias 18 de janeiro, 27 de março, e também 4 e 6 de junho de 1973. Apesar de uma carga pesada de estudos e uma considerável ansiedade em relação às provas do *Abitur* que estavam se aproximando, não houve novas convulsões, exceto por uma no dia 8 de novembro de 1972, de acordo com o histórico médico do dr. Lüthy. Visto que Anneliese não mencionou essa convulsão nas consultas com os neurologistas em Würzburg, podemos supor que tenha sido menos grave, um "abalo secundário", assim como aquelas ocorridas durante o verão daquele ano. Os resultados dos exames realizados na primeira metade de 1973, de acordo com o dr. Lüthy: "Nesses exames também não foi encontrada nenhuma patologia. A senhorita Michel permaneceu livre de convulsões durante todo o tempo". O EEG que ele registrou em 4 de junho estava normal.

Um indício do relacionamento um tanto distante que deve ter existido entre Anneliese e o dr. Lüthy é que aparentemente ele não fazia a menor ideia de como ela pode ter reagido às doses diárias de Dilantin. Talvez não tenha perguntado, estando interessado apenas em suprimir as convulsões. Ela obviamente não lhe contou que poucas semanas após ter começado a tomar essa medicação, em outubro de 1972, as crises de ausência e a "rigidez" se tornaram mais frequentes — algo que ela mencionou ao dr. Lenner em Würzburg um ano e meio depois. Tampouco contou ao dr. Lüthy sobre o que também sabemos a partir do relatório do dr. Lenner, a saber, que ela começou a sentir um odor desagradável que não era percebido por outras pessoas. Que fardo psicológico deve ter sido para ela ocultar tudo isso, principalmente visto que de tempos em tempos aqueles rostos infernais também voltavam para assombrá-la! Por que ela não confiava nele? O motivo pode ter sido nada além de personalidades conflitantes. Mas *pode* ter sido outras coisas.

O dr. Lüthy nasceu em Bernau, perto de Berlim, enquanto Anneliese era uma filha da Baviera. Diferenças culturais corriam fundo entre o Norte e o Sul da Alemanha, aprofundadas diariamente por estereótipos sobre o Norte meticuloso e o Sul descontraído, por variações marcantes em dialeto e pela mútua falta de compreensão da religiosidade bávara e o protestantismo cosmopolita do Norte. Não é necessário dizer nada. Um dar de ombros quase imperceptível, um sorriso rápido e depreciativo, e a mensagem é recebida, a separação se torna visível. Nas conversas entre Anneliese e o dr. Lüthy, a jovem era a paciente, a parte em desvantagem, o dr. Lüthy a figura no poder, investido de toda a aura que um homem das ciências possui na Alemanha. Sem se dar conta, ele deve ter estabelecido o tipo de relação que expressava esse papel de superioridade e inferioridade. Podemos presumir isso porque Anneliese notou a necessidade de se defender dele. Ela o fez por meio da única arma eficaz que possuía: o silêncio.

No início da primavera de 1973, coisas novas e inquietantes começaram a acontecer. "Tem umas batidas no meu quarto", Anneliese contou à mãe. "Você deve ter sonhado", replicou Anna, "eu não ouvi nada." Anneliese continuou insistindo. Exasperada, Anna afinal a mandou ao dr. Vogt. "Se você não sonhou, talvez tenha algo errado com seus ouvidos." Mas o dr. Vogt não conseguiu encontrar nada fora do comum e a encaminhou para um especialista.

"O otorrinolaringologista não conseguiu encontrar nenhum problema com a audição de Anneliese", Anna contou ao marido naquela noite.

"Não te disse isso? O dr. Lüthy acha que ela tem epilepsia. A propósito, espero que você não tenha contado isso a ela, certo?" Anna negou com a cabeça. "Bom, pode ser alguma coisa relacionada a isso. Ela está um pouco desequilibrada, só isso."

"Não, Sepp, não. Não foi só a Anneliese. Ela foi a primeira a ouvir, mas então as outras também ouviram. Como batidas, ou como uma cadeira caindo, ou como alguém golpeando o lado de dentro do guarda-roupa, depois embaixo do piso e no teto."

Sepp não olhou para ela e continuou a desabotoar a camisa. "E daí?"

"O que estou querendo dizer", Anna baixou a voz para um sussurro rouco, "é que isso pode ser alguma coisa sobrenatural." Ela continuou alisando os travesseiros com movimentos nervosos.

Josef começou a perder a paciência. "Vou te dizer o que acho, se quiser saber. Anneliese está doente. E quanto às irmãs dela, bem, meninas às vezes ficam histéricas. Todo mundo sabe disso. Então talvez seja por isso que elas tenham ouvido essas coisas. Mas, você, uma mulher adulta? Vou te falar..."

"Mas Sepp, ouça. Tem mais. Anneliese andou me contando recentemente que não importa o que esteja fazendo — arrumando a cama, tocando piano ou apenas olhando pela janela — ela vê aqueles rostos distorcidos e abomináveis, aquelas carrancas. Não acontece mais só de vez em quando, como antes."

Josef suspirou. "Sim, ela também me falou sobre isso. Só Deus sabe do que isso se trata."

"Bem, se ela te contou, ela também te disse que aqueles rostos são como demônios? Com chifres? E ela acha que eles estão atrás dela, e ouve aquelas vozes que dizem que ela está condenada e que irá para o inferno para sempre..." Ela se interrompeu com um soluço seco.

"Quem colocou essa estupidez na cabeça dela?" Josef estivera desamarrando um sapato e agora o deixou cair com um baque. "Condenada? Aquela criança pura e inocente?" Sua voz se elevou, se inflamando de raiva. "Isso é bobagem. Uma besteira."

"Mas Sepp, me escute", Anna manteve a voz baixa. "Podem ser demônios, não acha? Os padres falam sobre Satã e como ele está em todos os lugares para nos tentar."

A raiva o abandonou com a mesma rapidez com que tinha surgido. Ele se sentou ao lado da esposa na beirada da cama e deu tapinhas em sua mão. "Fique calma, Anna. A garota é epiléptica. Algum dia ela vai voltar a ficar bem. Tudo isso vai passar, você vai ver."

Ela não queria ser consolada. "Não, Sepp, não. Acredite em mim, algo terrível, algo sobrenatural está acontecendo. Sabe aquela imagem da Virgem sobre a cornija na sala de estar lá embaixo? Bem, um dia eu estava passando por lá e vi Anneliese olhando para a Mãe de Deus. Só que não era com respeito ou adoração. O rosto dela parecia uma máscara horrível, cheia de ódio. Os olhos dela ficaram pretos, pretos feito piche. E as mãos delgadas — você sabe como as mãos dela são delicadas — bem, elas se retorceram e pareceram se transformar em patas espessas com garras. Estou te dizendo, foi terrível. Fiquei muito assustada, subi correndo para o escritório e tentei me acalmar preenchendo notas de vendas. Só que não consegui. Minhas mãos estavam tremendo tanto que eu não conseguia segurar a caneta. E não conseguia enxergar as letras na máquina de escrever."

Josef ficou em silêncio por um bom tempo. "Teremos que orar pedindo orientação", disse afinal.

As orações sempre tinham sido um momento de união para a família. Mas rezar o terço à noite e ir às missas e confissões não foram de grande ajuda para Anneliese. Em vez disso, ela agora sofria um novo tipo de tormento infernal, um que foi piorando à medida que as provas se aproximavam. Ela falou sobre isso naquela conversa registrada pelo padre Renz no dia 1 de fevereiro de 1976.

> As coisas ficaram especialmente aterrorizantes na época do *Abitur*. Ah, padre, o senhor não pode imaginar um pavor tão terrível. É um medo que passa por todos os meus membros e se acomoda neles. É um pavor que te faz pensar que você está bem ali, no meio do inferno. Você está total e completamente abandonado. Você pode pedir ajuda o quanto quiser, para a Mãe de Deus talvez, mas estão todos surdos. Acho que deve ter sido assim para o Salvador no Monte das Oliveiras, onde dizem que Ele foi afligido pelos tremores da morte. Embora eu ache que para ele deva ter sido ainda pior, pois, afinal de contas, Ele tinha tomado todos os pecados das pessoas para si, os pecados do mundo todo...

Mais tarde, naquela primavera, Anneliese contraiu rubéola. Visto que ela pegou essa doença infantil tão tarde, seus pais consultaram os médicos da família. "Só me deixem em paz", implorou Anneliese. "Eu vou me recuperar." Mas foi pedido a um dos Kehler que tinham assumido o consultório do dr. Vogt poucas semanas antes (em 1 de abril) que fizesse um atendimento domiciliar assim mesmo. Apesar de ter perdido muitas semanas de aula devido a essa doença, Anneliese conseguiu se aprovada nos difíceis exames do *Abitur* e se formar. Aquele também foi o ano da formatura das outras filhas dos Michel. Gertrud completou seus cursos na Euroschule. Para Barbara as aulas terminaram na escola técnica.

E a mais nova, Roswitha, concluiu o ensino médio em Obernburg am Main com um certificado da décima série. Deveria ter sido uma época de comemorações. Para Anneliese não foi. "Sinto como se estivesse em um buraco profundo", ficava reclamando. Mais tarde confessou ao dr. Lenner que tinha pensamentos suicidas recorrentes, mas que tinha sido muito covarde para levar a ideia a cabo.

O verão também não proporcionou nenhum alívio. "Aqueles comprimidos do dr. Lüthy não me ajudam", insistia ela. "Tudo o que fazem é me deixar cansada e apática." Por fim, seu pai apareceu com uma sugestão. "Por que não levo você para San Damiano? Vai ser uma mudança, uma agradável viagem de ônibus pelo norte da Itália, a bela planície Padana e tudo o mais. E a sra. Hein, que organiza as viagens, é uma mulher simpática. Você vai gostar dela."

Anneliese ficou empolgada. Seu pai tinha ido ao santuário mais cedo naquele verão. Ele tinha trazido um livrinho sobre o lugar intitulado *A Mãe de Deus em San Damiano?* Era um pouco efusivo, mas ela às vezes tinha pensado em como poderia ser agradável rezar o terço lá. Era uma bela história sobre como o santuário veio a existir. Havia uma camponesa humilde, Rosa Quattrini ou Mamãe Rosa, que teve problemas durante o parto, portanto teve que passar por uma cesariana. Depois do terceiro filho ela teve uma infecção tão grave que a incisão não cicatrizou. Foi por fim mandada de volta para casa, doente demais para trabalhar. Tudo o que conseguia fazer era ficar deitada na cama. Então uma mulher foi à sua casa, vestindo trajes locais, com uma echarpe azul-celeste na cabeça, que na verdade era a Virgem Maria. Ela a fez sair da cama, fechou a ferida e lhe disse que deveria visitar o padre Pio no sul, onde o pai de Anneliese também estivera. O padre Pio ordenou que viajasse durante dois anos para cuidar dos doentes. Seu pai disse que o padre Pio era famoso por toda a Itália por ser um homem santo e por sempre obrigar as pessoas a fazerem coisas difíceis que eram boas para suas almas. Por fim, Mamãe Rosa voltou para casa.

Mas os milagres não acabaram por aí. Pois Mamãe Rosa estivera em casa por pouco tempo quando, em outubro de 1964, a Virgem voltou a aparecer para ela. Dessa vez, uma pereira na qual a Virgem tinha roçado começou a florescer fora de época. Seu pai disse que hoje no santuário também havia uma imagem de Cristo que mudava de cor de acordo com os eventos mundiais, fossem notícias boas ou ruins, mas que ele não tinha visto isso acontecer. Água benta saía de um poço escavado de acordo com as instruções da Mãe de Deus, e embora ele achasse que o gosto não era nem um pouco diferente de qualquer outra água, o lugar todo ainda era muito santo. Uma pena, seu pai disse, que a igreja não reconhecesse San Damiano como um santuário e há anos proibisse Mamãe Rosa de espalhar quaisquer novas mensagens que recebia da Virgem, porque ela dizia muitas coisas boas, como, por exemplo, que as famílias deveriam rezar o terço juntas e que as pessoas deveriam amar umas às outras. Quem sabe, talvez lá ela conseguisse sentir a presença da Mãe de Deus assim como aconteceu em Mittelberg.

Em uma narração gravada por mim em julho de 1979, o padre Alt descreve San Damiano e o santuário, que ele visitara em 1975, e relata o que aconteceu com Anneliese no local. A vila, localizada ao sul de Placência, é cercada por espaçosos vinhedos. A propriedade dos Quattrini fica um pouco afastada da comunidade e tem um jardim com uma estátua da Nossa Senhora, a famosa pereira e o poço milagroso. Ao redor do jardim existe um espaço aberto onde os peregrinos se ajoelham e rezam. Ele então continua:

> Certo: Anneliese me contou — e a sra. Hein confirmou — que ela não foi capaz de entrar no santuário. Ela se aproximou dele com grande hesitação, depois disse que o solo queimava como fogo e que ela simplesmente não estava aguentando. Ela então deu a volta pelo santuário em um arco amplo e tentou se aproximar dele pelos fundos. Olhou paras as pessoas ajoelhadas na área que cerca o jardinzinho e lhe pareceu que elas rangiam os dentes enquanto rezavam. Conseguiu chegar até a beira do jardinzinho, depois precisou voltar. Aproximando-se pela frente outra vez, teve que desviar o olhar da imagem de Cristo [na capela da casa]. Ela conseguiu chegar ao jardim diversas vezes, mas não pôde passar por ele. Também percebeu que não conseguia mais olhar para medalhas ou imagens de santos; elas brilhavam com tanta intensidade que ela não conseguia suportar.

Os peregrinos costumavam ser um grupo heterogêneo: alguns membros de um grupo de oração de Miltenberg, talvez; uma dona de casa de rosto descarnado usando um chapéu há muito fora de moda, mas bom demais para ser jogado fora; um funcionário do correio de Ebersbach com a esposa; um professor aposentado com binóculos e uma câmera pendurada no pescoço. Eram todos estranhos, mas ainda assim observavam uns aos outros para ver se estavam se comportando de maneira apropriada.

"Doida", o funcionário do correio disse para a esposa enquanto caminhavam na direção da parte coberta do pátio, "você viu que ela se recusou a beber a água do poço milagroso? Como se fosse ruim ou algo assim."

"Thea Hein falou que ela disse que queimava."

Uma garota do grupo de oração que andava ao lado deles balançou a cabeça. "Ela com certeza age de maneira estranha. O pai dela lhe comprou uma medalha, mas ela não quis usar. Ele ficou insistindo, mas ela disse que a medalha fazia pressão em seu peito e a impedia de respirar. Eu a ouvi dizer isso."

"Ela chegou a ir até a capela?", o professor quis saber enquanto tirava uma foto dos fundos da casa dos Quattrini.

"Acho que não", a dona de casa se intrometeu. "Eu a vi dando a volta pelo lado de fora do santuário muitas vezes."

"Não fale tão alto; eles podem te ouvir." Houve olhares de soslaio na direção do lugar onde Anneliese estava parada com o pai, nos fundos dos limites da propriedade. Ele tinha um braço nos ombros dela como se quisesse consolá-la.

"Você ouviu Thea Hein dizer que havia alguma coisa sinistra acontecendo?", um jovem perguntou à sua companheira. Mas a garota não tinha ouvido e se ajoelhou para rezar.

Anneliese não pôde deixar de perceber que as pessoas estavam falando sobre ela. Mas também não conseguiu mudar o jeito como estava se comportando. "Minha vontade não me pertence", repetiu diversas vezes. "Outra pessoa está me manipulando." Foi assim no ônibus durante a viagem de volta. O padre Alt conta o que aconteceu.

> No caminho de casa, Anneliese se comportou de maneira muito inapropriada em relação à sra. Hein. Ela falou com voz de homem, caçoou, por assim dizer, da sra. Hein, agiu com bastante ansiedade; ela simplesmente não era mais a Anneliese.

Arrancou uma medalha que a sra. Hein estava usando. E exalava um fedor como o qual a sra. Hein nunca antes sentira, como matéria fecal ou algo queimando. Todos no ônibus conseguiam sentir. Como a sra. Hein me contou, os outros passageiros do ônibus ficaram bastante bravos pelo fato de uma moça estar se comportando daquela maneira, falando muito alto e tudo o mais. Era algo completamente indecoroso dadas as circunstâncias. Então o pai dela se sentou ao seu lado e aparentemente começou a compreender que algo especial estava acontecendo com Anneliese.

Depois da visita a San Damiano, Anneliese se sentiu muito bem, mas isso durou apenas duas ou três semanas, e as coisas voltaram a ser como eram antes. Sua mãe a estava pressionando.

"Você tem que se preparar para se matricular na faculdade de pedagogia", ela pressionava Anneliese.

"Não estou em condições de ir para a faculdade neste outono", Anneliese objetava. "Eu não conseguiria estudar, tão deprimida como estou e tão afligida por todos aqueles rostos horríveis."

"Então vamos fazer algo a respeito. Vamos voltar ao dr. Lüthy. Talvez esses rostos façam parte daquelas convulsões que você costumava ter. Talvez ele tenha algum remédio que possa resolver tudo isso e você possa ir para a faculdade de pedagogia. Afinal de contas, por que você se deu ao trabalho de conseguir o *Abitur* se agora não quer ir para a faculdade?"

A garota cedeu. "Tudo bem, faça o que quiser."

Então Anna marcou uma consulta para o dia 3 de setembro, e obedientemente, ainda que com relutância, Anneliese marchou até lá. De acordo com o dr. Lüthy, como ele relembrou na conversa durante o interrogatório de 9 de fevereiro de 1977 — quatro anos após o ocorrido — ela lhe contou: "Eu costumo ver carrancas, abomináveis rostos distorcidos; o diabo está dentro de mim, estou toda vazia por dentro". Dois anos depois, sob juramento durante o julgamento, ele relembrou alguns outros detalhes. "Ela disse que costumava ver carrancas e que o diabo estava dentro dela. Chegou a garantir que todos passariam por um julgamento de fogo. Ela não conseguia afastar os pensamentos dessas coisas. Não tinha nenhum poder de decisão e tudo estava vazio dentro dela." Em resposta à sua pergunta sobre qual era a aparência daquelas carrancas, ela supostamente respondeu: "Bem, são apenas rostos abomináveis". Ela se recusou a dar mais detalhes. Quando ele em seguida lhe perguntou como ela sabia que aquele era o diabo, ela permaneceu em silêncio.

No dia 2 de julho de 1976, o dia após a morte de Anneliese, Anna Michel foi convocada a fazer uma declaração à polícia. Naquela época — antes que pudesse saber o furor que aquela simples declaração iria causar — ela disse o seguinte: "Nós falamos com o dr. Lüthy sobre essas coisas e ele nos aconselhou a consultar um jesuíta".

O dr. Lüthy negou com veemência essa acusação quando confrontado com ela durante o interrogatório de 9 de fevereiro de 1977. "Quando tenho um paciente com o qual não consigo lidar seja com um diagnóstico ou tratamento ambulatorial, eu sempre encaminho esse paciente a uma clínica e não a um padre. A expressão 'possessão demoníaca' não é uma terminologia médica e eu nunca a usei." E então repetiu sua afirmação mais uma vez. "Gostaria de enfatizar de novo que nunca encaminhei a senhorita Michel para um padre jesuíta nem para as respectivas autoridades da igreja, tampouco usei o termo 'possessão demoníaca'." Também rejeitou a alegação de que tenha dito que já não era mais possível prestar ajuda médica a Anneliese.

Portanto, aqui temos uma contradição. Primeiro, vamos esclarecer as coisas. Nem Anneliese nem Anna chegou a afirmar que o dr. Lüthy usou o termo "possessão demoníaca". Na verdade, ainda no final de 1973, Anneliese sentia que estava sendo "molestada", não possuída por entidades satânicas. As duas mulheres simplesmente declararam aos diversos padres que contataram que ele disse que para aquele problema em particular, a saber, o fato de ver aquelas "carrancas", ela poderia querer consultar um jesuíta, não que ela deveria parar de buscar ajuda médica de uma vez por todas. Dadas as circunstâncias, Anna não podia mais buscar a corroboração da filha durante o julgamento na primavera de 1978, e sob juramento, o dr. Lüthy repetiu sua defesa. Nas palavras do Parecer do Tribunal: "A testemunha técnica, dr. Lüthy, não confirmou, mas de fato negou enfaticamente a declaração atribuída a ele, a saber, que auxílio médico eficaz não era mais possível e que um jesuíta deveria ser consultado". E então temos uma declaração curiosa vinda de um tribunal de justiça. "Graças à impressão pessoal que causou no Tribunal, os membros acreditam nele." Em outras palavras, o Tribunal teve uma boa impressão dele, uma ruim de Anna Michel e, portanto, preferiu acreditar nele e não nela.

O Parecer do Tribunal continua: "A testemunha técnica, dr. Lüthy, não sabia que Anneliese Michel era católica". Bem, *isso* é difícil de acreditar. Mesmo com toda a migração interna após a Segunda Guerra Mundial, a região ao redor de Aschaffenburg ainda tinha uma população de quase noventa por cento de católicos. Se Anneliese tivesse sido protestante, ela teria sido a exceção, parte de uma pequena minoria. Todo seu perfil psicológico teria mudado. Como especialista prestando consultoria psiquiátrica, o dr. Lüthy com certeza teria estado ciente disso. Além do mais, assim que a conversa passou a tratar do diabo, sua intuição cultural bem-informada lhe teria indicado que estava falando com uma garota católica. Protestantes alemães raramente se referem a Satã como uma entidade individual.

"Visto que ele próprio não faz parte de nenhuma religião organizada", continuou o Tribunal em defesa do dr. Lüthy, "tal conselho [a saber, que Anneliese deveria consultar um jesuíta] lhe teria sido estranho." Bem, talvez. Não existe, claro, nenhuma evidência de que ele tenha escrito um encaminhamento formal para alguém ligado à Igreja Católica. Não há nos arquivos do caso nenhuma folha de papel com sua assinatura dizendo: "Para o Jesuíta Mais Próximo Disponível: Anneliese Michel, 20 anos, paciente em meus cuidados, está vendo demônios. Solicito análise". Por outro lado, ainda temos aquele testemunho de Anna e Anneliese.

Então o que aconteceu? Ele pode, de fato, ter feito uma piadinha. Ali estava aquela moça sentada em seu consultório, muito educada, muito bem-comportada, mas aos seus olhos ainda de classe média baixa, filha de um comerciante. A mãe dela está sentada ao seu lado, extremamente protetora e com certeza com poucas dúvidas em relação às coisas ridículas sobre as quais a garota está falando. A aparição do diabo é, claro, uma lenda folclórica na melhor das hipóteses. Na verdade, isso soa um tanto engraçado naquele dialeto. Então ele se permite fazer uma piadinha. "Bem, então, senhorita Michel, se você vê demônios, que tal perguntar a um jesuíta a esse respeito?" E tendo dito isso, ele logo se esqueceu do fato. Isso é uma conjetura, claro. Mas, na verdade, ele considerou o que ela disse de tão pouca importância que em sua declaração em 1977 comentou: "Não pode ser afirmado com certeza que na época havia o início de uma sintomatologia psicótica". E, acrescentou: "Eu meramente destaquei que não havia nenhum conteúdo experiencial por trás do que ela estava dizendo". Caso encerrado. Ela não vivenciou de fato o que disse que estava vivenciando. Por outro lado, estava claro que não estava bem. Por esse motivo "eu acrescentei algumas gotas de Aolept ao medicamento anticonvulsivo, uma droga que costumo receitar em casos de transtornos de neurodesenvolvimento em crianças e jovens".

Em termos farmacológicos, essa é uma droga de média intensidade (o ingrediente ativo é a periciazina) que suprime a capacidade do cérebro de convulsionar. Ele o entorpece, em outras palavras, assim como o Dilantin que Anneliese já estava tomando.

Anneliese não voltou a se consultar com o dr. Lüthy. Ela pode ter se sentindo muito humilhada, muito diminuída. No dia 20 de novembro, sem que realizasse outro checkup em Anneliese, ele lhe preencheu outra receita para Dilantin após um pedido via telefone, supostamente feito por seus pais. Daí em diante ela passou a se consultar com especialistas em Würzburg. Após essa visita ao dr. Lüthy, Anneliese nunca mais mencionou a nenhum membro da profissão médica os semblantes medonhos ou os demônios que a incomodavam, nem a previsão sobre o julgamento de fogo pelo qual todo o mundo iria ser submetido. Não existe uma palavra sequer sobre nenhuma dessas coisas nos relatórios do dr. Lenner ou nos da dra. Schleip, com quem ela foi buscar ajuda em Würzburg, nem nas recordações do dr. Martin Kehler, que teve uma longa conversa com ela posteriormente. Em vez disso, ela os consultou apenas no âmbito nos quais os julgava capazes de tratá-la: sua depressão, as dores de cabeça, o mau odor que a estava afligindo. Ela estava tão determinada a proteger seu mundo sagrado do outro que podemos ler na consulta que o dr. Lenner teve com ela: "Alguém recomendou o professor Strick para ela, que logo a enviou para cá". Esse alguém foi o padre Alt. E não é difícil ver características de seus médicos nos demônios dos quais ela tentava se livrar: "Vamos atormentar aquela pirralha, vamos atormentá-la", eles berravam pela sua boca.

A primeira metade de setembro de 1973 foi uma época agitada para a família Michel. Roswitha tinha assumido algumas das responsabilidades no escritório e a vovó Fürg ajudava na casa. Mas ainda havia muita coisa a fazer para preparar Gertrud para seu emprego em Bad Schwalbach, onde iria começar a trabalhar para o Serviço Médico Missionário no dia 15 de setembro. Apenas Anneliese permanecia indiferente, sem participar muito de nada.

"É melhor começar a arrumar suas coisas para Würzburg", sua mãe ficava lembrando-a.

"Não sei se quero ir."

"Como assim você não quer ir? O padre Wenzel lhe deu uma recomendação especial em julho para que você pudesse morar no dormitório. No dia primeiro desse mês nós fomos para Würzburg só para assinar o contrato. Tudo o que você precisa fazer agora é se matricular."

Anneliese permaneceu em silêncio.

"Durante toda sua vida", sua mãe persistiu, "você quis ser professora. Agora a oportunidade está diante de você e você só fica aí sentada. Outra garota iria agarrar essa chance."

"Não estou me sentindo bem. As pílulas e comprimidos do dr. Lüthy não estão me ajudando em nada. Eles só me deixam deprimida e cansada. Além disso, você não o ouviu dizer que eu ainda não deveria começar neste outono? Ele tem razão. Não acho que conseguiria me sentar nas aulas e prestar atenção. E aquelas carrancas..."

"Se os remédios do dr. Lüthy são tão inúteis assim, talvez nós pudéssemos conversar com um padre sobre isso."

"Ele disse um jesuíta."

"Bom, não conhecemos nenhum jesuíta. Mas a sra. Hein acha que o padre Habiger, o pastor da paróquia Mãe de Deus em Aschaffenburg, pode estar interessado."

"Ela o conhece?"

"Não, mas ela conhece o padre Herrmann, aquele padre aposentado da paróquia que às vezes viaja para San Damiano com os grupos de peregrinos dela. Então ela também conhece o padre Habiger indiretamente, podemos dizer. Talvez seu pai queira ir junto", acrescentou Anna de maneira persuasiva.

O que acontecera, ao que parece, foi que Thea Hein estivera conversando ativamente com diversos membros da equipe da paróquia Mãe de Deus sobre o que àquela altura tinha se transformado em um de seus assuntos favoritos. O padre Roth, um dos jovens padres da paróquia, tinha ouvido falar sobre o caso semanas antes dos Michel aparecerem para uma visita e tinha conversado com seu amigo, o padre Alt, antes mesmo de ver a menina. Os Michel escreveram diversas cartas para o padre Habiger antes de o visitarem. Entretanto, o padre Habiger fez poucas menções a essas preliminares na declaração que fez ao investigador criminal em outubro de 1976. De acordo com suas recordações:

> Certo dia, no verão de 1973 — não me recordo mais do dia —, os Michel vieram de Klingenberg para a casa paroquial com a filha Anneliese para pedir meu conselho. Acho que foram enviados a mim pela sra. Hein de Ebersbach...
>
> Ao longo de uma breve conversa na qual um jovem padre ligado à minha paróquia, o padre Roth, também esteve presente, os Michel me contaram que há algum tempo sua filha Anneliese vinha tendo problemas que podiam indicar que estava possuída. Eles mencionaram, por exemplo, que em uma peregrinação a San Damiano ela havia arrebentado um rosário. Durante a mesma visita também conversei com a senhorita Michel e tive a impressão de que ela era uma jovem perfeitamente normal, um tanto reticente e tímida na hora de falar. Não vi nada que pudesse indicar possessão.
>
> Ao final da conversa, aconselhei os Michel a levarem a filha a um médico para que fosse examinada.

"Não vou seguir esse caminho de novo", declarou Anneliese no caminho de casa. "A medicação do dr. Lüthy não afastou os seres diabólicos. Por que a de outro especialista iria?"

"Algum outro especialista pode conhecer um remédio melhor", respondeu sua mãe. Mas Anneliese permaneceu inflexível.

Então Thea Hein apareceu com uma nova sugestão. Por ter ouvido dos Michel a alusão que o dr. Lüthy fez a um conselho de um jesuíta, ela havia, por conta própria, procurado o padre Adolf Rodewyk em Frankfurt. O padre Rodewyk *era* um jesuíta e, além disso, era uma conhecida autoridade em possessão, tendo escrito uma grande quantidade de livros a respeito do assunto. Um deles, publicado em inglês (Doubleday, 1975) sob o título *Possessed by Satan* [originalmente publicado em alemão, 1963, (Aschaffenburg, Paul Pattloch) sob o título *Die dämonische Besessenheit*] detalha o posicionamento da Igreja Católica a respeito do diabo, possessão e exorcismo, reunindo exemplos de casos documentados, assim como da Bíblia. Thea Hein contou ao padre Rodewyk sobre Anneliese e seu comportamento durante a peregrinação a San Damiano. Ele solicitou que ela lhe enviasse uma carta com suas observações. Ele em seguida fez a seguinte declaração:

> Então, com base nisso, eu respondi que de fato via indícios no que ela havia escrito a respeito da garota estar possuída. No entanto, considerando a grande distância entre Frankfurt e Klingenberg e minha idade avançada (ele nasceu em 1894), eu não poderia me envolver na questão. (Declaração ao investigador datada de 8 de novembro de 1976.)

Em vez disso, o padre Rodewyk sugeriu que ela entrasse em contato com o padre Herrmann em Aschaffenburg. Ele estava aposentado e assim teria mais tempo do que o ocupado pastor da paróquia Mãe de Deus. Thea Hein, que conhecia o padre Herrmann muito bem das viagens a San Damiano, repassou esse conselho aos Michel. Alguns dias depois, Josef Michel telefonou para o padre Herrmann, que concordou com uma entrevista. Como ficou claro, ele de fato estava disposto a passar mais tempo com Anneliese do que o padre Habiger poderia ter sido capaz de fazer. Começando com a primeira conversa no outono de 1973 e avançando até o verão de 1975, ele se encontrou com Anneliese aproximadamente dez vezes em sua casa. Em agosto de 1976 ele contou ao investigador criminal:

> Nós geralmente conversávamos sobre seu problema durante meia hora ou uma hora. Ela era uma jovem gentil, e era claro que fazia parte de um lar bastante religioso. Reclamava de que não era mais ela própria. "Não sou mais meu próprio ego." De vez em quando via rostos distorcidos, carrancas, que era incapaz de descrever em detalhes.
>
> Sugeri que fosse a um neurologista... Ela me contou que tinha ido ao dr. Lüthy, mas ele também não tinha sido capaz de ajudá-la.

De seus pais eu soube que de vez em quando ela demonstrava desrespeito em relação a objetos sagrados e que havia um fedor de esterco ou de algo queimando no cômodo onde ela se encontrava. No entanto, esses sintomas nunca ocorreram no meu apartamento, embora eu — com bastante frequência — tivesse rezado o terço com ela. Durante tais momentos ela sempre se comportava com calma e devoção e não demonstrava tal comportamento.

Enquanto isso, contudo, o interesse do padre Roth no caso de Anneliese também tinha aumentado. Ele tinha conversado mais de uma vez com seu amigo, o padre Alt, sobre a questão e estava bastante ansioso para se envolver no assunto. Talvez Ernst Alt também pudesse ser persuadido a participar. Afinal de contas, aquele era um possível caso de possessão demoníaca. Quantas vezes um padre tem a chance de ver algo assim nestes tempos modernos? Então foi através do padre Karl Roth que o padre Alt foi por fim atraído para o caso no qual iria ter um papel tão decisivo.

Ernst Anton Alt nasceu em 1937 em Eppelborn, em Sarre. Seu pai trabalhava como moldador e fundidor. Frequentou a escola em Eppelborn e então estudou para o sacerdócio na Alemanha e Holanda. Seu primeiro cargo foi como capelão de um hospital em Bonn. Também foi responsável pelo programa para jovens de sua paróquia na cidade. Em 1971 foi para Aschaffenburg, para a paróquia St. Agatha. Por sugestão de sua advogada de defesa, a sra. Thora, os drs. Lungershausen e Köhler, neurologistas e psiquiatras do Departamento de Psiquiatria da Universidade de Ulm, foram requisitados pelo Tribunal para prepararem uma avaliação dele em março de 1978. Nela, eles o descreveram como um homem alto, com barba farta e boa saúde. Disseram, em parte:

> Ele é educado em contato interpessoal, com modos muito refinados, ocasionalmente pensativo. Suas declarações são cuidadosas, impressionantes e convincentes. Ele é fluente, muito analítico [e] tem um amplo vocabulário que comprova a educação que teve e as extensas leituras que faz. Seus processos formais de pensamento permanecem completamente impassíveis, mesmo sob prolongado interrogatório.

Depois de um relatório detalhado sobre o fato de que todas as características fisiológicas, psicológicas e neurológicas se mostraram normais, assim como seu EEG, os dois especialistas chegaram à seguinte conclusão surpreendente:

> No caso do padre Alt, estamos lidando com um transtorno de personalidade no sentido mais amplo do termo. Partes de seu histórico, de acordo com seu relato, chegam a sugerir *a presença de uma psicose do tipo esquizofrênica*, embora as descobertas não possam ser interpretadas como sendo indicadoras de quaisquer sintomas que possam comprovar esse diagnóstico. (ênfase minha.)

Então voltaram a repetir: "No sentido psiquiátrico, o padre Alt deve ser considerado anormal". Em outras palavras, o homem é completamente normal, não podemos encontrar absolutamente nada de errado com ele, mas ainda assim ele é um doente mental, um esquizofrênico. Uma pena não podermos provar que ele o é agora, mas pelo menos temos certeza de que foi em algum momento do passado.

Curiosamente, essa avaliação é um contraste direto com o que os mesmos dois psiquiatras disseram quarenta páginas antes em seus longos depoimentos para o Tribunal.

> As visões que ele descreve, em seu caráter pitoresco e pictórico, *não são o que se pode esperar, por exemplo, no caso de uma psicose esquizofrênica*. Em vez disso, elas devem ser consideradas como pseudoalucinações. (ênfase minha.)

Eles também consideraram as mudanças em suas percepções olfativas e visuais, as fragrâncias e fedentina, as diferenças em colorações que ele relatou, como meras "pseudoalucinações", ou seja, não eram psicóticas ou doentias de fato. O que, então, esse homem vivenciou que fez os psiquiatras "mudarem de ideia" de maneira tão peculiar? Para encontrarmos a resposta, temos que voltar a setembro de 1973, quando o padre Alt teve seu primeiro contato com o caso de Anneliese Michel. Ele falou a esse respeito um ano depois em uma carta (um tanto resumida aqui) para seu superior, o bispo Josef Stangl de Würzburg.

Ettleben, 30 de setembro de 1974

Vossa Excelência Reverendíssima:

Após muita consideração e considerável hesitação, eu agora gostaria de apresentar ao senhor um caso de orientação espiritual sobre o qual conversei com o senhor muito brevemente quando esteve aqui para uma visita.

Este é o caso de Anneliese Michel, de Klingenberg. Tentarei relatar o caso na ordem em que os eventos aconteceram.

Meu amigo, o padre Roth, veio a mim certa noite e me pediu que o ajudasse e a alguns colegas a resolver um caso de orientação espiritual. Ele envolvia uma moça, Anneliese Michel, que eu ainda não tinha conhecido. De acordo com a opinião de algumas pessoas, ela supostamente estava possuída ou pelo menos estava sendo molestada por um demônio. Eu deveria distinguir, ao me sintonizar com o que quer que ela estivesse irradiando, se ela estava doente ou não.

Precisamos fazer uma pausa aqui para uma breve explicação. O padre Alt há algum tempo estivera interessado na possível conexão entre experiência religiosa e o que é popularmente conhecido como PES (percepção extrassensorial). No outono de 1973, antes de se tornar pastor da paróquia de Ettleben, ele escreveu uma tese intitulada: "Existe uma Base Parapsicológica e Biológica para a Experiência Religiosa?". Isso mostra que estava familiarizado com a literatura sobre o assunto; por exemplo, ele conhecia as publicações do professor Weizsäcker e de sua Sociedade de Pesquisa para Sabedoria Oriental e Ciência Ocidental. Com base em muitas experiências, sabia que era um rabdomante confiável. Para os drs. Lungershausen e Köhler, ele enumerou outras habilidades, tais como telepatia e precognição. Mesmo com todo esse condicionamento, por assim dizer, ele claramente não estava preparado para a magnitude da reação que experimentou então.

De repente, fui capaz de descrever a família toda — pai, mãe, irmãs, avó — algo que eu não poderia ter feito visto que nunca os tinha visto. Mais tarde, tudo isso pôde ser verificado. Quanto a Anneliese, senti uma enorme radiação que se originava em seu pescoço ou, melhor dizendo, em sua tireoide e cabeça. Não detectei nenhuma doença. Isso, é claro, não permitiu que eu chegasse a alguma conclusão sobre se ela estava possuída ou não.

Dois dias depois, um colega (o padre Herrmann) que ia assumir o caso me visitou. Ele me entregou duas cartas, uma escrita pela mãe Michel, a outra por Anneliese. Fui incapaz de lê-las porque, de súbito, fiquei tão nauseado que pensei que em qualquer momento iria desmaiar. Experimentei uma agitação estranha como nunca antes tinha sentido, assustando e alarmando bastante meu colega, que testemunhou tudo. Naturalmente, nem mesmo essa experiência, claro, provou de modo algum que estávamos lidando com um caso de possessão.

Naquela noite celebrei a missa. Estava me preparando mentalmente para a transubstanciação (mudança da substância do pão e do vinho para a substância do corpo e do sangue de Cristo) e também incluí aquela menina ainda desconhecida no sacrifício. De repente, algo me atingiu nas costas, o ar ficou gelado e, ao mesmo tempo, houve um intenso fedor como se alguma coisa estivesse queimando. Tive que me apoiar no altar. Com grande esforço, e apenas graças a uma considerável concentração, fui capaz de proferir o restante do texto. Eu me senti profundamente angustiado, como se uma força negativa estivesse me cercando, a qual, porém, exceto por me importunar, não pôde infligir nenhum dano real.

Depois da missa, fui até um colega e relatei tudo a ele com calma e em detalhes.

A noite seguinte foi a mais agitada que já tive. Eu tinha tomado um sonífero, um que anteriormente sempre tinha ajudado, mas não consegui encontrar descanso. Meu apartamento foi dominado por uma variedade de maus odores, como se algo estivesse queimando — de estrume, de esgoto a céu aberto, de matéria fecal — e estes ficavam se alternando. Não fazia diferença se eu esticava minhas mãos para o rosário ou se rezava alguma outra oração, o mau odor persistia. Foi literalmente infernal. Além disso, houve ocasionais batidas ruidosas dentro do guarda-roupa. Fiquei deitado na cama, me sentindo profundamente acossado. Tentei rezar. Com minhas próprias palavras proferi um exorcismo, pensando em minha força sacerdotal. Durante alguns minutos me senti mais confortável, mas estava ao mesmo tempo gelado até os ossos e banhado em suor. Desesperado, clamei pela ajuda do padre Pio, visto que sabia que ele tinha experimentado tribulações parecidas. Nada aconteceu. Repeti minha oração a ele e de repente o quarto foi preenchido por um aroma de violetas tão intenso que pensei ter derramado loção pós-barba no pijama. Mas ele cheirava apenas a meu próprio suor. Estranhamente, ao mesmo tempo parei de transpirar e meu corpo pareceu ficar aquecido. Suspirei de alívio e só então descobri, para minha surpresa, que meu campo de visão tinha ficado bastante estreito e que minha percepção de cor tinha sido reduzida. Agora eu podia ver as cores com a intensidade normal outra vez. A pressão na minha cabeça tinha sumido. Antes de ter que levantar, dormi um sono tranquilo de uma hora. "Minha noite" tinha durado das 23h da noite anterior até às 5h da manhã.

Quando, na noite seguinte, contei aos meus colegas sobre tudo isso, eles de repente puderam sentir o mesmo fedor estranho. Toda a casa paroquial ficou cheirando a queimado, embora as janelas estivessem abertas.

Então essas foram as "pseudoalucinações" que os drs. Lungershausen e Köhler tentaram avaliar. Elas não duraram muito tempo e por fim desapareceram por completo, como o padre Alt conta ao bispo na mesma carta.

Os "ataques" voltaram a acontecer algumas outras vezes, mas se tornaram menos vívidos, e se eu fizesse a oração do exorcismo para mim mesmo, eles paravam abruptamente. De vez em quando era como se eu tivesse que lutar contra eles.

Suas visões começaram mais tarde, na verdade. Uma delas aconteceu perto do Natal de 1975. Ele de repente viu Cristo vivo na cruz, sentindo dor, e ouviu uma voz que anunciou: "Por você". Então tudo sumiu.

Em outra visão, que ocorreu uns dois meses depois, ele viu uma mulher com uma criancinha, rodeadas por uma luz brilhante. Ela durou apenas um instante e o deixou feliz porque outra vez uma voz disse: "Por você".

A carta continua:

> À noite, fiz uma caminhada com meu amigo, o padre Roth, e mais uma vez, enquanto conversávamos sobre Anneliese Michel, sentimos a mesma série de maus odores. Por fim, naquele momento, ouvi alguns detalhes sobre as aflições da garota. [Ele as listou aqui]. Algumas semanas depois eu também a encontrei pessoalmente. Ela estava muito deprimida, mas em nossa conversa pôde se expressar com muita clareza e obviamente tinha um dom considerável para análise.

Em outra carta escrita para o investigador criminal em 9 de setembro de 1976, o padre Alt revelou mais alguns detalhes sobre aquela primeira conversa.

> Ela não parecia doente nem enfraquecida, mas estava pálida e muito séria. Até onde consigo me lembrar, ela disse exatamente o seguinte: "Estou procurando pessoas que acreditem em mim". Ela nunca usou a palavra "possuída", e com base na conversa não havia como alguém chegar à conclusão de que estivesse. Não acho que ela soubesse o que, exatamente, a palavra significava, e devo confessar que eu tampouco estava certo sobre o conceito teológico da possessão.
>
> O padre Roth e eu a interrogamos, por assim dizer, e presumi dali em diante que uma possessão era possível, mas que isso teria que ser provado com 100% de certeza, mesmo que tal prova demorasse muito tempo para ser encontrada. Considerei as declarações de terceiros sobre a questão como nada mais do que hipóteses temporárias...

No geral, fica bem claro que o padre Alt conseguia sentir empatia por Anneliese com tanta facilidade porque tinha vivenciado o que ela estava enfrentando, ainda que de uma maneira mais reduzida. Ele também sentia muita compaixão. "Ela parecia estar precisando desesperadamente de apoio", disse durante sua entrevista psiquiátrica, "uma jovem atormentada por quem era impossível não sentir pena."

Quanto a Anneliese, orações sacerdotais pareciam ajudá-la. Mas os ataques aconteciam de modo bastante imprevisível. Em uma conversa, o padre Alt falou sobre como ele de repente viu o rosto dela mudar; seus olhos escureceram e ela se tornou ausente. Ao mesmo tempo, ele notou uma sombra atrás dela. Ele lhe perguntou: "Qual é o problema, Anneliese?". "Estou sendo molestada", respondeu ela. Depois que ele lhe deu uma bênção sacerdotal, tudo voltou a ficar bem. "Isso foi incrível", disse ela radiante.

Preces de outros padres também tinham um efeito benéfico. Assim fortificada, ela decidiu se matricular na faculdade de pedagogia em Würzburg, com graduação em pedagogia e teologia. As aulas começaram em outubro, e no dia 1 de novembro de 1973 ela se mudou para o dormitório.

Felicitas D. Goodman
POSSESSÃO

Capitulum 4
A Represa se Rompe

Würzburg, a cidade barroca mais bonita da Alemanha e há séculos a capital de um principado eclesiástico, foi em grande parte destruída durante a Segunda Guerra Mundial. Quando Anneliese foi lá para estudar, contudo, a cidade tinha sido reconstruída por completo. Ela é o centro do que é popularmente chamado de *Marienländle* (pequena terra de Maria) e estátuas da Virgem de diversos tipos adornam os cantos de muitas casas antigas: com um halo dourado, uma coroa, uma guirlanda de estrelas e com ou sem o Menino Jesus. Maria também recebe os suplicantes de cima dos altares das muitas igrejas da cidade.

Anneliese chegou a conhecer muito bem diversas dessas igrejas em sua busca por um lugar para rezar. Pois na capela circular e impessoal do dormitório não havia sequer um banco no qual pudesse se ajoelhar. Além disso, a capela era aberta apenas para as missas. Em outros horários, ela precisava sair à procura de alguém que tivesse uma chave e tinha que chegar lá atravessando o porão. Portanto, começou a cruzar o estacionamento até a igreja Unsere Liebe Frau, ou a pegar o ônibus até o centro e ir para a igreja Neumünster e sua capela de adoração protetora e calorosa em estilo romano que o padre Alt lhe tinha recomendado.

O dormitório também a fazia sentir saudade de casa de outras maneiras. O lugar era estéril e neutro, com multidões de alunos perambulando ao longo de seus corredores cinzentos. Como ela sentia saudade das irmãs! Ela precisava admitir, contudo, que as coisas poderiam ser piores. Afinal de contas, havia algumas garotas que ela conhecia do ginásio em Aschaffenburg. Havia Ursula Kuzay, agora sua colega de quarto na suíte do primeiro andar do edifício. Karin Gora fazia quase todas as mesmas aulas e elas se viam quase todos os dias. E até mesmo Maria Burdich aparecia de vez em quando. Ela não morava no edifício, mas em um prédio vizinho com algumas outras garotas. Ela e Anneliese se encontravam com frequência em aulas, mas também em seu tempo livre.

Mas outras questões além da saudade de casa pesavam sobre os ombros de Anneliese. Apesar de tomar seus comprimidos à risca e do padre Alt se encontrar com ela a cada quinze dias mais ou menos, aqueles rostos abomináveis a atacavam onde quer que ela fosse, e sua depressão a isolava e assustava. Frequentar as aulas se mostrou ser um fardo quase insuportável. "Acordo apática de manhã e não sinto quase nenhuma vontade de me levantar. À noite estou completamente esgotada", contou ao dr. Dietrich Lenner do Instituto de Psicoterapia e Psicologia Médica no final de novembro. Exasperada, ela desabafou: "Eu queria tanto viver de verdade outra vez". Ursula Kuzay não demorou muito para avaliar sua colega de quarto. "Durante as primeiras semanas na faculdade, Anneliese ficou bastante retraída e muito para baixo. Ela estava sem rumo e ia às aulas só se a gente a arrastasse junto", contou ao investigador do tribunal.

Mas as coisas estavam prestes a mudar, pois Anneliese se apaixonou. No início de novembro houvera um baile no dormitório. Suas amigas convenceram Anneliese a ir junto. Um dos jovens com quem ela dançou era um colega chamado Peter, de físico esguio como ela, com cabelos escuros ondulados e olhos atraentes. Ele gostou de Anneliese logo de cara. "Ela era amigável, animada, extrovertida, divertida de se conversar", escreveu em suas reminiscências pessoais. Ele também morava no dormitório. Peter e Anneliese frequentavam muitos dos mesmos cursos e ele se certificava de que se encontrassem com frequência.

A companhia de Peter fazia muito bem a Anneliese. "Isso a reanimou completamente", Ursula, sua colega de quarto, comentou. "Anneliese costumava sair para dançar e até mesmo para jogar boliche com ele, coisas pelas quais ela não se interessava antes." E Karin acrescentou: "Ela se tornou visivelmente animada, agindo como qualquer outra garota apaixonada". Até Maria Burdich, que não a via com a mesma frequência que as outras duas, notou como ela estava desabrochando.

Umas duas semanas mais tarde, para a consternação de Peter, ela lhe disse que não deveriam mais se ver. "Mas por quê?", Peter quis saber.

"Eu costumo ficar terrivelmente deprimida e não sou uma boa companhia para ninguém."

"Todo mundo fica deprimido de vez em quando", argumentou ele.

"Comigo é diferente. A depressão é persistente." Eles estavam caminhando juntos para uma aula de psicologia infantil. Ela se virou e o olhou bem nos olhos. "Acredite em mim, você vai evitar muita tristeza se não vier mais me ver."

Ainda assim, Peter permaneceu por perto. "Peter, sério, isso não é justo com você", ela dizia. "Não consigo sentir o mesmo que você sente por mim", ela afirmava.

"Vai conseguir quando me conhecer melhor", Peter rapidamente respondia.

"Você não entende. Não consigo sentir amor por ninguém. Eu meio que estou toda insensível. Não consigo sentir emoções assim." Peter não lhe dava ouvidos. Ela lhe ter contado que às vezes ficava toda retesada quando sofria ataques de depressão sequer serviu para afugentá-lo.

"Algum médico bom provavelmente tem um comprimido para isso; você só precisa encontrar o médico certo", disse e continuou se encontrando com ela. Ele gostava de tudo nela. Ela era bonita de um jeito delicado, com um corpo bonito também. Era muito inteligente, não uma "bobinha" como muitas garotas na faculdade de pedagogia. Quando ela falava a respeito de suas colegas, de repente era possível ver aspectos de suas personalidades das quais ninguém sequer tinha suspeitado antes, e ela costumava estar certa. E embora tenha dito que desde o ginásio não tinha se concentrado de verdade nos estudos, ela mesmo assim aprendeu muita coisa nas aulas e seminários. Até mesmo o diretor Veth, o administrador do dormitório, ficou impressionado com ela. Era possível notar isso na maneira como ele sempre prestava atenção em seus comentários nas aulas. E ele gostava do relacionamento dela com a família. Deve ter sido divertido, com base no que ela descreveu, crescer com três meninas e aquele pai esbravejante, mas gentil. Talvez sua mãe tivesse ambições demais para ela, mas muitas mães eram assim. Não era de se admirar que fosse para casa todos os fins de semana. Verdade, ela parecia um pouco séria demais em relação à religião. Quanto a ele, já fazia alguns anos que via apenas o exterior das igrejas. Mas ela talvez tivesse razão; talvez houvesse mais por trás desse fato do que ele estava disposto a admitir.

O assunto sobre o qual eles discordavam era aquela depressão dela. "Se não foram seus pais, então talvez tenha sido um amigo que ficava dizendo que você era inútil ou algo assim."

"Não seja bobo."

"Então talvez você esteja sofrendo os efeitos posteriores dos exames para o *Abitur*, ou esteja preocupada com a faculdade agora." Ela apenas balançava a cabeça. Era como tentar atravessar uma parede à força. "Bem, vamos continuar conversando", disse ele. "É bom ter alguém com quem conversar quando se está deprimido."

No dia 27 de novembro, Anneliese deixou que ele a levasse para sua primeira consulta com o dr. Lenner. Ele aguardou no lado de fora para que pudesse levá-la de volta. As anotações do dr. Lenner listam as reclamações que ela fez na ocasião. Clara e incisiva, como era de seu feitio, ela descreveu como tinha dificuldade em se concentrar ou prestar atenção. "Não tenho nenhuma força de vontade, eu apenas fico vagando por aí e não sei o que quero." Ela também falou sobre Peter, que ele era bem legal e que gostaria muito de tê-lo como namorado, mas que isso não seria certo, pois ela não era capaz de sentir, ela não sentia nada em absoluto. Peter até se ofereceu para ajudá-la, mas o que é que ele poderia fazer por ela?

O dr. Lenner era compreensivo, com quem era mais fácil conversar do que o dr. Lüthy. Treinado na tradição freudiana, ele lhe fez muitas perguntas sobre seu relacionamento com os pais. Em sua percepção, ela era um caso clássico de uma jovem que sofria de uma neurose que vinha se desenvolvendo há algum tempo, claramente causada por um pai que nunca a tinha compreendido e uma mãe a quem odiava por completo, visto que não a deixava ter namorados e sempre a proibia de sair para dançar. Quanto àquelas convulsões que vinha sofrendo desde que tinha 16 anos — não muitas, de fato, mas mesmo assim — bem, elas se pareciam bastante com epilepsia. Melhor verificar isso amanhã na Clínica e Policlínica Neurológica da Universidade.

No dia seguinte (28 de novembro), Anneliese foi à Clínica Neurológica na Füchsleinstrasse para fazer um EEG. O exame foi realizado enquanto ela dormia. Ao avaliá-lo, a dra. Irmgard Schleip, a diretora acadêmica da clínica, relatou que encontrou "padrões epilépticos", uma descarga de um lócus na região temporal esquerda. Em sua carta ao promotor público, datada de 7 de julho de 1976, ela também declarou: "Com base no histórico da paciente, a descrição das convulsões e as descobertas no EEG, tivemos que presumir diagnosticamente que estávamos lidando com um transtorno convulsivo, ou seja, epilepsia".

A dra. Schleip suspendeu o uso de Dilantin, visto que esse medicamento ao que parece não tinha suprimido por completo as atividades epilépticas no cérebro, e lhe prescreveu Tegretal, um remédio muito mais forte e, dados seus efeitos colaterais, muito mais perigoso. Em sua consulta com a dra. Schleip, Anneliese contou sobre como sofria por estar separada da família — a família que, de acordo com o ponto de vista do dr. Lenner, tinha lhe causado tanta angústia que ela reagia com uma psicose depressiva. Também mencionou o fato de que tinha problemas com o namorado, que ela "não era capaz de amar o suficiente". Chegou a comentar os odores nauseantes. A dra. Schleip os interpretou como "convulsões psicomotoras" e considerou estas, assim como a depressão de Anneliese, como sendo produtos dos "padrões epilépticos" no cérebro.

Anneliese, claro, era inteligente demais para não perceber que estava presa entre duas escolas de pensamento. Para o dr. Lenner, todos os seus problemas tinham uma provável origem psicológica. Para a dra. Schleip, havia alguma coisa errada em seu cérebro, causada por quem sabia o quê? Talvez por aquela queda que tinha sofrido quando criança? Se aqueles dois indivíduos não conseguiam entrar em acordo, talvez um, ou possivelmente ambos, estivessem errados.

De qualquer modo, ela não mencionou as carrancas a nenhum deles. Estas pertenciam a um lugar ao qual nem o dr. Lenner, com sua psicanálise, nem a dra. Schleip, com seu interesse resoluto em padrões de ondas cerebrais, tinham acesso. A maneira como ela se escondia atrás de sua tela de proteção fica clara com base no que esses dois médicos relataram. O dr. Lenner, com todos os detalhes que registrou, foi obviamente mantido na ignorância a respeito dessa parte importante da experiência de Anneliese. E a dra. Schleip comentou na mesma carta citada anteriormente que se tivesse tido qualquer suspeita do envolvimento de algo "sobrenatural", com certeza teria feito uma anotação a esse respeito, "visto que tenho muito interesse em tais coisas", acrescentando, com a cautela apropriada e entre parênteses, "no âmbito científico, é claro".

Contudo, Anneliese não conseguiu ficar longe de Peter por muito tempo. Embora tivesse contado ao dr. Lenner (em uma consulta em 11 de dezembro) que não podia ser estimulada sexualmente, que se sentia como se fosse "castrada, frígida", com pouca capacidade para comunicação, ela havia passado a gostar bastante dele. Ele tolerava suas mudanças de humor e sua depressão, que iam e vinham de maneira inexplicável. Para agradá-la, ele até tinha voltado a frequentar a igreja. Para a missa noturna de domingo, ele às vezes a levava em seu fusca enferrujado pela colina com vista para a cidade até uma delicada capela em estilo rococó, toda em lilás claro, rosa, prata e cinza, que nunca deixava de encantar Anneliese. Ela ficava muito tempo em pé diante da estátua do irmão Konrad, o santo da Baixa Baviera, com sua barba longa. "Dizem que quando ele rezava, bolhas douradas saíam de sua boca", refletiu ela. Peter também estava disposto a ter conversas sobre assuntos religiosos e a ouvir com atenção seus relatos empolgados sobre San Damiano. "Temos que ir até lá juntos algum dia. Depois de uma visita a San Damiano, eu sempre me sinto bem durante semanas, quase livre."

"Quase livre? Livre do quê?"

"Daquela pressão interior que sempre sinto, daquele tormento avassalador e assustador que parece estar comigo o tempo todo."

Ela se recusava a falar mais sobre esse assunto. Porém, mais para o final de dezembro, ela por fim desembuchou. Tinha sido um dia alegre, houve comemorações do Advento em todos os lugares, o dormitório cheirava a abetos frescos e a velas de cera de abelha acesas e o vento invernal brincava de pega-pega com alguns esparsos flocos de neve no lado de fora. Anneliese cantarolava uma canção de Natal sobre Maria e José e seu filho enquanto ela e Peter andavam na direção da cozinha.

"Você está se sentindo bem hoje?", disse Peter em um tom que era mais uma pergunta.

Anneliese afastou o olhar do infusor de chá que estava enchendo. Eles estavam sozinhos. "Sim. Talvez tenha sido bom a dra. Schleip ter mudado a medicação do Dilantin para aquele outro remédio, o Tegretol. Mas ele ainda não fez nada em relação àqueles outros problemas."

"Outros problemas? Que outros problemas?"

"Aqueles outros problemas, como os fedores horríveis, por exemplo."

Essa foi a primeira vez que Peter ouviu algo sobre os maus odores e o tormento que eles lhe causavam. "Por favor, explique", pediu enquanto voltavam para o quarto dela, levando chaleira e xícaras.

Ursula não estava lá, então eles podiam conversar à vontade. Anneliese lhe contou sobre como sua família também podia sentir os cheiros, não apenas ela, que eles surgiam de repente, fedendo a alguma coisa queimando, como fezes, ovos podres, estrume, todos os tipos de coisas desagradáveis e malignas, sem nenhuma fonte visível que fosse. "Não dava para abrir uma janela?"

"Ah, Peter, você não acha que a gente tentou? Não adianta fazer isso, nem um pouco. O fedor aparece e então, às vezes alguns dias depois, eu não sinto mais o cheiro. Mas, de qualquer maneira, é horrível."

Peter achou que finalmente compreendeu. "E você está dizendo que é isso que causa sua depressão?"

"Não, não estou dizendo isso. A depressão aparece junto do fedor. E com aqueles rostos aterrorizantes."

"Você quer dizer que também tem alucinações?"

"Não tenho certeza se sei exatamente o que são alucinações. De repente elas estão lá, aquelas carrancas, parecidas com demônios. O que estou fazendo na hora não faz diferença. Na maioria das vezes estou pensando em algo completamente diferente, completamente desvinculado. Não consigo descrevê-las. Não acredito que queira. Elas são as coisas mais assustadoras que você pode imaginar."

Peter sugeriu algumas explicações plausíveis. Ela as estava imaginando. "Não é minha imaginação. Às vezes não são muito nítidas, como sombras, mas na maioria das vezes são bastante reais. Eu as vejo como vejo você." Ela havia aprendido algumas noções exageradas sobre o diabo nas aulas de religião. "Nem um pouco. Aprendemos sobre a existência de Satã e seus planos para as almas das pessoas, mas foi só isso." Talvez ela odiasse os pais e tivesse a consciência pesada por causa disso.

"Você deve estar doido. Meus pais são pessoas boas. Difíceis às vezes, mas boas. Eu os amo. Caso contrário, por que sentiria saudade de casa e deles? Por que iria para casa todos os fins de semana?" Que tal muitos pensamentos sobre pecado? Não, também não era isso. Claro, as pessoas cometiam pecados o tempo todo, mas era sempre possível fazer a confissão e voltar a acertar as coisas com Deus.

"Terminou?" Ela sorriu.

"Vou pensar em alguma coisa amanhã", ele também riu.

"Ainda tem mais."

"Não acho que eu tenha mais respostas boas em estoque."

"Tudo bem. Só ouça. A parte ruim é que quando todas essas coisas acontecem, meu controle sobre mim mesma desaparece. Anneliese, meu verdadeiro eu, quero dizer, se senta em um buraco dentro de mim mesma e não tem nada a dizer sobre coisa alguma. Eu, a Anneliese visível, faço tudo como se alguma outra coisa ou pessoa estivesse dando as ordens. Luto contra essa perda do meu controle com todas minhas forças. Mas sempre perco."

"Então por que luta?"

"Se não lutasse, isso significaria que eu estaria desistindo de mim mesma."

Em relação a esse problema, pelo menos, Peter acreditava que poderia fazer algo a respeito. Conforme escreveu em suas reminiscências:

> Concordamos que dali em diante Anneliese ficaria encarregada de tomar todas as decisões para enfatizar a força de seu ego e sua vontade. Depois disso, sempre observei a mesma coisa. Se estivesse se sentindo "livre", ela tomava a iniciativa como de costume, tomando as decisões necessárias de maneira completamente independente. Mas quando aquele tormento interior assumia o controle, ela mal se sentia capaz de tomar quaisquer decisões, ou conseguia apenas com grande esforço.

Talvez ela estivesse se sentindo um pouco otimista demais em suas conversas com Peter. Durante algum tempo ela lhe passou a impressão de que a depressão surgia apenas esporadicamente, mas contou ao dr. Lenner algo diferente em sua consulta no dia 11 de dezembro.

Admitiu que, de fato, se sentia melhor desde que tinha mudado para o Tegretol, algo que também contou para a dra. Schleip no dia 17 de dezembro. Ela até jogava tênis agora e desfrutava do tempo que passava tocando piano. No entanto, ela comentou em seguida: "Isso não é mais depressão, é uma condição". Quando questionada sobre suas dificuldades em se comunicar com os amigos e colegas do dormitório, ela deixou claro que o problema tinha persistido porque "eles vivem em uma esfera de consciência diferente da minha".

As coisas não mudaram muito com a chegada do novo ano. Anneliese teve menos oportunidades de se encontrar com o padre Alt, porque no dia 1 de janeiro de 1974 ele tinha sido transferido para a paróquia St. Agatha, em Aschaffenburg, para se tornar pastor da paróquia de Ettleben. Antes de partir, tinha aconselhado Anneliese a não deixar de procurar ajuda médica. Isso era o que seus pais também queriam. Ela reclamou com Peter que nem seu padre nem seus pais acreditavam que ela estava sendo perseguida por aqueles rostos terríveis; em vez disso, era enviada de psiquiatra para psiquiatra. Mas mesmo assim, ela obedeceu. Consultou-se com a dra. Schleip em janeiro — não somos informados em que dia — que registrou que ela estava reclamando de dores de cabeça. Ela foi um pouco mais comunicativa com o dr. Lenner. Ela lhe contou que podia tolerar outras pessoas com mais facilidade, que se sentia um pouco alegre agora, como quando tocava piano, e se sentia mais relaxada. Ainda não conseguia ser estimulada sexualmente e tinha problemas para estudar devido à falta de concentração.

Conduzida pelas perguntas do dr. Lenner, ela descreveu o que ele concluiu ser transferência de dependência de seus pais para Peter. Ele citou algo que ela disse: "Estou praticamente grudada a ele... Sempre faço o que ele me manda fazer; é sempre ele quem toma a iniciativa". Peter quisera levá-la ao dr. Lenner, contou, mas ela pedira que a deixasse ir sozinha. Peter tinha um amplo círculo de amigos, continuou, e ficava convidando-a a sair com ele para conhecê-los, mas ela se sentia muito insegura com outras pessoas e geralmente recusava. Ela também se recusava a fazer amor com Peter por medo de que isso aumentasse a dependência que tinha por ele. Além do mais, os estudos deveriam vir em primeiro lugar e depois Peter. Era bom tê-lo por perto, só isso. Ela invejava aqueles que conseguiam fazer planos. Ela, por outro lado, deixava tudo ao acaso. Sentia-se desorganizada, incapaz de fazer coisa alguma.

Ao final da consulta, o dr. Lenner sugeriu que ela fizesse terapia em grupo. "O grupo que tenho em mente é composto de estudantes. A professora dra. Erika Geisler é a orientadora. Você vai gostar. Um grupo legal de jovens, apenas falando sobre seus problemas."

Obediente como sempre, Anneliese foi — uma vez. Ficou horrorizada com os assuntos tratados nas discussões. Era um mundo completamente diferente do dela, um mundo de complexos, inibições, frustrações, compulsões. Ela não pertencia àquele lugar. "Não faço ideia do que deveria ganhar indo lá", disse a Peter. "Não sou louca." E não voltou mais.

A época do Carnaval chegou e com ela mais conflitos com Peter. Ele queria que ela saísse com ele e conhecesse seus amigos, dançasse, se divertisse. Ela se retraía. "Seus amigos não vão gostar de mim, Peter. Além do mais, acho muito difícil encontrar algum divertimento perambulando por aí agindo como idiota." Talvez seu retraimento fosse um indicador do aumento do assédio daqueles rostos, ainda que os odores tivessem abrandado por um tempo. Pois em março ela telefonou para o padre Alt para marcar uma reunião, dizendo que durante algum tempo tinha se sentido bastante livre, mas que as coisas voltaram a ficar muito ruins e perguntando se poderia ir vê-lo.

O padre Alt mencionou essa visita em sua carta para o bispo de 30 de setembro daquele ano. Ao que parece, as reclamações dela não tinham mudado. Ela estava tomando seus comprimidos à risca, mas aqueles rostos continuavam presentes. Era incapaz de rezar, ou conseguia fazê-lo apenas com grande esforço. Quando ia se confessar, algo a impedia de contar tudo. E havia aquela sensação de estar sendo atormentada, oprimida por algum agente estranho. Ela não era forte o bastante, precisava da ajuda de mais alguém.

Peter, que a tinha levado até Ettleben, ficou admirado com a rápida melhora que viu em Anneliese após o padre Alt ter rezado com ela. Ele a viu mudar de maneira bastante impressionante, seu rosto se tornou desanuviado e sorridente, sua conversa mais animada: Ela se sentia livre. "Estranho", disse, "assim que entro na casa dele até esqueço sobre o que queria conversar." O padre Alt também observou esse efeito. Ao se referir, na mesma carta para o bispo, a diversos desses encontros na primavera e verão de 1974, contou:

> Após cada conversa, ela voltava para casa alegre e relaxada, embora eu não fizesse nada a não ser rezar com ela e lhe dar a bênção sacerdotal formal. Seu rosto mudava abruptamente, algum peso era removido de seus ombros. Um sorriso brincava nos cantos de sua boca e seu alivio era palpável. A atmosfera da conversa mudava de imediato.

Ele acreditava que sua condição afinal poderia estar melhorando e sugeriu que ela adotasse um estilo de vida estritamente religioso para afastar o que quer que a estivesse assediando. E embora fosse óbvio que as orações ajudavam, ela deveria continuar se consultando com sua médica. Portanto, Anneliese foi ver a dra. Schleip naquele mês de abril. A dra. Schleip escreveu de maneira um tanto enigmática em seu relatório para o promotor público que "nós presumimos com base em uma descrição que pequenas convulsões tinham provavelmente acontecido outras vezes". Talvez Anneliese tenha voltado a relatar dores de cabeça além da depressão, pois em 7 de maio, quando se consultou com o dr. Lenner, foi isso que ele anotou. As dores de cabeça eram intensas, ela disse, e raramente passavam, em especial na área da testa. Ela se sentia bem apenas durante algumas poucas horas. Ele considerou seus reflexos extremamente lentos. Ela lhe contou que precisava dormir bastante, que tudo a cansava; se sentia exausta depois de assistir a uma única aula. Encontrava algum prazer em tocar piano e até reagia a Peter de modo um pouco mais positivo, mas "acho excessivo se meu namorado vem me ver todos os dias, me sinto extenuada o tempo todo, como se muitas coisas estivessem sendo exigidas de mim". E como se tentasse expressar em termos compreensíveis para a psicanalista que ela estava vivendo simultaneamente em duas "esferas de consciência", acrescentou: "Estou tão dividida, desassociada... esticada entre dois pontos, inclusive fisicamente".

Uma semana antes, ela teve que dar uma aula de aritmética em uma escola primária local. Ela gostava de ficar com crianças e as considerava mais fáceis de lidar do que adultos; eram mais espontâneas, mais honestas.

Mas lecionar a deixava extremamente agitada; ela sentia dificuldade em se concentrar. Na sexta-feira após a sessão de prática de ensino, sofreu algo parecido com paralisia em um lado do corpo; ela queria se levantar, mas não conseguia. O dr. Lenner achou que isso se parecia bastante com uma convulsão e a encaminhou de volta à clínica da dra. Schleip.

"De novo não", ela reclamou com Peter. "Estou tomando os remédios; eles não estão ajudando em nada. Então por que me dar ao trabalho? Por que tenho que ir de clínica em clínica, sempre respondendo as mesmas perguntas, fazendo os mesmos exames? Por que eles simplesmente não admitem que não sabem o que está acontecendo?" Mas ela foi assim mesmo.

A dra. Schleip considerou seu EEG "muito melhor, mas ainda parece haver alguns indícios da existência de um ponto de dano cerebral na região temporal esquerda". Anneliese deveria continuar tomando Tegretol. Em seu ponto de vista, a dra. Schleip suspeitava que as "pequenas convulsões" que Anneliese ainda parecia sofrer ocorriam porque ela não estava tomando os comprimidos com a regularidade necessária. Eles pareciam durar mais do que o período para o qual tinham sido prescritos. É provável que esse não tenha sido o caso. Anneliese foi criada para ser cuidadosa em relação a medicações. Ela pode ter comprado um pouco de Tegretol a mais em Klingenberg, durante alguns dos muitos fins de semana que passou na cidade, para complementar a prescrição da dra. Schleip, pois os Kehler afirmaram que emitiram receitas para o remédio a pedido da família.

O verão passou com mais exigências escolares pesando sobre Anneliese e férias encurtadas devido à prática de ensino. Ela chegou a fazer diversas viagens a San Damiano, algumas com Peter, e visitou o padre Alt nas ocasiões em que o tormento interior do qual sofria se tornava intenso demais para que pudesse suportar. O padre Alt ainda vacilava entre o que considerava uma explicação "naturalista" para suas reclamações — dano cerebral, talvez, ou problemas psicológicos — e uma religiosa como alternativa, um possível ataque por forças demoníacas. Afinal de contas, antes que a tivesse conhecido, ele também tinha sido atormentado de modo parecido só de tocar nas duas cartas escritas por Anneliese e sua mãe que lhe tinham sido entregues pelo padre Herrmann. Será que aquilo era obra de Satã?

Sempre que tinha uma chance de visitar seus colegas em Aschaffenburg — padre Roth, padre Herrmann e padre Habiger —, os quatro tinham longas conversas sobre Anneliese. "Você não acha que, de fato, poderia ser alguma coisa como histeria ou esquizofrenia?", um deles perguntou. O padre Alt negou com veemência. "De jeito nenhum", respondeu. "Lembrem-se que fui padre em Bonn por muitos anos. Lá eu costumava ver pessoas afligidas pela solidão que mergulhavam na histeria. Também vi pacientes histéricos na ala neurológica do hospital. Ela simplesmente não age dessa maneira. Tampouco existe algo esquizofrênico a seu respeito." "Ela voltou a ter convulsões epiléticas?", outro questionou. "Não na minha presença, não."

"Talvez seja, afinal de contas, o que a Igreja chama de *Umsessenheit*, *circumsessio* em latim", um dos padres acabou refletindo. "Os médicos dela com certeza parecem estar vacilando, de acordo com o que ela diz. Suspeitam de epilepsia, mas talvez não seja isso. E o modo como ficam mudando sua medicação, às vezes este, depois aquele. Nem o EEG dela é muito conclusivo, ela diz."

"Verdade", outro falou. "Ela também me contou isso. *Circumsessio* de fato se encaixa, sabe. Ela sem dúvida está sob um ataque intenso. E aquelas carrancas? Não seriam as forças malignas tentando prejudicá-la e impedi-la de estudar?"

"Exatamente", o terceiro refletiu. "Até seu psiquiatra aqui em Aschaffenburg parece ter lhe dito que deveria procurar o conselho de um jesuíta."

"Falando em jesuítas, o padre Rodewyk não admitiu que existe pelo menos a possibilidade de não ser apenas *circumsessio*, mas de uma verdadeira possessão?"

"Ele de fato disse isso. Mas o teste de possessão é muito mais exigente. Deve haver um demônio que de fato tenha assumido o controle da pessoa, que esteja vivendo nela, usando seus órgãos para propósitos demoníacos, a atormentando, com a pessoa completamente indefesa. Esse é mesmo o caso com essa moça?"

"A essa altura, acredito que não", o padre Alt opinou. "Como fico destacando para seu namorado, Peter, se fosse uma verdadeira possessão, nós teríamos demonstrações disso. Precisamos ter paciência. Além do mais, ela parece estar mesmo melhorando, então talvez estejamos nos preocupando com ela à toa."

Isso também era o que ele ficava dizendo a Anneliese. "As duas coisas são possíveis", disse. "O que você precisa fazer é adotar um estilo de vida estritamente religioso sob a orientação de um conselheiro espiritual. Dê a si mesma alguns dias e decida quem essa pessoa deve ser." Não foi nenhuma surpresa ela logo depois ter pedido a ele que assumisse esse papel.

A seguir temos uma carta de Anneliese para o padre Alt, caracterizando seu humor durante esse período. A carta está repleta de um desespero sombrio. O lado jovial com sua família, a bondade de seu pai, a felicidade com as irmãs — nada disso é lembrado. Mesmo os aspectos positivos de sua experiência religiosa, como a que tinha vivenciado em Mittelberg, estão submersos na escuridão de sua depressão.

Klingenberg, 9 de setembro de 1974

Saudações, padre Alt:

Gosto de escrever para o senhor, embora isso seja um empreendimento difícil porque é muito complicado para mim organizar meus pensamentos. Eu geralmente não consigo colocar no papel o que realmente quero e então fico presa em assuntos frívolos.

Logo terei que passar por três semanas de prática de ensino. Para ser honesta, tenho muito medo disso e estou bastante assustada. Mais uma vez percebo que não consigo lidar com a realidade, o que poderia ser diferente, sim, se eu tivesse controle sobre mim mesma. Simplesmente não estou no controle e isso costuma me deixar profundamente deprimida. Posso sentir isso em especial quando estou com outras pessoas, ou se estou tocando piano (nesse caso fico totalmente ciente disso), ou se estou pintando ou escrevendo uma carta. Na verdade, não importa muito o que eu faça, apenas me sinto assim o tempo todo. Por esse motivo nunca fico muito satisfeita quando trabalho, nem mesmo depois. Afinal de contas, uma pessoa geralmente dá tudo de si no trabalho, se sente feliz quando trabalha, se dedica a ele. Não consigo entender por que esse não é o meu caso. Por que Deus me nega essa felicidade?

Será que é possível que um ser humano viva sem essa dedicação ao seu trabalho ou tarefa, sem que se torne cansado de si mesmo, sem se sentir supérfluo e vazio por dentro? Fico me fazendo essa pergunta várias e várias vezes. Ela invade minha mente milhares de vezes por dia. Por quê?

Confesso que as coisas ficaram um pouco melhores. A vida ganhou mais significado. Mesmo assim, ainda não estou bem. Por exemplo, a experiência a seguir foi um verdadeiro choque para mim. Eu queria passar três semanas das férias trabalhando no hospital. Fiquei lá um único dia e voltei para casa mais em transe do que em um estado de consciência normal. Em primeiro lugar, estava bastante exausta fisicamente já por volta das 13h30, além de psicologicamente. Estava agressiva e de algum modo sentia como se não tivesse nenhuma relação com o mundo ao meu redor. Meus pais, claro, perceberam o que estava acontecendo e nós resolvemos a questão de tal modo que Roswitha, minha irmã mais nova, foi fazer o trabalho. Ela também o considera extenuante, mas mesmo assim parece gostar.

Sábado passado fui fazer a confissão. Sabe, é necessário superar um pouco de resistência quando se vai fazer a confissão, mas no meu caso, isso chega ao extremo. Costumo ter a sensação de que todos os bons espíritos estão me abandonando em tais ocasiões. Em seguida me senti muito feliz. No domingo fui receber a comunhão. Posso sentir que existe força vindo dela, ainda que no início sempre me sinta completamente vazia, não consiga sentir nada e tenha a sensação de que não consigo me relacionar com nada. Mas essa sensação de vazio desaparece depois de alguns minutos. Eu me transformo mais em mim mesma e me sinto bem.

Imagine só, na última vez que o bispo Stangl esteve aqui, ele pediu aos leigos que distribuíssem a sagrada comunhão. A minha opinião é que receber a comunhão na mão já não é apropriado, mas deixar que leigos a entreguem — isso é um grande choque. Quanto a mim, nunca irei aceitar a comunhão de um leigo. Afinal de contas, não estamos passando por uma crise. As mãos de um leigo não são consagradas; eles não deveriam tocar a sagrada comunhão.

Figura 1. Essa primeira página de uma carta escrita
por Anneliese para o padre Alt mostra o contraste
marcante de sua caligrafia em relação a um subsequente
bilhete cheio de desespero na página 97.

Após alguns breves comentários sobre as irmãs, Anneliese continuou.

> Peter não quer mais ir a nossa casa porque não consegue ficar sozinho comigo e porque mamãe se comporta de um jeito muito absurdo. Por exemplo, ela não o deixa ir comigo até meu quarto. Isso é ridículo. Ela também estabeleceu a regra de que ele só pode ir me ver uma vez por semana... Talvez o senhor pudesse conversar com ela uma hora dessas.

Ela, então, descreveu também a forma com que tinha se sentido sozinha na época anterior à sua grave doença.

> À noite eu costumava chorar sozinha... Não havia ninguém com quem pudesse conversar. Então não chorei mais, porque não adiantava de nada. E depois de algum tempo não conseguia nem chorar. Então fiquei bastante doente — pleurisia e tuberculose — e me senti ainda mais sozinha e mais indefesa do que nunca. Minha mãe tinha tanto trabalho que não lhe contei nada e as coisas foram piorando cada vez mais. Senti que Deus tinha me abandonado por completo. Eu já estava sendo bastante assediada naquela época. Sempre quis me matar. Estava morrendo de medo de que pudesse enlouquecer porque estava muito desesperada. Então senti que Deus não tinha me abandonado por completo. Fui capaz de rezar de novo. Eu me senti melhor e me recuperei. Mas então, infelizmente, tive que ir para o sanatório em Mittelberg. Lá as coisas despencaram ladeira abaixo. Fui torturada lá. Preces não me ajudavam e também não havia mais nada que pudesse me ajudar. Então tive uma espécie de recuperação quando recebi alta depois de meio ano, mas de algum modo estava morta por dentro... Pelo menos agora o senhor talvez consiga ter um pouco mais de empatia por mim. Acho que irei lhe fazer uma visita em breve.

> Até lá,
> Anneliese

Enquanto isso, Thea Hein também tivera algumas conversas. "A menina está sendo acossada por demônios", ela chamou a atenção de Anna. "Sei do que estou falando. Já vi pessoas possuídas. Se você se envolvesse com questões religiosas tanto quanto eu, você entenderia dessas coisas. Ela ainda vê aquelas carrancas?" Anna admitiu que sim. "Está vendo, não te disse? A Igreja deveria estar fazendo alguma coisa a respeito. Existem preces especiais, sabia? Existe o exorcismo. Não entendo por que os padres não insistem na questão com as autoridades eclesiásticas. Afinal de contas, a garota precisa de ajuda."

No dia 16 de setembro, de acordo com o que o padre Alt escreveu para o bispo, Thea Hein lhe telefonou. Ele já tinha se encontrado com ela brevemente e tinha sido informado de que ela se gabava de ter "descoberto" Anneliese. Conforme escreveu em sua carta:

> Ela estava muito agitada e me disse que algo tinha que ser feito. Algumas coisas tinham voltado a acontecer. Se nossa própria autoridade eclesiástica não quer dar ouvidos, talvez devêssemos procurar outra. Eu lhe disse que tínhamos feito tudo o que era necessário e relevante naquelas circunstâncias. Afinal de contas, lhe disse, eu não podia reportar um problema que tinha melhorado de modo considerável e que tinha temporariamente desaparecido por completo.

Anneliese devia estar se sentindo muito desanimada na época, pois no dia seguinte, 17 de setembro, também ligou para o padre Alt e lhe pediu que se encontrasse com ela. Ele nos deixou uma imagem vívida do que aconteceu em uma carta, datada de 30 de setembro de 1974, para o bispo Stangl.

> Ela veio com o pai e estava em péssimo estado. Estava deprimida, com o olhar vacilante, inquieta por dentro, por assim dizer, sem muito controle muscular. Pedi ao pai que me deixasse falar com ela em particular e então lhe dei a bênção sacerdotal solene: Um fardo pesado foi erguido de seus ombros. Rezei com ela — ela se sentiu ainda melhor. As pupilas bastante dilatadas se contraíram. Durante a conversa, que durou vinte

> minutos, fiquei repetindo a bênção sacerdotal solene e a oração. A cada vez que eu fazia isso, ela se sentia cada vez melhor. Por fim, ela disse que tudo estava bem outra vez. Em seguida, seu pai comentou com consternação que a filha tinha mudado radicalmente...

Ao final dessa carta, o padre Alt então sugeriu que Anneliese de fato sofria de "circumsessio", uma condição estimulada por sua sensibilidade e compleição física delicada. Não era culpa de nenhuma falha moral da parte dela. O bispo, portanto, deveria conceder permissão para que o exorcismo solene fosse realizado diante dela em um momento de "crise", ou seja, quando ela estivesse sendo muito assediada. Ele acreditava, disse, que isso seria capaz de libertá-la. E explicou que o exorcismo deveria ser feito em segredo para que pudessem garantir que a situação mantivesse o caráter de uma missa em vez de se transformar em uma sensação religiosa.

O bispo Stangl não ficou convencido. Ele instruiu o padre Alt a continuar observando o caso, mas que não deveria recitar a solene oração de exorcismo para ela. Anneliese deve ter previsto essa decisão, porque antes mesmo que esta fosse pronunciada ela havia decidido tomar as rédeas da situação. Afinal de contas, o padre Alt não estava completamente convencido de que ela precisava de ajuda sacerdotal. Ela sabia que precisava de mais auxílio do que estava recebendo no momento. Então iria tentar ajudar a melhorar a situação seguindo o conselho dele e se tornando muito mais envolvida em atividades religiosas do que antes. Quanto ao dr. Lenner, que a tinha encaminhado de volta à clínica da dra. Schleip em maio, ela não se consultava mais com ele. Ele estava ficando bastante tedioso. Não era difícil ver pela maneira que conduzia as consultas que esperava as mesmas respostas às mesmas perguntas. Ela realizava apenas rápidos checkups com a dra. Schleip, para os quais esta última não fornece nenhuma data. Foi uma grande coincidência, acreditou ela, que no dia 1 de setembro, depois de dois semestres na faculdade de pedagogia, ela tenha recebido um quarto só para ela, um privilégio geralmente concedido aos alunos de semestres mais adiantados. Ela poderia aproveitar essa oportunidade para se distanciar das amigas, que não teriam compreendido a maior ênfase religiosa que iria introduzir em sua vida. De certo modo, isso também pode ter sido uma reação tardia à irritação que sentiu quando, na primavera, aquelas mesmas amigas ficaram dizendo que ela era muito dependente.

Ursula Kuzay e as outras logo notaram esse distanciamento. Como Ursula contou ao investigador do tribunal: "Continuamos morando no mesmo andar, mas dali em diante não foi mais possível estabelecermos um contato íntimo com ela. Ela se tornou bastante reservada e literalmente se isolou da gente". Entre elas, as garotas suspeitavam que Peter fosse o motivo. "Ele provavelmente sente ciúme. Muitos caras não conseguem lidar com o fato de suas namoradas terem outros amigos." Na verdade, Peter não tinha nada a ver com isso. De fato, ele também foi afetado, pois Anneliese acentuou essa recém-descoberta liberdade ao fazer aulas de direção; e pegando seu carro emprestado, começou a ir sozinha a todos os lugares. Apesar do fato de que a dra. Schleip a considerava uma epiléptica, não havia nenhum motivo claro o suficiente em seu histórico médico que a proibisse de dirigir. Na verdade, ela nunca sofreu um acidente.

Quanto às amigas, Anneliese fez novas amizades com um grupo de garotas do dormitório que eram consideradas fanáticas religiosas, jovens que se opunham ao estilo liberal que estava sendo introduzido nos cultos na época. Elas eram contra a missa ser celebrada em alemão em vez de no latim tradicional e se recusavam a aceitar a nova forma de comunhão usada no dormitório quando o dr. Veth celebrava a missa, onde eles mesmos eram chamados para pegar a hóstia e colocá-la nas próprias bocas. "Completamente sem dignidade", reclamavam. Portanto, frequentavam a missa nos serviços um pouco mais conservadores da igreja paroquial que ficava ali perto, a Unsere Liebe Frau, que Anneliese também frequentava. Anneliese se tornou muito próxima de uma garota da facção, Anna Lippert, com quem cursava teologia na Universidade de Würzburg. Ela logo convenceu Anna e outra garota, Maria Klug, a formar um grupo de orações. Elas costumavam se reunir no quarto de Anneliese para rezar e ter longas conversas sobre assuntos religiosos. Anneliese com frequência mencionava San Damiano. Até chegou a levar para elas um pouco da água do lugar, a qual, de acordo com o que Thea Hein dizia, protegia as pessoas contra as forças do mal. Elas também compartilhavam literatura religiosa. Anneliese escreveu uma carta para o padre Alt falando sobre uma dessas publicações na primavera de 1975.

Saudações, padre Alt:

Gostaria de lhe enviar um panfleto intitulado *Serva*. Gostaria que o senhor o lesse. Há coisas importantes nele, e também acredito que as mensagens que ele contém, recebidas por essa mulher, não vêm do "Profeta das Mentiras", mas do Espírito Santo, mesmo que algumas das coisas ditas nele sejam um tanto rigorosas. Até onde sei, o padre Kaiser foi quem o publicou.

Padre Alt, por favor, ore por mim. Acabei de contemplar a imagem (na página 62 do panfleto) da Santa Face de Jesus e ela me fez sentir como se eu não fosse nada, verdadeiramente nada, que tudo em mim é vaidade. Mas por favor, não pense que sempre sinto isso; foi apenas durante alguns segundos. Acredito que uma pessoa morreria se fosse obrigada a sentir o tempo todo que tudo que ela é não serve para nada.

O que devo fazer?

Preciso tentar ser uma pessoa melhor.

Na página 98 o panfleto diz: "Aquele que me mantém no coração todos os dias de sua vida é abençoado por meu Pai". Isso parece tão simples e ainda assim é tão difícil.

Também irei orar pelo senhor.

Saiu uma foto da sua igreja no jornal de domingo. [A reforma da igreja paroquial de Ettleben acaba de ser concluída.] Sei que está muito ocupado, mas tenho certeza de que irá encontrar tempo para ler *Serva*.

Atenciosamente,
Anneliese Michel

Alegria pela própria autonomia irradia dessas páginas. Por favor, ore por mim e eu irei orar pelo senhor. O senhor me aconselha, mas eu também tenho algo a oferecer. E existe a individualidade de sua análise que todos que conversavam com ela sempre notavam: Uma pessoa não pode se sentir indigna o tempo todo; isso seria autodestrutivo.

Ela agora também teve a coragem de buscar contato com suas velhas amigas. Ao encontrá-las nas aulas ou nos corredores do dormitório, ela convidava Karin Gora ou Maria Burdich para ir à missa com ela na igreja Unsere Liebe Frau, ou as envolvia em uma conversa sobre um assunto religioso que fosse importante para ela. "O amor mundano não é perfeito", Maria Burdich se lembra de ouvi-la dizer. "Uma pessoa deve se concentrar mais em caridade cristã." E Karin Gora pode ter ficado um pouco surpresa quando Anneliese lhe explicou repetidas vezes que o fim do mundo não estava longe. Quando chegasse, as pessoas teriam que fechar as janelas e portas para se salvarem. Todos que ficassem dentro de casa e rezassem sem parar seriam salvos.

No geral, foi uma época boa para Anneliese. Em janeiro, embora continuasse receitando Tegretol, a dra. Schleip registrou que "mais uma vez, nenhum sinal de tendência elevada para convulsões foi detectado no EEG". Com Anneliese sentindo-se "livre" com cada vez mais frequência, Peter também se sentiu feliz naquela primavera. Anneliese frequentava as aulas com regularidade. Eles costumavam estudar juntos e ela o ajudava a se preparar para os exames finais, que iriam ser realizados em junho. O fato de que no semestre que se aproximava ela também teria que fazer aqueles exames era algo que ela tentava tirar da cabeça.

No dia 15 de maio de 1975, a vovó Fürg faleceu em Klingenberg. Anneliese também teve que se ajustar a outras mudanças dolorosas. Barbara foi contratada como contadora em Sulzbach e, embora Anneliese achasse que era bom para a irmã sair de casa, ela ainda sentia sua falta. Com Gertrud na Espanha — ela havia começado a trabalhar como auxiliar missionária em Fatima no verão de 1974 — a casa costumava ficar muito vazia. Apenas Roswitha sempre estava lá quando ela voltava para casa nos fins de semana. Aqueles que conheciam Anneliese bem a observavam com apreensão. Uma pontada de ansiedade que tinha desaparecido quase que por completo durante os últimos meses parecia estar ressurgindo. "É melhor você ser examinada", o padre Alt a aconselhou. "Talvez seja bom fazer um exame físico completo." Então, em junho, Anneliese foi se consultar com os Kehler. O dr. Martin Kehler a examinou e ficou satisfeito com sua condição física. Mas ela parecia tensa; talvez isso se devesse a uma sobrecarga na escola, concluiu. "Não se preocupe com aquelas provas", ele tentou animá-la; "Você vai ver, tudo vai ficar bem." Tentando mascarar o que estava começando a atormentá-la de novo, ela perguntou se ele achava que aquelas convulsões que tinha sofrido no passado eram de fato epilepsia. Ou ela talvez tivesse alguma outra doença neurológica? A epilepsia podia levar à loucura? "Esse não é necessariamente o caso", respondeu ele. "Mas sua neurologista pode lhe explicar melhor do que eu."

Anneliese tentou obter uma resposta definitiva da dra. Schleip quando foi à sua consulta no dia 13 de junho, logo após seu checkup, mas a dra. Schleip pareceu evasiva. "O seu EEG é bastante encorajador", disse-lhe, mas ainda havia alguma coisa errada em seu cérebro. Ela deveria continuar tomando o Tegretol; isso, supostamente, iria dar conta do problema. Sem dúvida, casamento estava fora de questão enquanto uma pessoa estivesse tomando esse remédio, mas a medicação provavelmente não seria necessária por mais do que outros seis meses. Anneliese, assim como Peter, mencionou algum tempo depois que foi isso que a dra. Schleip dissera. Em sua declaração para o promotor público, contudo, a dra. Schleip não mencionou esse fato. Em vez disso, temos a impressão de que de acordo com sua opinião médica, Anneliese teria que continuar com o Tegretol indefinidamente como um "tratamento permanente", como afirmou.

De qualquer forma, a ansiedade de Anneliese piorou. Estudar para as provas no semestre de outono pareceu estar além de suas forças. Também havia a questão do projeto de pesquisa. Ela havia adicionado música à sua graduação. Esta tinha se transformado em sua matéria favorita e ela esperava poder escrever uma tese sobre essa área. No entanto, cada orientador costumava ter um número limitado de tópicos disponíveis; para sua decepção, como Peter relembra, aqueles do orientador musical já tinham sido distribuídos quando ela o procurou. Visto que também estava interessada em teologia, ela procurou o diretor Veth, o administrador do dormitório e orientador dessa matéria. Àquela altura, porém, os melhores tópicos em sua lista também já tinham sido escolhidos por outros alunos. Ele examinou a lista com ela, e ela por fim escolheu uma pela qual não ficou nem um pouco entusiasmada, a saber, "Superando a Ansiedade como uma Tarefa da Educação Religiosa". Ela fez algumas pesquisas na biblioteca, mas achou cada vez mais difícil trabalhar com aquele tópico. Ficando cada vez mais desanimada, por fim decidiu largar a faculdade e procurou Veth para discutir o assunto. Ele, no entanto, acreditava que esse era apenas um caso de complexo de inferioridade e deixou claro que, em se tratando de seus estudos e do esboço preliminar de sua tese, ele não conseguia ver nenhum motivo que fosse para que ela fizesse tal coisa.

Durante algum tempo, ela pelo menos foi capaz de esconder o problema de seus conhecidos que mais tarde foram entrevistados pelo investigador do tribunal, tal como Elisabeth Kleinhenz, com quem ela às vezes trocava informações sobre os deveres de casa. Mas até mesmo Elisabeth a considerava bastante pálida e distante, sempre enterrada nas profundezas dos próprios pensamentos. Ela se abria mais com Anna Lippert e Maria Klug; ambas se lembraram mais tarde que nessa época a depressão a dominava com muito mais frequência do que antes, que ela costumava se sentir tão exausta que não conseguia sair da cama, nem comer, se tornando visivelmente mais magra. Havia uma tristeza dominante e taciturna nela que elas não tinham percebido antes.

Muito mais tarde, quando foi capaz de ser introspectiva de novo, ela chegou a contar a Peter o que tinha acontecido. Tinha sido dominada de repente, primeiro por um orgulho estranho e frio e então por uma onda de medo mortal que carregava consigo a convicção de que ela estava condenada para sempre. "Eu não sabia de nenhum motivo para que não devesse estar condenada", contou. "Mas ficava ouvindo uma voz dentro de mim que tentava me convencer de que isso era verdade. Tentei expulsá-la, mas foi em vão." Em cima da mesa dela, ele viu um maço de folhas de caderno. Enquanto fazia a leitura, ficou impressionado com a maneira corajosa com a qual ela estava se esforçando para recuperar o controle. "Não fique com medo", ela escrevera. "Não preciso ficar com medo, coragem, coragem, coragem, fique calma, muito calma, jogue longe sua ansiedade, você tem motivos para ter esperança..." Mas ela estava perdendo terreno. Maria Klug relembrou que, mais ou menos nessa época, ela e Anna Lippert estavam no quarto de Anneliese, apenas conversando. De repente, Anneliese disse: "Por favor, parem de rezar. Isso dói. Não consigo aguentar". Maria acrescentou: "Nenhuma de nós estivera rezando em voz alta. Talvez uma de nós tenha feito uma prece silenciosa e Anneliese tenha percebido".

Por volta da mesma época, Anneliese pareceu ter desenvolvido uma estranha aversão a todos os objetos sagrados. Ela retirou uma imagem de Cristo da parede. Arremessou seu rosário em um canto durante um encontro de orações do grupinho no quarto de Maria Klug. Anna Lippert contou para Maria que Anneliese tinha feito a mesma coisa com uma garrafa com água benta de San Damiano, quebrando-a. Ainda mais alarmante para suas duas amigas era o fato de que ela não frequentava mais a igreja. "Não adianta", disse ela. "Só posso chegar até a porta e então não consigo dar nem um passo a mais."

Elas tentaram racionalizar a questão entre si. "Isso pode ter alguma relação com as pernas dela. Ela não parece capaz de dobrar os joelhos. Estranho, não é? É como se estivesse andando sobre pernas de pau."

Era uma questão tão curiosa que, das muitas coisas que aconteceram com Anneliese naquele verão, isso foi algo que se destacou na mente de sua mãe quando esta falou com a polícia no dia após a morte de Anneliese. "Por volta do verão de 1975, ela teve dificuldades para andar. Ela se segurava nos móveis e andava desse jeito, se puxando."

Anna Lippert recontou um acontecimento que, para ela, foi ainda mais perturbador.

> Lembro de um incidente de julho de 1975. Eu estava com ela em seu quarto, e seu namorado, Peter, também estava presente. De repente, bem no meio da conversa, seu rosto se contraiu em uma verdadeira carranca, uma careta hedionda que não consigo descrever em detalhes. Seu corpo ficou completamente duro. A câimbra demorou meia hora para passar. O namorado dela me explicou que a condição dela se devia ao fato de ela estar possuída. Eu também achei que deveria ser possessão, porque a careta que ela fez foi tão demoníaca que não consegui pensar em mais nada [que pudesse explicar aquilo].

Enquanto isso, o padre Alt, ao que parece, também tinha chegado à mesma conclusão. Relembrando uma visita de Anneliese, que supostamente aconteceu em junho, ele afirmou em seu relato para o promotor público em 9 de setembro de 1976, "que a condição de Anneliese tinha piorado. Preces e bênçãos não a acalmavam, mas em vez disso a deixavam agitada. O rosto dela assumia uma expressão tensa. *Era possível dizer que aquela não era mais a Anneliese*". (ênfase minha)

Anneliese, contudo, continuou buscando sua ajuda. No sábado, 28 de junho, ela voltou, dessa vez acompanhada de Peter e Roswitha. Após as costumeiras preces e bênçãos, ela se sentiu melhor, mas a melhora não durou. Sozinha — Peter estava estudando com afinco com algumas das amigas dela, se preparando para os exames escritos — ela telefonou para o padre Alt do dormitório e implorou que ele fosse a Würzburg. "É terrível", disse. "Não consigo me controlar. Quero Peter ou as meninas por perto, mas de repente jogo coisas neles. Por favor, preciso de ajuda." Ele prometeu ir na terça-feira seguinte. Na mesma declaração feita ao promotor público, o padre Alt comentou:

> Quando cheguei [1 de julho], ela abriu a porta. Estava bastante desesperada. Acho que aquela foi a primeira vez que me disse que estava condenada para sempre. Depois desse dia, ela vivia repetindo isso.
>
> Rezei com ela. Ela queria mesmo rezar, pois de imediato pegou seu rosário e se sentou. Mas depois de três ave-marias pude notar que ela estava incapaz de continuar. De repente, começou a gritar bem alto. Lágrimas escorriam pelo seu rosto. Alguém bateu à porta. Eu disse: "Ande, abra a porta e diga ao Peter para vir para cá". Ela foi até a porta e disse: "Ah, Anna [Lippert], é você. Por favor, vá buscar o Peter, está bem?". Então voltou a se sentar. Antes de começar a rezar outra vez, eu lhe perguntei se tinha tomado seus compridos e ela respondeu que sim.
>
> Eu lhe dei a bênção solene, mas sua condição não mudou. Ela não estava mais chorando, nem gritando. Mas pude sentir um frio terrível irradiando dela.
>
> Por fim, rezei o *exorcismus probativus*, mas apenas mentalmente, não em voz alta. Ela pulou de imediato, assustada e pronta para se defender. Gritando muito alto, arrebentou o rosário. Sua postura era ameaçadora e ela parecia cada vez mais atormentada.
>
> Afinal, seu namorado chegou. Com uma voz completamente alterada, ela gritou para ele: "Peter, saia daqui".

Quando estava prestes a sair, o padre Alt relanceou o olhar para a mesa de Anneliese. Viu uma folha de papel jogada por ali e a levou consigo. Mais do que qualquer declaração sobre ela feita por outros, esta folha resume sua luta contra o que estava prestes a sobrepujá-la. Sua caligrafia, controlada a princípio, se torna cada vez mais instável, com algumas frases se transformando em fragmentos, até um desesperado grito final por ajuda.

a coragem me abandona, para dizer o que eu queria.
sou uma pecadora, reconheci isso claramente na capela
hoje, mesmo que tivesse imaginado algo diferente.
Eu... sou...
não tenho coragem, desesperada.
tenho medo que meu padre... meu
nenhuma confiança
estou parada em uma encruzilhada, ou... vida ou morte...
machucada gravemente... ao longo dos anos, não me defendia
mais... agora também não... fiquei desesperada depois da sagrada
comunhão, na alma e no coração. Uma corrente de ferro aperta
meu coração. Medo, terror... minha alma está incapacitada,
se ela se tornar livre, mais livre... de imediato o desespero surge
o pior de tudo é que não tenho mais escolha, às vezes
percebo isso tão claramente quanto um raio,
a desesperança se senta
na raiz onde a vida está
isso se transformou em uma condição
Orgulho, orgulho indescritível não irá me libertar
quando falo, meu coração não me acompanha
tenho medo que as pessoas se desesperem por mim
paralisia
ainda me entrego a cada pingo de esperança...
recém-despertada... restringida...
as coisas vão piorar e piorar para mim dia após dia se nenhuma
represa for construída

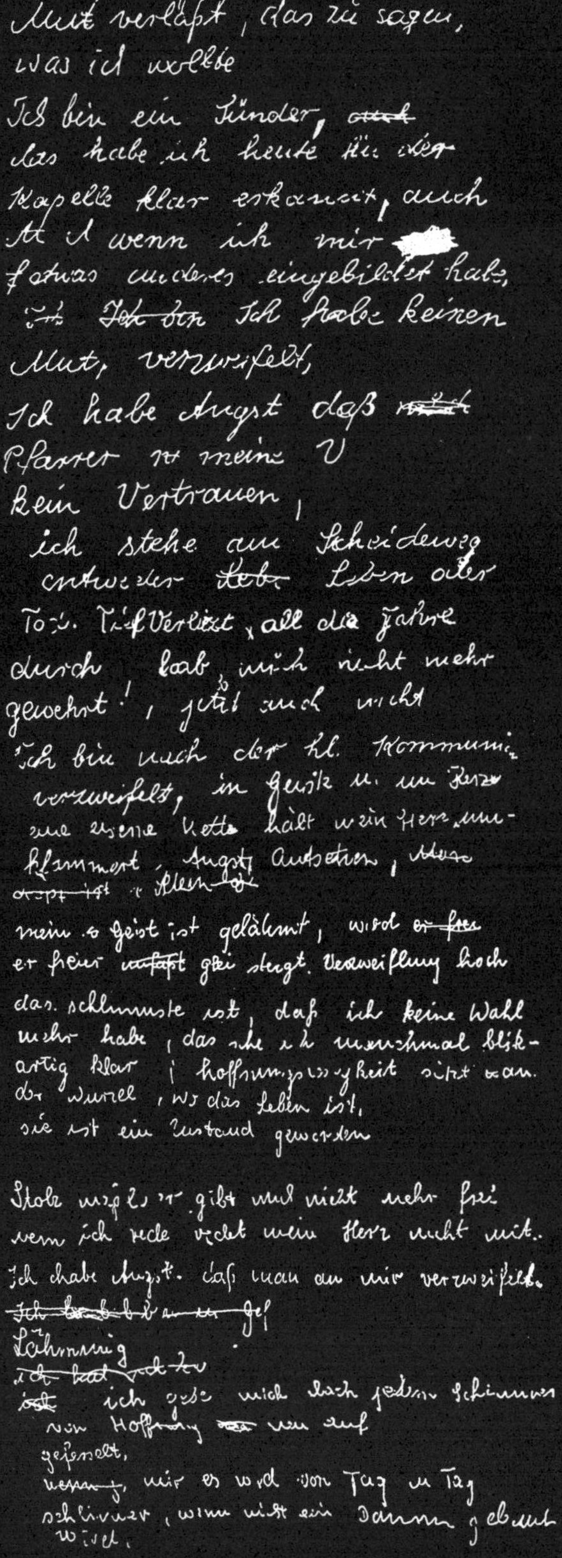

Mut verläßt, das zu sagen,
was ich wollte
Ich bin ein Sünder, ~~auch~~
das habe ich heute in ~~der~~
Kapelle klar erkannt, auch
... wenn ich mir
etwas anderes eingebildet habe,
~~Ich bin~~ Ich habe keinen
Mut, verzweifelt,
Ich habe Angst daß ~~nicht~~
Pfarrer ... mein V
kein Vertrauen,
ich stehe am Scheideweg
entweder ~~Lebe~~ Leben oder
Tod. Tief Verletzt, all die Jahre
durch lieb, mich nicht mehr
gewehrt!, jetzt auch nicht
Ich bin nach der hl. Kommunion
verzweifelt, in Geist u. im ~~Herz~~
eine eiserne Kette hält mein Herz um-
klammert, Angst, Aufsehen, ~~Muss~~
~~Angst ist~~ ~~Klein~~
mein Geist ist gelähmt, wird ~~er frei~~
er frei ~~aufsteigt~~ steigt. Verzweiflung hoch
das schlimmste ist, daß ich keine Wahl
mehr habe, das sehe ich manchmal blitz-
artig klar; Hoffnungslosigkeit sitzt an
der Wurzel, wo das Leben ist,
sie ist ein Zustand geworden

Stolz ... gibt mich nicht mehr frei
wenn ich rede spricht mein Herz nicht mit.
Ich habe Angst, daß man an mir verzweifelt.
~~Ich hab ...~~ Gef
Lähmung
~~Ich hab ich ...~~
~~ich~~ ich gebe mich nach jedem Schimmer
von Hoffnung ~~...~~ wieder auf
gefesselt,
~~...~~, wie es wird von Tag zu Tag
schlimmer, wenn nicht ein Damm gebaut
wird.

Figura 2. Um bilhete escrito por Anneliese em junho de 1975.

Há uma força poética inconsciente aqui — "A desesperança se senta na raiz onde a vida está" — e um apelo urgente para que uma represa seja construída, uma represa, isto é, contra o que ela sentia estar inundando o seu ser. O padre Alt se sentiu profundamente preocupado e telefonou para os pais dela naquela mesma tarde, sugerindo que levassem Anneliese para casa. Ao que parece, eles achavam que ela poderia se recuperar como tinha acontecido antes. Mas Anneliese ficou deitada na cama após essa visita de seu conselheiro espiritual, rígida e sem responder a ninguém. E mesmo depois de conseguir se levantar de novo, não foi capaz de estudar ou de trabalhar em sua tese. Então, no dia 17 de julho, seus pais foram até lá. Primeiro foram ver a dra. Schleip, a quem perguntaram sobre as perspectivas de uma vida profissional produtiva para Anneliese. A dra. Schleip tentou tranquilizá-los quanto a isso. Era óbvio, contudo, que havia algo mais em suas mentes. O que, perguntaram, a dra. Schleip acreditava ser a causa da doença de Anneliese? A explicação que ela deu, a saber, que havia alguns indícios de um foco epiléptico no lobo temporal esquerdo, foi técnica e vaga o suficiente para deixá-los aflitos. Fica claro, com base na declaração sob juramento da dra. Schleip no julgamento, o que o casal angustiado de fato queria lhe perguntar: Seria possível ela aceitar possessão como explicação para o sofrimento de Anneliese? Eles fizeram uma tentativa hesitante. Qual era a afiliação religiosa da dra. Schleip? Mesmo sob juramento, ela não conseguiu se lembrar qual foi sua resposta. Deve ter sido evasiva, pois os Michel, sentindo-se desanimados, não fizeram mais perguntas. Qual era o sentido de conversar com alguém que, como não católico, não iria compreender as suposições que eles aceitavam como verdadeiras em sua fé, quanto mais compartilhar com eles a magnitude de sua angústia? Eles levaram Anneliese para casa naquele mesmo dia.

De volta em sua casa em Klingenberg, Anneliese começou a comer, mas seus outros problemas prosseguiram com a mesma intensidade. Ela andava com as pernas duras, de acordo com o que ela mesma disse, "como se fossem varetas". O pior de tudo era, em sua opinião, não conseguir mais rezar. Como contou a Peter: "As orações costumavam me ajudar bastante quando estava me sentindo mal. Apesar de todas as minhas tentativas, agora não consigo mais rezar". Thea Hein, que sempre estava por dentro do que estava acontecendo, telefonou para sugerir que, visto que o padre Alt estava tão longe, talvez eles devessem pedir ajuda ao padre Roth. Josef Michel entrou em contato com ele em Breitenbrunn, perto de Miltenberg, onde o padre estava passando as férias na casa do irmão. Para garantir que ele recebesse a mensagem, Thea Hein também lhe telefonou de Ebersbach. Ambos lhe contaram que Anneliese estava gritando e tendo ataques de fúria e perguntaram se seria possível ele ir até lá e ver o que poderia fazer. Ele hesitou. Afinal de contas, o bispo não tinha concedido nenhuma permissão para um exorcismo formal. Será que sua presença não poderia piorar as coisas? Mas Josef Michel telefonou de novo. Pelo telefone, ele o deixou ouvir os aterrorizantes gritos guturais da garota afligida. Então o padre Roth decidiu ir ver a situação com os próprios olhos. Thea Hein, que tinha organizado a visita, também se juntou a ele. Nas palavras do padre Roth (de sua declaração para a investigação policial):

> O sr. Michel me recebeu e logo me levou para a sala de estar. O lugar estava empesteado por um fedor terrível, de algo queimando e de esterco, que penetrava em tudo. O sr. Michel chamou minha atenção especialmente para isso e me contou que Anneliese estivera no cômodo pouco antes. Não pude detectar nenhum traço do mau odor em outros cômodos da casa dos Michel e nem no lado de fora.
>
> Fui até a cozinha com o sr. Michel e ali a senhorita Michel veio correndo na minha direção, como se quisesse me agredir. A mais ou menos um metro de distância, ela parou de repente, muito rígida, sem dizer absolutamente nada. Depois de alguns segundos, se afastou correndo e então avançou na minha direção outra vez, parando a uma curta distância diante de mim em uma postura retesada.
>
> Gostaria de comentar que durante essa visita, o sr. Michel me contou que depois de ter falado comigo por telefone, ela havia dito: "Roth, aquele cão, ele também vai vir", embora ele não tenha lhe contado nada sobre minha visita iminente.
>
> Depois de correr duas vezes na minha direção e então ficar parada daquela maneira, Anneliese começou a ter um ataque de raiva e a gritar muito alto. "Saia", berrou para mim, "você

está me atormentando." Os pais dela me pediram para ficar, então permaneci na cozinha. Logo a seguir Anneliese arrebentou um rosário e jogou os pedaços no chão.

O sr. Michel me levou para fora e compartilhou outros detalhes sobre o que acontecia quando a filha sofria aqueles ataques de raiva. Depois tanto a família quanto a sra. Hein imploraram que eu abençoasse Anneliese. Mas no instante em que tentava tirar o crucifixo do bolso da camisa — ela não sabia que eu tinha um comigo — o demônio dentro da garota começou a se enfurecer.

Por fim, aquilo chegou a um ponto em que ela tentou arremessar em mim um recipiente de cinco litros cheio da água de San Damiano. Curiosamente, o jarro caiu de seus braços erguidos, despencando ao seu lado em vez de me atingir.

Depois de outra breve conversa com o sr. Michel, dirigi de volta a Breitenbrunn.

No dia 30 de julho, Peter foi visitar Anneliese em Klingenberg. Ela precisava voltar para Würzburg antes do fim do mês e se matricular para o semestre de outono; caso contrário, não iria poder começar as provas. Ela também precisava fazer alguns cursos de educação física obrigatórios para o seminário sobre esportes. Com base em conversas telefônicas, ele sabia que era provável que ela não estivesse em condições de voltar com ele, mas iria tentar ver o que conseguiria fazer assim mesmo.

Há semanas Anneliese não saía de casa. "Vamos sair para passear", propôs Peter. "Não consigo dobrar as pernas", disse Anneliese pesarosa. Mas Peter insistiu. Uma vez dentro do carro, ele a levou a uma estrada rural isolada e eles começaram a andar bem devagar. O ritmo foi terrivelmente cansativo para os dois. "Vamos para casa", Peter por fim sugeriu. Ele passa a relatar o que aconteceu em seguida em suas reminiscências:

> Bem no meio da conversa, Anneliese parou e, espantada, olhou para si mesma de cima a baixo. Então começou a dobrar os dedos, como se estivesse fazendo isso pela primeira vez. Começou a andar, com muita naturalidade, com cautela, depois mais rápido. Só então se lembrou de repente da minha presença. Rindo, ela passou os braços pelo meu pescoço e exclamou:

"Sumiu, estou livre, completamente livre, como nunca antes". Ela queria ir logo para casa para contar aos pais o que tinha acontecido. Estava cheia de esperança, pois "ser ela mesma" com tamanha intensidade, do modo como estava vivenciando naquele momento, foi uma experiência completamente nova para ela...

No dia seguinte, os dois voltaram juntos para Würzburg e Anneliese se matriculou para o semestre de outono. Estavam no meio do mercado quando:

Anneliese disse: "Acho que está começando de novo". No mesmo instante sua expressão facial ficou tensa e ela mal conseguia andar. Por sorte, ela pelo menos não se tornou agressiva. Isso, a propósito, nunca acontecia na presença de estranhos.

A volta para casa, o que costumava demorar uns dez minutos, levou uma hora inteira. Assim que chegamos em seu quarto, as coisas pioraram. Ela ficou parada completamente rígida na frente de um crucifixo pendurado na parede. Ela manteve os olhos fixos nele e seu olhar estava cheio de ódio. Seu rosto estava completamente contorcido, ela rosnava como um animal e rangia os dentes tão alto que tive medo que todos caíssem. Comecei a rezar por ela em pensamento, sem dar nenhuma indicação do que estava fazendo. Ela logo me mandou parar com dentes cerrados...

Durante uma hora ela não se afastou um centímetro sequer daquele lugar... Mantendo o olhar fixo na cruz, ela dobrou a parte superior do corpo para trás para se distanciar um pouco dela, enquanto que, ao mesmo tempo, tentava agarrá-la com as mãos. Depois que tinha se acalmado um pouco e saído daquela postura, ela explicou: "Eu queria segurar a cruz, mas fui empurrada para trás contra minha vontade, para que não conseguisse alcançá-la".

Com medo de que tais incidentes voltassem a se repetir — e visto que a questão mais importante, a matrícula, tinha sido resolvida — Peter a levou de volta a Klingenberg naquele mesmo dia. Assim que chegaram lá, a condição de Anneliese piorou. Então ele decidiu ficar um pouco, caso pudesse ser de alguma ajuda.

Enquanto isso, o padre Roth tinha relatado a experiência que teve com Anneliese ao seu amigo Ernst Alt. "Os pais dela imploraram que eu garantisse que ela fosse exorcizada. Eles também escreveram para Nossa Reverendíssima Excelência a esse respeito", contou. "Já não tenho mais nenhuma dúvida de que a moça está sob a influência de forças demoníacas." O padre Alt concordou. Parecia-lhe que Anneliese não só estava "sob a influência" de forças demoníacas, como também essas forças de fato estavam agora vivendo dentro dela, usando seu corpo, assim atendendo à condição da Igreja, assim como sua aversão a símbolos sagrados de fé, para o reconhecimento de uma verdadeira possessão. Ele tinha sido convencido disso anteriormente com base na dolorosa cena no quarto de Anneliese no dormitório e tinha conversado a esse respeito com o bispo Stangl por telefone. Mas outra vez o bispo tinha aconselhado paciência. Armado com essa nova evidência, ele acreditava que agora poderia superar a hesitação do bispo: A garota precisava desesperadamente da ajuda da Igreja, o demônio tinha que ser expulso, Satã tinha que ser obrigado a soltá-la através da única arma legítima e aprovada que a Igreja vinha usando ao longo dos séculos, a solene oração de exorcismo.

Ele foi a Würzburg para conversar com o bispo Stangl em pessoa, mas o bispo estava de férias. Em vez disso, foi conduzido ao escritório de um dos dignitários eclesiásticos da diocese, o vigário-geral Wittig. Com ele, conseguiu obter o endereço do local onde o bispo estava passando as férias, para onde telefonou. O bispo afinal cedeu e concedeu permissão oral para a realização do exorcismo em Anneliese, mas apenas o "resumido". No dia 3 de agosto, o domingo após Anneliese ter ido a Würzburg com Peter, o padre Alt foi a Klingenberg acompanhado do padre Roth. O padre Roth relatou:

> Em nossa presença, Anneliese Michel mais uma vez demonstrou evidências de que estava sendo assediada por demônios, embora esse assédio não fosse tão intenso quanto durante a minha visita anterior.
>
> Durante a recitação do exorcismo resumido, ela começou a se lamuriar e a gemer e implorou: "Pare! Está queimando". Quando questionada sobre onde, ela respondeu: "Nas costas,

nos braços". O que também foi surpreendente naquele dia foi que ela tentou derrubar das mãos do padre Alt o livro que contém a oração de exorcismo de acordo com o papa Leão XIII. Até onde consigo me lembrar, ela disse uma vez: "Estou livre". Mas isso durou apenas um instante e logo depois começou a se lamuriar e a gemer mais uma vez. Quando deixamos a casa dos Michel umas duas horas depois, nós dois estávamos mais do que convencidos de que estávamos lidando com um caso de possessão.

A impressão do padre Alt foi que o exorcismo tinha ajudado Anneliese. Ainda assim, estava preocupado. E se ela voltasse a ser assediada? Suas férias estavam marcadas para o dia 10 de agosto. "Seria mais sábio se eu não saísse de férias?", perguntou ao padre Rodewyk, cujo conhecimento sobre possessão ele respeitava e quem tinha consultado por telefone antes. O padre Rodewyk achava que não. "Você não pode fazer nada no momento", disse. "É melhor ir e descansar; você vai precisar de toda sua força." Então ele foi. De sua estância de férias escreveu uma carta breve para seu bispo no dia 16 de agosto, dizendo que até onde sabia, as coisas em Klingenberg tinham se acalmado um pouco antes de ele ter saído de férias. "Mas não me arrisco a dizer que Anneliese está melhor. Suas reações são as de uma pessoa em transe."

Sua intuição estava totalmente correta. As coisas de fato não tinham se acalmado em Klingenberg. Ao contrário, o tormento de Anneliese alcançou níveis que ninguém poderia ter antecipado. Na lembrança daqueles ao seu redor — seus pais, Roswitha, Peter — os eventos de agosto daquele ano são um emaranhado confuso de incidentes distorcidos pelo terror. A agitação arrebatava Anneliese como os ventos em torvelinho de um furacão. Era quase impossível que dormisse, conseguindo no máximo uma ou duas horas de um descanso inquieto. Ela às vezes rezava, berrando a mesma fórmula do anoitecer ao amanhecer: "Meu Jesus, perdão e misericórdia, perdão e misericórdia...". Corria pela casa, subindo e descendo a escada, "dando pinotes como um bode", nas palavras do padre Rodewyk. Ela se ajoelhava, depois se levantava outra vez com uma velocidade incrível até seus joelhos incharem e ficarem ulcerados, e ainda assim ela continuava.

Os incessantes gritos guturais, subindo e descendo como ondas se chocando contra uma costa rochosa, ecoavam das paredes. Então ela atingia o auge, tremia e se contorcia e, como resultado da enormidade de sua agitação, mergulhava em um completo estado de rigidez catatônica, sem mexer os braços nem as pernas, e até mesmo os gritos por fim cessavam durante algum tempo. Derramando lágrimas de compaixão, Roswitha a banhava e tentava alimentá-la enquanto ela permanecia inerte durante dias.

Sua agitação vinha acompanhada de uma força muscular que era quase sobre-humana. Peter a viu pegar uma maçã com uma das mãos e espremê-la sem nenhum esforço fazendo com que explodisse em fragmentos por todo o cômodo. Rápida como um relâmpago, ela agarrou Roswitha e a jogou no chão como se fosse uma boneca de pano. Com os músculos do pescoço tencionados como chapas de aço, ela não conseguia engolir nenhum alimento sólido e apenas de vez em quando conseguia ingerir líquidos. A rigidez se espalhou para o peito e ela não conseguia respirar. Lutando por ar com um desespero mortal, ela pressionava o rosto contra o chão repetidas vezes, achatando o nariz, e então se levantava e inspirava um pouco de ar. Sua mãe colocou um travesseiro no chão para evitar que seu rosto ficasse machucado, o que intensificava seus esforços. Seu pai tentava segurá-la ereta, mas então ela ficava "vermelha como uma lagosta", engasgava e arfava. "Só me deixem fazer o que preciso", ela implorava assim que conseguia falar. "Se vocês tentarem me ajudar, serei obrigada a fazer coisas muito piores."

Todo seu corpo fervia de calor. Enlouquecida pela sensação de queimação que a dominava, ela buscava frescor, rolando no pó preto do depósito de carvão no porão, ficando de molho em um velho caldeirão de ferro que enchia com água gelada, enfiando a cabeça no lavatório do banheiro. Arrancava as roupas do corpo e corria nua pelos cômodos. Sua cama era quente demais, as cobertas insuportáveis. Durante as noites de agosto, o sótão proporcionava um refúgio fresco. "Tentei convencê-la a não fazer isso", Roswitha escreveu em suas "Experiências com minha irmã Anneliese" (escritas para mim em 1978), "mas não adiantou. Quando havia alguma coisa que ela precisava fazer, não havia como impedi-la. Afinal de contas, não era ela agindo, mas o diabo. Levei um cobertor para ela e o estendi sobre o piso do sótão. Não queria deixá-la toda sozinha, então coloquei meu saco de dormir embaixo da escada do sótão. Dormir estava fora de questão, claro. Em primeiro lugar, ela gritava a noite toda e, além disso, ficava correndo lá em cima."

O mundo estava de cabeça para baixo, onde coisas não comestíveis se transformaram em sustento e líquidos impotáveis em refrescos. Ela enfiava moscas e aranhas na boca, tentava mastigar carvão, urinava no chão da cozinha e o lambia e mastigava calcinhas encharcadas de urina. Amor se transformou em ódio. Sua família aprendeu a se esquivar de seus golpes violentos. Peter passou a usar camisas de mangas longas no calor de agosto depois de ganhar dela uma mordida profunda e dolorosa no braço. Quando tentava beijá-lo — e ela tentava com frequência — seu rosto ficava distorcido em uma máscara de ódio. E, por fim, o que era sagrado precisava ser profanado. Havia muitos objetos assim ao seu redor e ela ia atrás deles cheia de fúria. Ela arrancou imagens santas das paredes, derramou água de San Damiano, arrebentou rosários e arrancou uma medalha do pescoço de Thea Hein, que tinha ido até lá para conferir "as atividades". Certa vez, conseguiu pôr as mãos em um crucifixo.

"Não, Anneliese, não", exclamou Roswitha.

"Me deixa, Roswitha, isso me ajuda", implorou.

Roswitha olhou para ela, perplexa, e no mesmo momento ela estilhaçou o crucifixo contra a beirada da cama. "Claro que aquela não era ela", comentou Roswitha, "não foi ela que quis quebrar o crucifixo. Era o diabo que gostava de destruir e profanar todos os objetos sagrados."

Anneliese atacava verbal e fisicamente os padres que iam rezar com ela. "Tire suas patas de mim, isso queima feito fogo", ordenou a um deles. E os ritos sagrados eram uma maldição. "Para mim, o exorcismo era como se eu tivesse enfiado a mão em um vespeiro", comentou mais tarde. Domingos e feriados eram os dias mais sombrios da semana, e quanto mais sagrados fossem, mais insuportáveis pareciam. "A Assunção de Maria, no dia 15 de agosto, foi o pior dia da minha vida", ela contou para Peter em setembro, quando a tempestade tinha passado. Ela não conseguiu entrar em nenhuma igreja e foi incapaz de rezar.

Até o mundo teve seu semblante alterado. Havia nuvens de moscas que apareciam e então desapareciam sem explicação e pequenos animais indistintos que corriam em disparada, escuros e assustadores; depois de algum tempo, até sua família os via indo e vindo.

Ainda assim, nem todas as experiências se manifestavam do lado sinistro do mundo. Seus familiares apareciam para confortá-la, Anneliese contou a Peter mais tarde: a vovó Fürg, que tinha falecido três meses antes, e sua irmãzinha falecida, Martha. Às vezes, ela via súbitos lampejos de luz sob um céu tranquilo de verão. Pequenas feridas ovaladas se abriam em seus pés. A família se referia a elas como "sinais da graça" em sussurros reverentes: estigmas, as feridas do Senhor na cruz. Pessoas santas com frequência tinham sido marcadas dessa maneira. "Mais tarde, quando ela estava se sentindo melhor", Peter afirmou, "essas feridas se curavam muito mais devagar do que as outras. Anneliese insistia que não tinha se machucado naqueles lugares. Às vezes mais, às vezes menos, mas ela continuava a sentir uma dor aguda nos dois pés mesmo depois de as feridas terem fechado."

Anneliese seguia tendo ataques de raiva dia e noite. Alternando-se em turnos de duas horas, seus pais, Roswitha e Peter cuidavam dela, embora não pudessem fazer muito para impedi-la de infligir ferimentos em si mesma. Logo ficaram exauridos e sem saber o que fazer.

"Por que não entram em contato com o padre Alt?", Thea Hein quis saber.

"Não consigo", Josef Michel suspirou, "ele está de férias."

"E o pastor Habiger?"

"Já telefonei para ele. Tudo o que disse foi que deveríamos levar Anneliese a um psiquiatra. Você sabe que já fizemos isso, odeio contar quantas vezes. Ou, ele disse, ela deveria ficar em observação em uma clínica psiquiátrica. Gostaria de ver como ele iria conseguir convencer Anneliese a fazer isso!"

"Bem, então", Thea Hein concluiu, "você vai ter que fazer o padre Alt vir para cá. As coisas não podem continuar desse jeito."

Josef Michel concordou. Ele estava agitado. Portanto, no dia 18 de agosto, enviou um telegrama para o padre Alt, que estava de férias em Spiazzo, em Tirol do Sul. "Peço que interrompa as férias. Venha imediatamente. Rodewyk esteve aqui e aguarda o senhor. Nossas forças estão no fim." A referência a Rodewyk pode ter sido um truque surgido do desespero. O padre Rodewyk insistiu que sua visita só aconteceu no começo de setembro.

Alt não reagiu ao telegrama. "Ele talvez possa ser convencido se você pedir ao padre Rodewyk para entrar em contato com ele", Thea Hein sugeriu.

Josef Michel telefonou para Frankfurt, mas o padre Rodewyk se recusou a incomodar o irmão Alt durante suas férias. Quando Josef Michel insistiu, ele lhe pediu para pôr no papel alguns dos detalhes sobre os ataques a Anneliese que este mencionara ao telefone. Josef Michel obedeceu e com base nessa carta o Padre Rodewyk decidiu que gostaria de ver Anneliese com os próprios olhos. Thea Hein cuidou dos arranjos práticos e no início de setembro o padre Rodewyk viajou de trem até Aschaffenburg, onde Thea Hein, acompanhada do padre Herrmann, o pegou em seu carro e o levou para Klingenberg. O padre Rodewyk descreveu sua visita à residência dos Michel para o promotor público como se segue:

> Quando entrei na casa, Anneliese Michel estava deitada no chão da cozinha, completamente vestida, e ficou óbvio que não era possível se dirigir a ela. Sou da opinião de que estava em um típico estado hipnótico, em uma espécie de sono profundo.
>
> Gostaria de comentar que tal estado é um sintoma de possessão. Eu o designei como uma condição crítica.
>
> Primeiro fui à sala de estar com os pais dela e pedi que me falassem a respeito da condição da filha. Então os instruí a levarem Anneliese para a sala e fazerem com que se sentasse no sofá.
>
> Seu pai a trouxe pela mão porque ela tentou bater nos pais. Ela não parecia emaciada.
>
> Eu me sentei ao seu lado e segurei suas mãos. Em seu estado de transe, um segundo personagem se anunciou, se chamando de Judas. Eu tinha perguntando, "Qual é seu nome?", e a resposta foi, "Judas". Ela falou com uma voz alterada, muito mais grave.
>
> Eu a tinha segurado pelos pulsos. Durante a conversa, percebi que seus músculos retesados relaxaram. Ela voltou a si e olhou surpresa para mim. Aparentemente foi apenas nesse instante que ela me notou de maneira consciente. Em seguida, fui capaz de ter uma conversa completamente sensata com ela. Eu lhe disse que não iríamos abandoná-la e que iríamos ajudá-la. Eu estava pensando em ajuda sacerdotal através do exorcismo...

De repente, as contrações musculares recomeçaram. Pedi à família que a levasse de volta à cozinha. Eu lhes disse que tinha informações suficientes sobre o caso, que tinha encontrado confirmação para as minhas suspeitas de que estávamos lidando com um caso de possessão e que teria que pensar no que poderia ser feito. Quando saí da casa, Anneliese veio da cozinha e deu um tapa no meu rosto.

"Ela com certeza está possuída", Thea Hein disse para ninguém em particular. Enquanto o padre Rodewyk era acompanhado até a porta, ela olhou em volta para ver onde Anneliese estava. Alguns acordes vindos da sala de estar foram sua resposta: Ali estava Anneliese, tocando piano como se nada tivesse acontecido.

Quanto ao padre Rodewyk, após a visita ele levou consigo mais um argumento contundente para sua hipótese de possessão: O demônio que a possuía tinha revelado seu nome. No parecer que formulou em seguida, ele resumiu os outros sintomas, a saber, seu ódio por objetos consagrados e seu medo do exorcismo. Ele então detalhou esse ponto importante.

A última questão remanescente é aquela que diz respeito ao demônio que a possuiu. Questionada diversas vezes, Anneliese sempre deu o nome "Judas". Ele é bem conhecido na história da possessão... instigando suas vítimas a roubarem a hóstia [o pão consagrado] ao impedi-las de a engolir. Com Anneliese encontramos algo desse tipo. Ela mesma disse que certa vez foi à comunhão, mas não conseguiu engolir a hóstia e assim deixou que ela se diluísse na boca. Isso seria um indício da influência de um demônio Judas. Existe uma outra coisa: sua súbita tendência a beijar. A questão importante neste caso é sua expressão facial. Esta de jeito nenhum é a expressão de uma garota que quer beijar alguém. Ao contrário, seu rosto revela hostilidade, como costumamos ver retratado em imagens do beijo de Judas. Esse fato se encaixa aqui.

A conclusão, então, é que Anneliese está possuída, seu principal demônio sendo um Judas. Essa formulação nos permite conjeturar a possível existência de alguns demônios secundários.

Quando questionada a esse respeito por um padre, Anneliese indicou com um pequeno aceno de cabeça que isso estava de fato correto.

O que mais precisa ser discutido? Até hoje, os demônios não falaram através da boca de Anneliese, mas se comportaram como "demônios mudos". Se a situação continuar a mesma, então dificilmente será possível esclarecer o caso. O *Rituale Romanum* decreta que os demônios precisam falar através da boca daqueles possuídos e exige que certas perguntas lhes sejam feitas, às quais devem responder com honestidade.

Para o alívio de todos, enquanto o padre Rodewyk, de volta à sua casa em Frankfurt, compunha um Parecer com todos os argumentos para sustentar sua suposição de que Anneliese estava possuída por demônios, a própria Anneliese começou a melhorar. O primeiro indício que a família teve foi ela começar a comer de novo. Como ela mesma explicou para Peter mais tarde, ela quisera comer antes, mas "não tinha permissão". Se mesmo assim tentasse comer, era incapaz de abrir a boca ou não conseguia engolir nada. "Eu estava sempre com fome", contou, "e para mim era horrível sentir o cheiro de comida ou de ouvir o tilintar de colheres e garfos." Todos estavam preocupados com sua incapacidade de se alimentar. "Ela vai ficar muito doente se não começar a comer logo", disse sua mãe. "Talvez devêssemos ligar para o dr. Kehler", sugeriu Josef Michel. Mas não foi necessário. No dia após essa conversa, sobre a qual Anneliese não teve conhecimento, de acordo com Peter, ela entrou correndo na cozinha e exigiu: "Quero comer alguma coisa". Devorou toda a comida que lhe foi oferecida e continuou a fazer refeições regulares. Suas bochechas encovadas engordaram depressa e as outras manifestações também começaram a desaparecer.

Dado seu histórico, não havia, claro, nenhuma garantia de que ela não seria "atacada" de novo dessa maneira. Essa era a convicção da família e também de Anneliese. "Se ao menos o bispo concedesse permissão para o exorcismo solene", ela dizia. "Tenho certeza de que isso iria finalmente me libertar." Os padres que a conheciam eram da mesma opinião. "Essa situação precisa ser controlada. Os demônios devem ser expulsos, de uma vez por todas", era o consenso. Assim que o padre Alt voltou de férias, no dia 7 de setembro, ele recebeu um telefonema do padre Rodewyk em Frankfurt. "Compilei os sintomas que eu mesmo observei", contou ao padre Alt. "Com base em tudo que sei agora, este sem dúvida é um caso de possessão." Sugeriu que se reunissem com os padres de Aschaffenburg assim que possível para discutirem a questão.

A reunião foi realizada alguns dias depois na casa paroquial da igreja Unsere Liebe Frau em Aschaffenburg, com a presença dos padres Habiger, Roth, Rodewyk e Alt. O padre Rodewyk leu para eles seu Parecer e então o resumiu, dizendo que, dados seus muitos anos de experiência em tais questões, aquele era, em sua opinião, um clássico caso de possessão. A ideia de que o exorcismo pudesse ser realizado na Itália — onde exorcismos costumavam ser realizados em algumas igrejas — foi brevemente sugerida e rejeitada. Se escolhessem esse caminho, seria impossível proteger Anneliese da publicidade indesejada. Em vez disso, todos os presentes concordaram que agora deveriam pedir ao bispo uma permissão formal para a execução de um exorcismo como previsto no *Rituale Romanum* e para encontrar o padre certo para realizar o ritual. O padre Alt foi incumbido de entrar em contato com o bispo Stangl. O padre Roth achava que o padre Arnold Renz, superior do monastério da Sociedade do Divino Salvador de Rück--Schippach, perto de Klingenberg, e pastor da paróquia local, poderia estar disposto a ser o exorcista, visto que seria penoso demais para o padre Alt ir com regularidade até Ettleben, uma distância de 120 km.

Como resultado dessas decisões, o padre Roth foi ver o padre Arnold Renz. O padre Renz pediu três dias para pensar no assunto e logo deu seu consentimento, também telefonando para o padre Alt, que escreveu a seguinte carta formal para o bispo Stangl:

[data ilegível]

Vossa Excelência Reverendíssima,

Há um ano eu lhe informei de modo oral sobre um caso de provável possessão. Também lhe enviei um relatório escrito ano passado, uma cópia do qual estou anexando. Enquanto isso, fiz diversos contatos via telefone com o senhor a respeito do caso. Como relatei ao senhor em uma dessas conversas telefônicas, envolvi no caso o padre Rodewyk, que se tornou muito conhecido por seus livros sobre possessão demoníaca. Em um Parecer, ele resumiu os motivos pelos quais é necessário falar de possessão neste caso. Para proteger a identidade dos envolvidos, ele resumiu a questão sob o nome "Anna Lieser".

Alt então revisou os dados sobre Anneliese antes de prosseguir.

Depois que os padres que estavam a par do assunto se encontraram com o padre Rodewyk e conferenciaram entre si, como relatei ao senhor, chegamos à conclusão de que mais uma vez deveríamos apresentar um esboço do caso ao senhor e confiamos a questão ao padre Renz, um membro da Sociedade do Divino Salvador e superior de Rück-Schippach. Eu conversei com o padre Renz. Ele está disposto a se encarregar do assunto, mas não irá agir sem a vossa permissão expressa. Anexei o rascunho de um documento, ininteligível para terceiros, como aconselhado pelo padre Rodewyk. Fica ao critério do senhor escrever para ele deste modo ou de algum outro para encarregá-lo da tarefa.

Vossa Excelência Reverendíssima, posso apenas lhe assegurar que concordo plenamente com essa linha de ação. A distância entre Ettleben e Klingenberg é muito grande para que eu possa dar continuidade à questão. Uma coisa está clara: Essa é uma questão de possessão. Por essa razão, e por conta do enorme tormento que Anna Lieser é obrigada a suportar, é necessário agir imediatamente. Sem dúvidas, ficamos todos surpresos pela ocorrência do caso e, de certo modo, mais é exigido de nós do que podemos dar conta. Mas o padre Rodewyk, S.J., nos ofereceu sua ajuda especializada. A conversa que tivemos com ele na semana passada esclareceu muitas coisas para nós. Estou escrevendo esta carta com muita urgência e vou levá-la a Würzburg pessoalmente, junto do meu relatório e do Parecer do padre Rodewyk.

Pedindo vossa bênção e prece
Atenciosamente
Ernst Alt

Em vista da abordagem bastante formal com a qual a questão estava sendo tratada agora, satisfazendo todas as condições para a presença de uma possessão de acordo com as leis da Igreja, o bispo Stangl agiu de imediato. Ele escreveu a carta abaixo para o padre Renz.

Do Bispo de Würzburg   16 de setembro de 1975
Ao Superior   *Estritamente Confidencial*
Padre Arnold Renz
Elsenfeld-Rück-Schippach, 8751

Reverendíssimos Colegas,

    Após a devida consideração e com base em informações confiáveis, eu agora encarrego o padre reverendo Renz, membro da Sociedade do Divino Salvador, Superior de Rück-Schippach, de proceder com a senhorita Anna Lieser de acordo com os termos do CIC can. 1151 §1. Já há algum tempo minhas preces são direcionadas a esse assunto. Que Deus possa nos dar Sua ajuda. Agradeço a todos sinceramente por seus esforços.

Com minhas saudações e minhas bênçãos
Josef
Bispo de Würzburg

A referência na carta acima é a uma seção em particular do *Direito Canônico, Codex Iuris Canonici*, Pii x Pontificis Maximi, 1936, Titulus VIII, can. 1151, parágrafo 1, que diz o seguinte:

Nemo, potestate exorcizandi praeditus, exorcismos, in obsessos proferre legitime potest, nisi ab Ordinario peculiarem et expressam licentiam obtinuerit.

Ninguém capaz de realizar um exorcismo pode exorcizar legitimamente um indivíduo possuído a não ser que obtenha permissão específica e expressa do bispo.

Felicitas D.Goodman
POSSESSÃO

Capitulum 5
Combatendo o Mal

A partir de setembro de 1975 até a morte de Anneliese em 1 de julho de 1976, o padre Arnold Renz esteve destinado a dominar os holofotes. Quem era ele? No que se refere a informações biográficas, Wilhelm Renz — o nome Arnold lhe foi concedido quando se juntou à sua ordem religiosa — nasceu em 1911 em um vilarejo perto de Friedrichshafen, no sudoeste da Alemanha. Segundo filho de pais camponeses e, portanto, sem direito hereditário às terras, se dedicou desde cedo a uma vida de serviço à Igreja. Frequentou o ensino médio da Sociedade do Divino Salvador, estudou na Faculdade de Filosofia da ordem e foi ordenado em 1938. Sua ordem, então, o enviou em um serviço missionário para a província de Fuquiém, na China, onde ficou de 1938 a 1953. Ao voltar para casa, ocupou vários cargos até 1965, quando se tornou pastor da paróquia de Rück-Schippach e superior do monastério da ordem no local. A arejada e modernista igreja St. Pius em Schippach, onde celebrava as missas, foi consagrada em 1960. O terreno e as fundações tinham sido obtidos antes da Primeira Guerra Mundial com dinheiro angariado por uma organização fundada por Barbara Weigand, natural de Rück-Schippach. O padre Renz tinha acesso a cópias dos manuscritos dessa camponesa devota, membro da Terceira Ordem Franciscana e mística, e os estudava extensivamente.

Ao longo da investigação criminal após a morte de Anneliese, o padre Renz foi submetido a exames físicos e psiquiátricos pelos drs. Lungershausen e Köhler, assim como acontecera com o padre Alt. Conforme descobrimos a partir de seus depoimentos, ele chegou na entrevista vestindo o hábito de sua ordem. Eles o consideraram de compleição robusta e boa saúde. Seus movimentos e expressão facial eram "pastorais", deixando transparecer o trabalho sacerdotal de uma vida inteira. Durante a conversa, eles às vezes consideraram suas respostas um tanto digressivas, mas no geral "claras e precisas". Acharam curioso, contudo, que ele fosse tão claramente incapaz de fazer uma avaliação crítica em relação ao tópico do exorcismo quando sua capacidade intelectual em outras áreas era completamente normal. O motivo, relatado quarenta páginas depois, descoberto por meio de uma tomografia computadorizada, foi uma calcificação mínima no cérebro que, na opinião deles, focava aparentemente em um único assunto específico — uma qualidade extraordinária, deve-se dizer, para uma calcificação minúscula, prejudicar apenas aquela região específica do cérebro onde se encontra a avaliação crítica do exorcismo e seu próprio comportamento em relação a ele.

Não havia nenhum indício de esquizofrenia, de transtorno maníaco-depressivo ou de experiência de caráter alucinatório. Ele era, concluíram, "um indivíduo profundamente religioso apegado a pensamentos mágicos e místicos", cujas faculdades críticas, infelizmente, eram prejudicadas por uma "mudança patológica no cérebro" devido a uma calcificação que no momento "ainda não podia ser considerada de modo algum grave".

Em outras palavras, o padre Renz era um homem cujas convicções religiosas eram intragáveis para os psiquiatras, mas que não lhes forneceu uma clara compreensão de sua experiência religiosa à qual pudessem associar alguma doença mental, "se não agora, então com certeza no passado", como tinham feito no caso de Ernst Alt. Então recorreram aos processos cerebrais, um pouco de calcificação, um ponto difícil de discutir visto que ninguém sabe de fato quais consequências mudanças tão pequenas podem ter. E o rotularam como tendo "pensamentos mágicos e místicos" — um epíteto que lembra a Idade das Trevas — "para não dizer primitivo", em outras palavras, desconectado dos tempos modernos.

Existem também, como esperado, outras opiniões sobre o padre Renz. O padre Roth o considerava um padre excepcional que se encaixava perfeitamente às precisas qualificações estabelecidas pela Igreja no *Codex Iuris Canonici* para que alguém fosse encarregado de realizar o "grande" exorcismo. Este deveria ser devoto, inteligente e de caráter irrepreensível. Como explicado no *Rituale Romanum*, o livro de ritos da Igreja Católica, ele deveria depositar sua confiança não em si mesmo, mas no poder de Deus. Deveria ser desprovido de avareza e ganância, e deveria realizar o rito por caridade, com humildade e determinação. E deveria ter idade madura e ser respeitado não por sua posição, mas por sua sinceridade moral. Era isso que Anneliese também pensava dele. E se o tom de carinho que permeia sua conversa registrada em fita, mencionada anteriormente, do dia 1 de fevereiro de 1976, servir de alguma indicação, ela confiava nele não apenas como conselheiro espiritual, mas também como uma figura paternal gentil e bondosa.

Em sua declaração para o promotor público, o padre Renz relembrou como seu envolvimento com o caso de Anneliese Michel começou; como o padre Roth o tinha procurado com o relatório sobre a garota escrito pelo padre Rodewyk, que ele sabia ser um especialista no campo do exorcismo e cujo livro *Exorcism Today* já tinha lido; como foi questionado por ele e pelos pais de Anneliese, que foram encontrá-lo, perguntando se ele estaria disposto a recitar o exorcismo para ela; e como, enquanto esperava pela incumbência oficial do bispo, também tinha lido *Exorcism According to the Rituale Romanum* do padre Rodewyk e as passagens relevantes do próprio *Rituale Romanum*. Após receber a carta do bispo:

> ...no dia 23 de setembro de 1975, eu me apresentei aos pais da jovem, Josef e Anna Michel, em Klingenberg. Anneliese me cumprimentou dizendo, "Eu sou aquela que", e em tom jocoso eu respondi, "E eu sou aquele que".
>
> Conversei com eles por mais ou menos uma hora, e as irmãs dela, Roswitha e Barbara, também estavam presentes.
>
> Não vi nada fora do comum em Anneliese Michel naquele dia, nada que pudesse ter indicado alguma possessão. Se não já tivesse sido alertado sobre o caso... essa ideia nunca teria me ocorrido.

Na verdade, ele gostou de Anneliese logo de cara. "Ela era uma moça muito amável e gentil, de grande intensidade religiosa", veio a escrever mais tarde em uma carta pessoal (9 de outubro de 1978) endereçada a mim. "Ela na verdade não falava muito, não como outras pessoas que falam pelos cotovelos o dia inteiro." Ficou combinado que o primeiro rito de exorcismo seria realizado ao entardecer do dia 24 de setembro.

O padre Renz chegou às 16h e encontrou os outros — os pais de Anneliese, suas irmãs Barbara e Roswitha, e Peter — já reunidos. Os padres Alt, Roth e Herrmann estavam presentes, e claro que Thea Hein também, cujo marido se reuniu a eles mais tarde. Os ritos foram realizados em um cômodo do segundo andar que dava para as colinas e vinhedos, para que caso Anneliese gritasse, nenhum transeunte pudesse ouvir. Cadeiras foram dispostas para os participantes e a família montou um pequeno altar em uma mesa de canto, sobre a qual havia uma toalha de mesa bordada. Ele contava com um crucifixo, diante do qual havia uma estátua de Cristo, um vaso com uma planta e imagens emolduradas da Virgem Maria, do padre Pio, do Arcanjo Miguel e do Sagrado Coração de Jesus. Nos intervalos entre as longas orações, todos poderiam ir ao cômodo ao lado tomar café ou chá e comer bolo.

O ritual na íntegra está presente no *Rituale Romanum.* Ele começa com uma invocação, pronunciada em grupo, a Deus e todos os anjos e santos. Continua com outras preces, algumas pronunciadas individualmente pelo exorcista, outras pela congregação em torno da vítima de possessão. Existem muitos pais-nossos e ave-marias, e, entre estes, as perguntas que precisam ser feitas: Por que a entidade demoníaca possuiu a vítima? Quando ela pretendia partir? Qual era seu nome? O que não pode ser nomeado é difícil de exorcizar. Se o padre consegue enganar o demônio e fazer com que revele sua identidade, ele ganha certo poder sobre a entidade. E existem as ordens de exorcismo em si: O demônio, uma vez nomeado, é ordenado a deixar a vítima, *famula dei* Anneliese, a criada de Deus, e é ordenado a retornar à sua moradia infernal, às profundezas do inferno, com fórmulas bastante majestosas.

As pessoas ao redor de Anneliese durante o primeiro exorcismo e de todos os seguintes — sua congregação, por assim dizer — compartilhavam as crenças representadas por essas orações. Além disso, ao longo dos anos de dolorosos "ataques" que Anneliese suportara, e que tinham vivenciado com ela, tinham sido convencidas — muito antes dos oficiais ordenados de sua igreja terem tomado uma decisão — de que a vontade de Anneliese, não sua consciência, tinha sido dominada por uma entidade alheia, pois ela vivenciava tudo que acontecia como se estivesse espiando de dentro daquele "buraco" sobre o qual costumava falar e do qual não conseguia sair. Sabiam que essa entidade alheia era malevolente. Por que mais iria atormentá-la tanto, fazê-la tremer, se contorcer e gritar, impedi-la de comer, beber e dormir? Por que iria enchê-la de tamanho terror sobrenatural, por que iria se mostrar a ela naqueles rostos abomináveis, por que iria obrigá-la a quebrar um crucifixo e golpear o rosto de um venerável padre idoso? Para elas, Anneliese tinha se tornado um meio inocente, um recipiente cobiçado por Satã, que tinha que ser expulso para que o recipiente se tornasse inteiro e limpo outra vez. Finalmente, tinham agora o poder para fazer exatamente isso, pois o bispo, autorizado pela Igreja, tinha dado seu consentimento e lhes tinha fornecido o conselheiro para guiá-las nessa tarefa.

O registro no diário do padre Renz apresenta um vago resumo da primeira sessão de exorcismo.

24 de setembro de 1975. Chego às 16h. Começo o exorcismo de acordo com as instruções. A princípio, Anneliese, ou melhor, os demônios, se comportam com calma. Anneliese passa a ser sacudida com cada vez mais intensidade. Anneliese, ou melhor, os demônios, reagem com mais violência contra água benta. Ela começa a gritar e a ter ataques de raiva.

Anneliese está ciente de tudo. Ela sabe o que fala; ao que parece, está completamente consciente o tempo todo. Nada de amnésia. Breve pausa. Anneliese é contida por três homens (para que não machuque a si mesma nem as outras pessoas), pelo sr. Hein, seu amigo Peter e seu pai. Ela quer morder a torto e a direito. Dá chutes em minha direção. Às vezes, simplesmente golpeia para frente. A princípio fica sentada em uma cadeira, depois no sofá. Não tem permissão para ficar deitada. Às vezes ela o faz, mas logo tem que se levantar outra vez. Reclama que o demônio se senta em sua lombar.

De tempos em tempos ela grita, sobretudo se é salpicada com água benta. Às vezes uiva como um cão. Ela diz repetidas vezes, "Pare com essa merda", ou "Seu merda", "Seu porco imundo", "Guarde essa merda" (a água benta). Na verdade, ela não diz muita coisa, mesmo as obscenidades são usadas com moderação.

No fim, durante a Glória ao Pai que rezamos juntos repetidas vezes, ela fica furiosa. Toda a sessão durou das 16h às 21h30.

Depois ela disse: "Você deveria ter continuado". Ao que parece, ela achou que os demônios estavam sendo expulsos. Quando se despediu, estava de fato bastante animada. A coisa toda deve ter sido muito cansativa para ela. Ela gastou muita energia, levando em conta que três homens a seguravam e ela lutou contra eles o tempo todo.

Com base em seus comentários ao final das anotações sobre a sessão, podemos ter alguma compreensão dos temores com os quais ele abordara aquilo, sua primeira missão de exorcismo. "Tenho mais coragem agora, não estou mais com tanto medo do desconhecido e do incerto." Mas também ficou decepcionado. Nenhum demônio tinha sido expulso e ele podia pressentir que um esforço prolongado e cansativo o aguardava. "É preciso lutar contra uma sensação de incompetência e fracasso", observou.

Para a sessão seguinte, realizada no domingo, 28 de setembro, Thea Hein levou um gravador. Josef Michel achou isso uma boa ideia e foi buscar o seu no primeiro andar. Embora o padre Renz tenha considerado muito do que Anneliese dizia a respeito do caráter do demônio bastante revelador, ele achava que poderia se virar sem um aparelho eletrônico, pois pretendia continuar escrevendo um relato detalhado em casa. Ele logo descobriu que era incapaz de reconstruir muito do que acontecia, porque não havia nenhuma possibilidade de fazer anotações. Além disso, não podia apenas relaxar e observar. Tinha que ler o texto em latim, conduzir as preces em grupo, borrifar água benta, fazer o sinal da cruz diante de Anneliese, talvez colocar a estola em volta dos ombros dela ou tocar a testa dela em uma bênção, como era exigido pelo ritual. Portanto, também começou a fazer gravações, acumulando mais de quarenta fitas ao longo dos meses seguintes. Por fim, ele reuniu os pronunciamentos mais marcantes em duas fitas e as tocou para o bispo Stangl e a outros interessados. Mas esse resumo reduz o cerne reluzente do drama que se desenrolou naquele cômodo no segundo andar da casa dos Michel a uma mera sombra. Em uma das fitas originais, sentimos, assim como aqueles ao redor de Anneliese, algo daquela presença estranha e autônoma que, no sentido do dogma católico, tinha ocupado seu corpo e o estava usando para seus próprios propósitos demoníacos.

Existem os gritos guturais ululantes e rosnados e grunhidos furiosos que validam o demônio pelo que ele é de acordo com os ensinamentos da Igreja, uma criatura das profundezas, o emissário da noite, de tudo o que é repugnante e poluído. O caldeirão infernal de sons se eleva e se agita devagar e, às vezes, palavras e frases são formadas como bolhas lamacentas estourando na superfície. E quando isso acontece, o demônio fala, a força maligna se transforma em uma pessoa. Mas não em uma pessoa qualquer, porque ele fala o dialeto da Floresta da Baviera, do mercado empoeirado do vilarejo, de um vilarejo como Leiblfing, um dialeto carregado, agradável e conciso, desprovido de toda elegância refinada da língua da cidade. Ele é um demônio medieval em suas obscenidades, sempre pronto com seu "cagalhão", "merda", "porco" e "carniça", arqueando as costas contra os ataques verbais do padre e então se virando e o ridicularizando com um, "Ainda vou te envenenar", ou, "Ah, cale a boca", e um xingamento certeiro, ou o ofuscando com uma alusão ultrajante àquilo que é mais sagrado, a Virgem. Ele aprende as frases em latim, respondendo a elas com réplicas grosseiras como um vagabundo rebelde arremessando esterco nas vestes púrpuras de um cardeal. *"Immaculata..."* "Você com esse palavreado de merda, nem se dê ao trabalho, nem um porco acredita nisso." *"Saecula saeculorum..."* "Não é verdade... isso nem é mencionado aí." *"Educto..."* "Anda, pode balbuciar o dia todo, eu não vou embora." *"Ut discedas ab hac famula dei* Anneliese..." "Não, não, ela pertence a mim, saia daqui, sua carniça, não, ela pertence a mim, a mim." E é o vilarejo que surge na resposta à pergunta do porquê Anneliese estava sendo possuída. "Ela ainda não era nascida quando foi amaldiçoada." Uma mulher fizera isso por inveja. Quem era ela? "Uma vizinha da mãe dela em Leiblfing." Ela também amaldiçoou outras pessoas? Silêncio teimoso. Peter diz que os pais de Anneliese tentaram averiguar a história, mas a mulher tinha falecido.

Às vezes, o demônio revela lampejos de um senso de humor rude, como quando o padre faz uma referência a um mártir que derramou seu sangue e o demônio responde: "Esse também foi um daqueles bobalhões", ou quando comenta, depois de uma referência a *sancta ecclesia*: "Aquelas freiras não rezam e não acreditam em nada, depois recebem comunhão, estendendo as patinhas".

Depois de algum tempo, ele recebe companhia e há uma briga sobre quem vai ficar com Anneliese, e, mais tarde, uma conversa conspiratória, como se os dois demônios estivessem unindo forças: "Merda, eu não vou embora, vou ficar...", pontuado por um grito furioso. Então há um apressado sussurro fingido:

"Vamos embora juntos."

"Não."

"Anda, vamos."

"Não."

"Então vá embora você."

"Não vou, não."

"Vai, sim."

"Não."

E então um triunfante: "Nós não vamos embora; vamos ficar juntos".

Há um ritmo na interação entre o padre e o demônio introduzido pela repetição das fórmulas: A criada de Deus, Anneliese... ela é minha; você tem que deixá-la... não, não, não vou; diga seu nome... não vou, não vou. E entre os gritos podemos ouvir repetidas vezes, como se o corpo demoníaco estivesse se contorcendo em chamas, "*Auf Ewigkeit verdammt o-oh* — Condenado por toda a eternidade", que se eleva no E de *Ewigkeit*, "eternidade", o alonga e o deixa pairando no ar, depois diminui, despencando na direção do prolongado "o-oh", uma melodia perturbadora, sempre repetida, como a harmonia das danças fantasmagóricas ao ritmo de *Uma Noite no Monte Calvo* de Mussorgsky.

As testemunhas dessa dança demoníaca — a família de Anneliese, Peter, os Hein, os padres — eram como espectadores descuidados no trajeto de um tornado. Antes de pensarem em correr para um abrigo, foram pegos no funil e arremessados através do limiar que separa este mundo do outro.

Dali em diante, sempre que entravam naquele cômodo no segundo andar que dava para os plácidos vinhedos de Klingenberg, não estavam mais em seu lar, nem na serraria e no escritório, tampouco ouviam o "Bom dia, sra. Michel, eu recomendo as costeletas de porco hoje", retornado a essas coisas apenas quando a sessão de exorcismo chegava ao fim. Aquele era um mundo onde o ultrajante era corriqueiro, onde os demônios falavam e a Mãe de Deus estava sempre por perto. Como crianças desnorteadas na terra além do arco-íris, começaram a olhar ao seu redor. Aqueles demônios, como eles eram? Se pensassem bem, eles não eram tão incompreensíveis, eram quase como pessoas locais, por assim dizer. Odiavam lugares e personalidades conhecidos, tais como Schippach, San Damiano e Barbara Weigand. Sabiam o que estava acontecendo em Klingenberg, fazendo comentários sobre como as pessoas não acreditavam mais nos livros sagrados, nem nos horrores do inferno, tampouco na eficácia da oração. Discutiam entre si e mentiam sobre eles próprios, sobre a Virgem, sobre o dia em que iriam embora. E não eram assim tão poderosos, se acovardando diante da Mãe de Deus, que podia mandar neles e até podia obrigá-los a dizer coisas contra suas vontades.

Mais importante ainda, os demônios tinham nomes, não eram entidades flutuantes anônimas. Todos tinham ouvido como Judas tinha sido o primeiro a revelar o dele. "Não, você não pode usar meu nome, não, não o meu nome", gritava. Então veio Lúcifer e, um pouco depois, Nero. "Sou o terceiro da confederação", anunciou. Com suas identidades reduzidas aos seus nomes, se tornaram personagens palpáveis e repulsivos, mas familiares. Não havia mais nenhum motivo para os padres continuarem a questioná-los. As mulheres foram as primeiras a criar coragem. Os demônios com frequência se defendiam delas com gritos bruscos como, "Cale a boca", ou, "Fique de boca fechada, sua porca imunda". Mas às vezes elas conseguiam arrancar uma resposta de um deles, como quando Roswitha acusou Judas de ter obrigado Anneliese a quebrar o crucifixo. Judas negou com raiva. "Foi aquele cão maldito do Lúcifer", rosnou, "eu não fiz nada." Algum tempo depois, os homens também passaram a se pronunciar, mesmo que com mais cautela, fazendo comentários em vez de se dirigirem às presenças abomináveis e fazendo observações em voz baixa. "Tenho a impressão de que o fedor que costumávamos sentir ao redor de Anneliese não existe mais", alguém observou. "Pelo menos não o sinto quando o exorcismo está em andamento."

"Certo", outro disse. "Mas você percebeu que com bastante frequência existe algo parecido com a fragrância de incenso?"

"Não", Roswitha rebateu. "Parece que sinto o cheiro de rosas, não de incenso."

De repente, eles receberam um sinal de que não podiam cruzar aquele território estranho impunes. Aqueles sentados ao lado de Anneliese sentiram um peso que os pressionava, apertava suas costas e os imobilizava. O sr. Hein e Peter, encarregados de conter Anneliese, constataram que seus braços estavam ficando insuportavelmente pesados; não conseguiram levantá-los depois de a terem soltado. Thea Hein tentou tocá-la e então exclamou: "Minha mão... o que vou fazer? Não consigo mexê-la! O que está acontecendo com ela? Me ajudem, por favor... minha mão!".

Era reconfortante ter os padres com eles. Como o poderoso São Miguel, eles sabiam como lidar com demônios. Após uma oração de exorcismo pronunciada por eles, o peso desapareceu e a mão foi libertada. Também atiçavam os demônios, mas por serem mais poderosos, pela graça de Deus, do que as pessoas comuns, conseguiam se safar. Como quando o padre Renz levou cinco garrafinhas, diferentes e sem identificação, algumas cheias de água benta de Lourdes e de San Damiano, outras com água da torneira. Ele sem dúvida deu um susto nos demônios. Eles gritaram, mas só quando ele usou água benta neles. Ou quando teve ajuda de um amigo, um padre que morava em outra cidade, para testar os demônios. Um Peter atônito explicou o que aconteceu.

> Certa noite, enquanto o exorcismo estava em andamento, Anneliese de repente olhou para o padre Renz com uma expressão impertinente e desafiadora e disse: "Não vou dizer nada". Fiquei surpreso porque não tinham perguntado nada a ela. Na pausa que se seguiu, eu quis chamar a atenção do padre Renz para essa questão quando a própria Anneliese foi até ele e perguntou a mesma coisa. Para nossa surpresa, o padre Renz disse que tinha concordado com um bispo para que este rezasse o exorcismo para Anneliese a partir das 19h. Eles então iriam ver como o demônio em Anneliese iria reagir. Eram 19h quando Anneliese tinha falado: "Não vou dizer nada".

Também era algo bom os padres serem tão versados em latim. Pois embora os demônios entendessem bem o alemão, falando como qualquer outra pessoa em Klingenberg, ainda não pareciam compreender o que os padres queriam, agindo como turistas na taverna local de degustação de vinhos. O latim parecia ser o idioma com o qual estavam mais acostumados e o padre Renz se assegurava de que entendessem o que ele estava falando. "Digam a hora em que irão embora", exigia em alemão. E então repetia a ordem também em latim: *"Dic mihi horam exitus tui"*, o que às vezes dava certo. Não sempre, claro, pois os demônios eram teimosos e maldosos.

Como esperado, os demônios tinham muita vivência e aprenderam um idioma ou outro aqui e ali. É provável que o padre Renz suspeitasse disso, pois um dia de repente começou a fazer perguntas em chinês. O demônio que estava falando não gostou de ser interrogado dessa maneira, o que ficou evidente pelo jeito que gritou, de modo desrespeitoso como sempre: "Não vou te dizer nada, seu maldito porco imundo". Mais tarde ele guinchou: "Se quiser me perguntar alguma coisa, pergunte em alemão". Então acrescentou em um sussurro: "Mas eu também entendo esse idioma". E até zombou do padre ao rosnar: "Sheh, sheh, sheh". O padre Alt tentou francês e holandês com ele. O que perguntou em holandês foi: "Existe alguma coisa em sua família que tenha alguma relação com o caso e que não deve se tornar conhecido?". A resposta foi clara como água: "Não existe nada desse tipo".

Às vezes os demônios se vingavam dos padres e isso poderia ser quase engraçado se não tivesse ficado muito sério. Como quando o padre Renz perguntou, "Por que você cobriu as orelhas com as mãos?", e o demônio rebateu, "Porque a prece é muito bonita". Ou quando o demônio disse que havia um barulho na casa. "Você está fazendo esse barulho?", o padre perguntou. "É — quem mais você acha que poderia ser?" E ele rosnava e ria com seu jeito condensado e rouco: "He, he, he, he".

Em grande parte, contudo, os padres travavam batalhas contra os demônios, e isso era aterrorizante e bastante sério. Em um misto de fascínio e medo, o pequeno círculo assistia aos combates. Sempre houve a convicção, claro, de que os padres iriam vencer e expulsar as desagradáveis pragas que tinham invadido a garota, a vítima inocente. O bem sempre triunfava sobre o mal. Mas à medida que os dias passavam, a ansiedade pesava em seus corações, pois e se aquela fosse ser a primeira vez em que o mal sairia vencedor e o mundo — todo ele — fosse se tornar vítima do bando errante de espíritos malignos que estava resistindo de modo tão obstinado contra os valentes padres? Será que a Mãe de Deus iria vencer? Ela estava lá, sempre, dominando os combates de seu canto como a rainha branca varrendo o tabuleiro de xadrez. Ela podia solicitar ajuda de aliados como Barbara Weigand e padre Pio. Ela podia, e com frequência o fazia, forçar os demônios a dizer coisas e dar respostas que não pretendiam dar e cercava Anneliese com seu manto de poder. Mas quem poderia saber qual, afinal, era o desígnio divino? Tornou-se claro que seus adversários não eram de modo algum desprovidos de seus próprios poderes. Eles podiam lidar com diversos idiomas e assustar todos com seus rugidos, gritos e rosnados. Eram astutos, distorcendo o que os padres diziam por meio de insultos e obscenidades. E podiam enxergar as vítimas contra as quais desferiam seus golpes, enquanto os padres lutavam às cegas, não vendo nada além da presença dos demônios no corpo trêmulo e espasmódico da garota, em seu rosto distorcido — seus lábios entreabertos formando um retângulo, os dentes à mostra — nos lampejos de ódio e revolta que o cruzavam como raios durante uma tempestade. "Quantos de vocês estão aí?", os padres perguntaram. "Só quatro, na verdade", zombaram e então revelaram os nomes de cinco, quando àquela altura já tinham confessado que havia seis, com Caim, Hitler e um padre caído em desgraça chamado Fleischmann tendo se juntado a eles. Envolveram o padre Renz em um jogo de cabra-cega, obrigando-o a tatear o caminho: "Eu vos ordeno, em nome do Pai, do Filho e do Espírito Santo, a me dizer quem está falando". Silêncio ou um rosnado. "Lúcifer, é você?" Outro rosnado e então um grito. "Adolf, Adolf, você ainda está aí?" Uma risada estridente. "Fleischmann, o que tem a dizer em sua defesa?" Uma série de uivos fizeram as vigas tremerem. "*Quot vos estis?* — Quantos de vocês estão aí?" A mesma frustração.

Os demônios também podiam ludibriar, como quando proferiam profecias sobre o fim do mundo e não era possível saber se eram mensagens da Mãe de Deus ou não, se era preciso sair e comprar mais comida e informar seus conhecidos. E como provocavam todos com suas promessas: Sim, nós vamos embora; não, não vamos; gostamos daqui; sim, talvez semana que vem; e assim por diante.

Ainda assim, a maré estava contra eles. Era possível ver isso hora após hora durante as sessões de exorcismo realizadas a cada dois ou três dias. Os padres eram grandes combatentes, para começo de conversa, embora muito diferentes. O padre Renz era persistente, paciente, disposto a trabalhar sem parar e severo com os demônios apesar de sua gentileza de homem idoso. O padre Alt, que não se encontrava presente com tanta frequência, lutava com as armas à mostra. Até mesmo os espectadores estremeciam quando ele dizia, com aquela sua precisão cortante, "Espírito imundo, em nome do Pai, do Filho e do Espírito Santo, eu vos ordeno que diga a verdade", e os demônios retrucavam, "O que você está fazendo aqui, afinal, seu porco imundo?", ou, "Você não pode me dar ordens!". Mas, na verdade, os padres *podem* dar ordens aos demônios. Se o padre estivesse cansado e visse que Anneliese também estava, ele podia mandar que os demônios cedessem um pouco e dessem a todos uma pausa. "Você quer continuar, seu espírito inquieto?", o padre Renz perguntava. "Bem, você não pode. Precisamos de um intervalo." E o demônio compreendia.

Isso não funciona em uma situação inversa. Os demônios tentaram fazer isso com o padre. "Guarde essa merda." "Está se referindo ao rosário?", o padre perguntava. "É." "Não, porque parece que você gosta muito dele", era a provocação do padre. "Você tem problemas de audição. Vamos, diga algo."

A única defesa que o demônio tem é um xingamento. O padre pode insultar os demônios ao lhes dizer o que um demônio é — o criador do incesto, o perpetrador do sacrilégio, o professor de heresias e muito mais — e o que o demônio pode fazer? O padre pode ameaçá-lo e lançar uma terrível previsão: "No fim do mundo você será aniquilado, sua cabeça será esmagada sobre o calcanhar de Deus", e o demônio tem que se encolher.

O padre pode prender o demônio entre ele e a Mãe de Deus como em um torno e obrigá-lo a professar um dogma de fé contra sua vontade — "Maria, a santa Virgem..." — e então lhe dar um tapinha irritante na cabeça e dizer: "Muito bem dito". Ele também pode forçá-lo a revelar os motivos de antigas transgressões, como quando o padre Renz obrigou os demônios a falarem sobre como tinham maltratado Anneliese durante o *Abitur*. "Fizemos ela ficar toda confusa em literatura alemã, naquela hora em que ficou lá, para que não conseguisse se lembrar de nada." Na defensiva, o porta-voz demoníaco acrescentou: "Mas tivemos permissão". "Ela passou mesmo assim", gritou Anna Michel do fundo, furiosa. "Sim, porque ela, a Senhora, ela quis."

O padre também pode manipular os demônios e fazer com que revelem o que lhes é nocivo e então usar essa informação contra eles como um senhorio inteligente atormentando inquilinos indesejáveis.

Os espectadores descobrem que os demônios abominam água benta e qualquer outro objeto consagrado. Eles têm medo do nome de Jesus, de seguir como exemplo a vida do Salvador e de orações. "Rezem, então nada pode de fato dar errado... seus malditos porcos imundos... Mas felizmente poucas pessoas ainda acreditam nisso." Não querem nenhuma súplica a São Miguel, cuja tarefa é lançar de volta ao inferno os espíritos malignos que vagam pela terra e colocam as almas em perigo. Temem apelos aos anjos da guarda e gritam de medo quando a Litania das Cinco Chagas de Cristo é entoada: "Louvor e glória a Ti pela chaga sacratíssima da Tua mão direita, Senhor Jesus Cristo...", passando a um verdadeiro frenesi durante a quinta: "Louvor e glória a Ti pela chaga sacratíssima de Teu peito, e nesta chaga deposito minha alma...". Portanto, esse material é repetido diversas vezes, sendo usado como uma ameaça potente, uma arma ímpar para expulsar a horda infernal. Outras recitações deixam os demônios gelados, como quando o padre Renz começou a ler do Apocalipse, o último livro do Novo Testamento, em especial do capítulo 13, versículo 1:

> Então vi subir do mar uma besta que tinha dez chifres e sete cabeças, e sobre os seus chifres dez diademas, e sobre as suas cabeças nomes de blasfêmia. E a besta que vi era semelhante ao leopardo, e os seus pés como os de urso, e a sua boca como a de leão..."

Embora com frequência soassem como feras rosnando à distância quando eram chamados pelos nomes, os demônios não se identificavam com essa descrição e voltavam a discutir despreocupadamente sobre quem deveria ficar com Anneliese. Tampouco foram afetados pela leitura do Evangelho Segundo Lucas, capítulo 11, versículo 14, onde se diz de Jesus:

> E Ele estava expulsando um demônio que era mudo. Quando o demônio saiu, o mudo falou, e a multidão ficou admirada. Mas alguns deles disseram: "É por Belzebu, o príncipe dos demônios, que Ele expulsa demônios...".

O padre Renz não voltou a usar esse texto.

A arma mais eficaz que os padres têm contra demônios, contudo, é o interrogatório, o questionamento. Nele colocam os demônios em total desvantagem, pois os demônios são incapazes de fazer o mesmo. Eles têm muita dificuldade para pronunciar nomes, mas em certas ocasiões conseguem superar isso. Mas não existem exceções para a regra sobre perguntas. Eles não são pessoas, e nunca podem se tornar iguais às pessoas, porque não conseguem fazer o que as pessoas fazem milhares de vezes por dia: Não conseguem fazer perguntas. Os padres fazem uso das perguntas de modo agressivo durante o exorcismo. Suas perguntas importunam os demônios de maneira implacável em uma torrente constante, voltando impiedosamente às questões-chave como um promotor habilidoso em um julgamento de homicídio — Por que estão aqui? Quais são seus nomes? Quando irão embora? Quais mensagens têm da Mãe de Deus? Por que foram lançados ao inferno? — repetidas vezes, desgastando sua resistência até que por fim, naquele dia tão aguardado, se cansem de tudo isso e sejam expulsos.

Foi esse tipo de inquisição que revelara o segundo trio de demônios, incluindo Caim, Hitler e o pastor Fleischmann. Caim permaneceu discreto e taciturno e Hitler também fez poucas contribuições. Apenas um abafado "Heil, Heil, Heil", a saudação introduzida durante a era nazista, pode ser ouvido nas fitas. Quando o padre Renz perguntou sobre Hitler, Judas, que costumava ser o porta-voz da equipe profana, respondeu: "Ele, ele só tem uma boca grande, mas não tem nada a dizer" — uma ambiguidade em alemão que pode significar que ele não tinha nada a declarar ou que apenas tinha sido privado de todo seu poder. Para um homem que incitou milhares de pessoas com seus discursos hipnóticos e cujas ordens eram leis absolutas isso, sem dúvida, deve ser uma punição bastante severa. Anneliese contou a Peter que, quando ainda estava no ginásio, um filme sobre Hitler estava passando em um cinema próximo. Ela evitava a todo custo olhar para as imagens de divulgação do filme, porque quando o fizera inadvertidamente pela primeira vez, um medo indescritível a engolfara de tal maneira que ela teve muita dificuldade em afastar esse sentimento.

Como o "pastor Fleischmann" veio a se juntar ao agrupamento demoníaco é uma história bem diferente. Em uma conversa registrada por mim em julho de 1979, o padre Alt relata o seguinte:

> Quando me tornei pastor da paróquia em Ettleben, a igreja estava em más condições e fui incumbido de restaurá-la. Pesquisei nos documentos da igreja para descobrir qual autoridade

detinha as "responsabilidades pela construção" da igreja [a Alemanha não tem nenhuma separação entre a Igreja e o Estado], a comunidade ou possivelmente o Estado. Fui ao repositório da vila, que possui arquivos completos desde 1646 e até mesmo documentos dispersos de séculos anteriores, remontando à fundação da paróquia em 1288. Enquanto analisava esses documentos, me deparei com um arquivo dos padres que tinham sido pastores em Ettleben desde mais ou menos 1300. Ao ler o arquivo de relance, uma anotação sobre o pastor Fleischmann chamou minha atenção. O nome não me era estranho e comecei a ler o que aquele homem poderia ter aprontado. Ele era retratado como um *concubinarius*, ou seja, um mulherengo; a lápide de sua filha, Martha, do século XVI, ainda pode ser vista em Ettleben; ele era um *vino adicto*, em outras palavras, um bêbado; teve quatro filhos e foi um valentão brutal. Certo dia espancou um homem até a morte dentro da própria casa paroquial. Também havia um relato de que tinha agredido uma mulher com tanta violência que ela teve que ficar sob os cuidados do barbeiro em Würzburg durante muitas semanas.

No outono de 1975, fui visitar Klingenberg. Eu estivera em Ettleben há mais de um ano e meio naquela época e me foi perguntado: "Bem, e como estão as coisas em Ettleben, com a restauração da igreja e tudo o mais?". E eu respondi, meio brincando: "Vejamos, claro que sempre existiram pastores ruins em Ettleben e talvez eu também seja um deles; de qualquer forma, houve um que matou outro homem". Isso foi durante uma pausa no exorcismo. Estávamos lá sentados, descansando, bebendo chá, quando de repente Anneliese começou a gritar da maneira como costumava berrar durante o exorcismo. Fiquei tão assustado que o medo me dominou durante horas, e todos zombaram de mim... Umas duas ou três semanas depois, passei outra tarde em Klingenberg porque tinha negócios a tratar ali perto. Desse modo, tive a chance de conversar com Anneliese; o namorado dela também estava lá e tivemos uma conversa muito agradável. Eu por fim disse a ela: "Tenho que te dizer, você me deu um baita susto da última vez. Demorei muito tempo para afastar o medo. Por que você fica tão agitada quando o nome Fleischmann é mencionado?". Então, de repente, ela começou a gritar. Pela primeira vez vi como ela lutava contra aquilo, ela sorriu, em seguida seu rosto se contorceu, voltou a sorrir, então seu rosto se contorceu, ela continuou gritando e quase não conseguiu dizer depressa entre cada uma dessas reações: "Por favor, não fique tão aborrecido, não consigo evitar". Peter e eu ficamos bastante surpresos por conseguirmos ver o que ela estava fazendo com tanta clareza. Eu logo pronunciei um comando de exorcismo, dizendo que ela deveria ser deixada em paz, e tudo acabou. Ela ficou quieta. Desculpou-se, e os dois rezaram por mim, porque podiam ver que o incidente tinha me deixado transtornado a tal ponto que fiquei bastante pálido. Naquela noite, enquanto o padre Renz recitava o exorcismo, o sexto demônio, chamado Fleischmann, se anunciou, dizendo que era o padre caído em desgraça de Ettleben que tinha matado um homem. Ele revelou muitos detalhes, nenhum dos quais eu tinha mencionado na presença dela... Vem sendo dito desde então que ela deve ter lido a crônica, mas posso provar que naquela época em questão o relato estava nas mãos do arquivista em Würzburg. Todos aqueles detalhes vieram dela de maneira espontânea e foi uma surpresa para mim, uma grande surpresa. A própria Anneliese sentia um tremendo medo desse demônio em particular.

E, de fato, podemos ler o registro de 29 de outubro de 1975 do diário de Anneliese, "O 'Maligno' me ameaçou com seu punho".

O padre Alt conclui sua narrativa relatando como teve dificuldades para dormir na casa paroquial de Ettleben desde o início. Sua pele ficava toda arrepiada, como se sua cama fosse um formigueiro. Ele sentia que estava sendo puxado da esquerda para a direita por duas entidades, de lá para cá — a da direita ganhava, acrescentou com uma risadinha — ou como se alguém pulasse em cima dele de uma altura de mais de um metro, deixando de acertá-lo por muito pouco. Havia ruídos de uma pessoa subindo e descendo as escadas, de portas batendo e de alguém batendo à porta. A governanta também ouvia os barulhos e a filhinha dela se recusava a dormir no andar superior porque "tinha alguém lá em cima". Como descobriu com o passar do tempo, até mesmo nas lembranças das pessoas mais velhas do vilarejo, sempre se soube que a casa paroquial era assombrada por uma figura alta vestida de preto, usando um chapéu preto. O padre Alt nunca a viu. Nunca chegou a conjeturar se aquela figura e o demônio Fleischmann que atormentava Anneliese eram as mesmas entidades ou não, tampouco como pode ter chegado até Anneliese para começo de conversa.

Mais para o final da primeira semana de outubro, parecia que a estratégia contra os demônios estava funcionando. Eles estavam começando a enfraquecer. Suas exclamações atormentadas, "condenada por toda a eternidade", tinham deixado de ser usadas mais cedo, e já na sessão do dia 4 de outubro as fitas revelam outras mudanças promissoras. Os demônios tinham pouco a dizer. Houve longos períodos de orações que não foram interrompidos por gritos, rosnados e berros guturais demoníacos. Na segunda-feira, 6 de outubro, a brigada infernal parecia estar derrotada e batendo em retirada de maneira desordenada. Ainda que se recusassem a ser expulsos, nenhum demônio insultava as fórmulas em latim sobre os muitos traços desprezíveis enumerados pelo padre Renz da personalidade de Satã, o pai da discórdia, das mentiras, da ganância e da avareza, e nem mesmo a retaguarda parecia interessada e rosnar diante de "Anneliese, *famula dei*". Apenas mais para o final da sessão foi que houve uma breve disputa, apenas para manter as aparências. O padre Renz achou que havia virtude em seguir pressionando, sem dar aos demônios uma chance para descansarem, e decidiu voltar no dia seguinte, uma terça-feira, em vez de esperar até a quarta-feira, como era seu costume. Infelizmente, estava prestes a ficar bastante desapontado. Se o que aconteceu em seguida teve alguma relação casual ou não, precisamos destacar que, de acordo com os registros do dr. Kehler, ele passou uma receita de Tegretol para Anneliese no dia 7 de outubro, e nessa noite a breve trégua foi quebrada ao longo de todo o front. Os gritos de dar calafrios voltaram, separados apenas por intervalos muito curtos, os rosnados, a fúria diante das repreensões em latim, as discussões sobre qual demônio iria ficar com Anneliese, os berros zangados que nenhum demônio, nenhum demônio mesmo, iria embora. Eles bramiam e guinchavam. Incrivelmente, em determinado momento, um deles soltou um grito gutural e uma estranha risada estridente ao mesmo tempo.

Em algum momento após o início da sessão, que perdurou com uma força inalterada durante horas, o padre Rodewyk chegou para verificar a performance do padre Renz como exorcista. Thea Hein tinha providenciado para que o padre Habiger o pegasse na estação ferroviária em Aschaffenburg. O padre Habiger ficou chocado com a fúria dos ataques de Anneliese. "Será que os demônios não vão matá-la?", perguntou ao padre Rodewyk. "Não", ele respondeu, "não existe nenhum registro de algo assim. Os demônios têm permissão para atormentar uma pessoa, mas não para matá-la." Quando questionado pelo investigador do tribunal, o padre Rodewyk não se lembrava de ter feito tal declaração, a qual o padre Renz também disse ter ouvido, mas admitiu que, de fato, tinha escrito isso em seus registros. Ficou muito satisfeito com a execução dos ritos e não se demorou muito. Os demônios não tinham dado nenhuma atenção aos dois visitantes, mas mais tarde é possível ouvir na gravação como um deles grita bem alto, "Aquele diz que ainda não quer ir embora", e em seguida há uma calmaria inesperada. A voz de uma mulher é ouvida e o que quer que tenha dito faz o padre Renz interromper a recitação do exorcismo em latim no meio de uma frase.

"Ah, olá", ele diz, "e como você está?" E Anneliese responde de maneira calma e amigável, "Tudo bem, acho", como se tivesse acabado de passar pela porta. A conversa que se segue dura pouco mais de dez minutos, mas pinta uma imagem melhor do que o longo diálogo registrado no dia 1 de fevereiro do ano seguinte. Com base em algumas poucas exclamações ao fundo, sabemos que os jovens estão presentes — Roswitha, Peter, Barbara — educadamente afastados. Anna e Josef Michel rodeiam ansiosos a filha atormentada. E sentimos a presença central do padre Renz, que está conduzindo a conversa. Ele chama Anneliese pelo paternal e amigável *du — você*", o tratamento familiar, em vez do mais formal "*Sie*" que o padre Alt prefere. A família e Anneliese, por sua vez, falam com ele usando a forma de tratamento mais respeitosa de todas, a muito tradicional, muito deferente terceira pessoa, como em "quando o padre reza", em vez de "quando você reza".

O padre Renz indaga sobre seu apetite, o qual ela diz ser pouco, e então ele sugere que Anneliese provavelmente não "tem permissão", ou seja, que é impedida pelos demônios de comer qualquer coisa que seja gostosa. Independente como sempre, ela nega. "E ainda durmo no chão", comenta.

"Ainda? Você pelo menos estende um cobertor para si?"

"Sim, eu faço isso."

"Você é arrancada da cama?"

Com uma risadinha, ela responde: "Ah, eu nem tento subir nela".

"Bem, você pelo menos consegue se deitar quando dorme à noite?"

"Sim, consigo. Mas aqui sou impedida de fazer isso. Posso tentar me deitar, mas logo sou obrigada a me sentar de novo. E *ele* também dificulta muito as coisas para mim de outras maneiras."

"De que maneira *ele* está atormentando você?"

"De tudo quanto é jeito. Antes de tudo, psicologicamente, com aquela ansiedade assustadora, uma sensação de aniquilação. E ao me machucar, como quando o padre faz o sinal da cruz diante de mim; isso é sempre inexprimivelmente horrível."

"Você tem ideia de onde *ele* está?"

"Depende. *Ele* geralmente está por toda parte, mas às vezes lá atrás ou lá embaixo.

Aparentemente tentando entender se, além de observar o demônio, ela também percebe o que acontece ao seu redor, o padre Renz pergunta:

"E quando o padre [padre Rodewyk] esteve aqui, você percebeu isso?".

"Sim, posso assimilar tudo. Mas minha memória é muito ruim, é terrível. Como quando o padre reza, existem vezes que não lembro mais exatamente o que *ele* — me refiro 'ao outro' — disse. E quando estudo — afinal de contas, tenho que passar naquelas provas — é um verdadeiro desastre."

A primeira prova, de teologia, acontece no dia 6 de novembro, depois vem a de ensino religioso no dia 27, ciência política, literatura alemã... ela enumera todas as outras matérias.

"Existem muitos alunos?", o padre Renz quer saber.

"Ah, sim, uns seiscentos. E com tantos alunos é preciso tirar notas boas." Às vezes, ela consegue memorizar tudo depressa, "mas outras vezes fico sentada na frente de uma única página durante horas e não consigo entender absolutamente nada porque estou sendo terrivelmente assediada".

"Quando isso começou, essa sensação de estar sendo assediada? Você também sentia isso quando era mais nova?"

"Ah, sim, tipo, desde o décimo ano [1968-69] eu sinto isso com muita intensidade."

"Mesmo quando era criancinha?"

"Não, não tão cedo. Mas me dei conta disso muito antes de agora. Só que achava que era algo que todo mundo sentia. Me lembro de que alguns anos atrás tive um negócio gozado — não sei como descrever — como uma condição de ansiedade e desespero, e não fazia ideia do motivo."

Quando questionada a respeito de suas reações ao ir à igreja e à missa, ela relatou:

"Na maioria das vezes eu conseguia ir à missa e receber a comunhão, mas com frequência havia alguma coisa que parecia querer me manter à distância. Às vezes era bastante ruim. Eu era tão maltratada psicologicamente. Era como se eu não devesse entrar, e se mesmo assim entrasse, eu ficava enjoada e tinha que sair correndo da igreja. Depois disso eu costumava me sentir muito melhor".

Neste ponto Anne Michel entra na conversa: "Agora, parece que ela quer muito frequentar a santa missa de novo, certo?" — e nesse momento o padre Renz a interrompe, "Mas não faz sentido fazer isso ainda; ela ainda está sendo sacudida [pelos demônios]" — Anna continua: "mas lhe disse que ainda vai ter que esperar". Ouvimos Barbara, a uma curta distância, respondendo à objeção do padre Renz: "Ah, esses, esses solavancos só começam quando o padre começa a rezar". E Anna ansiosa confirma esse fato: "Isso mesmo. Não tem nada errado com ela agora, só quando começa a fazer aquilo".

"Acredito nisso", diz o padre Renz. "É assim que começa. Mas agora você não é mais forçada a bater nas pessoas. Isso acabou, graças a Deus. Isso era um verdadeiro tormento para você." E do fundo vem a voz de Josef Michel: "Agora também não precisamos mais segurá-la". Neste momento Anna Michel fica empolgada com o assunto. "Bom, tivemos que amarrá-la semana passada; ela ficou amarrada; isso foi muito ruim. Ela disse: 'Vou explodir hoje; vocês vão ter que me amarrar'." A voz de Thea Hein confirma como isso foi terrível e Anna segue falando. "Nós de fato a amarramos daquele jeito, amarramos as mãos e os pés, porque ela disse três ou quatro vezes, 'Vocês vão ter que me amarrar hoje ou vou explodir'."

Enquanto Anna ainda está falando — "Mas hoje ela disse: 'Não tenho que dizer nada ainda'" — Anneliese diz "sim", então solta um suspiro profundo e o demônio volta à ação com um rosnado. O padre Renz demora alguns segundos para se ajustar à mudança tão abrupta na situação e mais uma vez iniciar a prece em latim.

A sessão de exorcismo do dia 10 de outubro foi quase tão agitada quanto a anterior, mas em 13 de outubro podemos ouvir outra vez uma grande quantidade de rosnados entremeados por gritos furiosos, como antes do surto de 7 de outubro. Há uma quantidade considerável de conversas, e até mesmo algumas pausas nas manifestações demoníacas, enquanto as preces são recitadas. Naquele mesmo dia, Anneliese vivenciou algo completamente novo e revigorante. O mundo cotidiano ao seu redor ganhou uma nova dimensão. A Mãe de Deus, sua campeã nas sessões de exorcismo, se aproximou mais e começou a se comunicar com ela diretamente, lhe falando para escrever o que lhe estava sendo dito. Portanto, Anneliese começou um diário. Também foi instruída por sua padroeira a contar ao padre Renz sobre esse novo acontecimento. Por ser a jovem "muito organizada" que era, ela fez suas anotações com uma folha de papel carbono embaixo e deu as cópias ao padre Renz. Seu primeiro registro diz:

> 13/10/75
> Mãe de Deus: "Você com frequência irá receber inspirações deste tipo de mim daqui em diante. As coisas nem sempre serão fáceis para você. Diga isso ao padre Arnold. Lembre-se, ele deve ser seu conselheiro espiritual".

Quando falou a esse respeito com sua família naquele dia, houve, claro, algumas dúvidas. Foi mesmo a Virgem que a fez escrever? Ou foi apenas outro truque demoníaco? A própria Anneliese permaneceu em dúvida, a princípio preocupada com a origem desses insights, que pareciam aparecer sem que pedisse, e mais tarde os analisando de maneira crítica: Isso pode ter sido dito pela Mãe de Deus? Era razoável supor que o Salvador teria essa opinião?

> 21/10/75
> (Devo dizer uma coisa, mesmo que eu repetidas vezes tenha tido dúvidas a respeito da origem das inspirações, que desde pouco tempo atrás sinto um grande desejo ou necessidade de rezar.) [os parênteses estão no original]

Se seus amigos e familiares estavam vacilando, os demônios de modo obsequioso afastaram suas dúvidas na noite do primeiro registro no diário de Anneliese. "A merda que ela está escrevendo", um deles grunhiu, "ela", apontando para a imagem da Virgem sobre o altar doméstico, "foi ela que a incumbiu disso." O padre Renz pensou primeiro em Barbara Weigand, que durante toda a vida tinha recebido mensagens divinas e anotado muitas delas. Cópias de seus manuscritos estavam em sua posse e ele prometeu a Anneliese que iria lhe emprestar alguns. Foi comovente ver o rosto dela corado de entusiasmo: Ali havia uma mulher que tivera a mesma experiência que ela estava tendo no momento. No dia 16 de outubro, Anneliese escreveu no diário:

> 16/10/75
> Mãe de Deus: "Você irá completar a obra de Barbara Weigand". (Eu resisto; não posso fazer isso, digo; ela deveria procurar outra pessoa.)

E na tarde de 17 de outubro ela acrescentou:

> A Mãe de Deus diz: (Estou escrevendo em tempo real) "Quero a disseminação da missão de Barbara Weigand".

Naquela noite, o padre Renz levou um volume para ela quando chegou para a sessão de exorcismo. Depois do término, estava tarde para começar a lê-lo, mas na manhã seguinte ela logo iniciou a leitura:

> 18/10/75, 18h
> A Mãe de Deus me dá a impressão de que nessa manhã eu não agi de modo apropriado. (Depois do café da manhã, imediatamente comecei a ler o livro de Barbara Weigand; não ajudei com as tarefas.) Muito curiosa! Dever!

Nas semanas seguintes ela copiou muitos trechos do manuscrito, cuidadosamente citando páginas e sublinhando palavras no texto, como a parte sobre o Salvador dizendo a Barbara Weigand:

Páginas 24–25
Por que está preocupada com a possibilidade de ter suportado sofrimentos à toa? Vamos supor que ninguém acredite no que você disser. Você precisa saber que o *seu mérito é o mesmo do que se você tivesse convertido o mundo inteiro*, lembre-se disso.

Ou:

Página 27
Disse a você esta manhã que irei, várias e várias vezes, perdoar dúvidas e ansiedades, como de fato já perdoei, embora você tenha me implorado para que afastasse seu sofrimento. Não fiz isso porque você precisa saber que a partir do momento em que me deu seu consentimento, você se rendeu a mim. Tomei posse de você, não apenas de seu espírito, mas também de seu corpo, para que eu possa residir em você apesar de todas suas dúvidas, a não ser que você cometa um pecado grave. Você precisa saber que *se o sofrimento lhe* é causado por outras pessoas, *elas em grande parte vêm de mim*, e é a minha mão que lhes dá forma para que possam *fazer você sofrer*.

Fica claro o que Anneliese estava pensando: Por que era obrigada a sofrer tanto? Será que seria castigada por duvidar de que após estar ligada a demônios durante todo aquele tempo, mesmo que contra sua vontade, ela ainda teria o apoio da ajuda divina? Também há sua esperança de que talvez houvesse algum significado secreto no fato de os demônios a estarem atormentando, que talvez, de fato, eles tivessem sido enviados por Deus para testá-la, assim como as pessoas que tinham feito Barbara Weigand sofrer tinham sido moldadas pela mão do Salvador para aquela tarefa.

Como se para confirmar isso, lemos a curta anotação a seguir:

29/10/75
Se não me engano, Barbara Weigand me disse ontem à tarde que vou ter que sofrer muito.

No dia após a primeira revelação da Mãe de Deus, Jesus também se manifestou no diário de Anneliese. O registro contém uma única palavra:

Quinta-feira, 14/10/75
Salvador: "Estigma".

De uma maneira curiosa, isso prenuncia o que aconteceu durante a sessão de exorcismo do dia 17 de outubro. Durante essa sessão, as reações demoníacas estiveram bastante calmas, lembrando a atmosfera daquela de 6 de outubro. O padre Renz fez tudo que conseguiu pensar para arrancar uma reação mais vigorosa dos demônios, o que considerava importante se quisesse expulsá-los. Inesperadamente, um dos demônios saiu em seu auxílio e apresentou uma sugestão surpreendente. O padre Renz fala a esse respeito em uma carta ao bispo Stangl datada de 18 de outubro de 1975.

> Ontem à noite, "ele" disse, "Sou obrigado a dizer por 'aquela ali'" (ele, ou melhor, ela aponta para a Mãe de Deus, cuja imagem está sobre a mesa junto das outras coisas), "que você deve venerar mais as Cinco Santas Chagas". Nós de imediato começamos a rezar em adoração às Cinco Santas Chagas. Ele ficou extremamente agitado. Ficou gritando, "Cale a boca", na minha frente.

Essa cena é chocante na gravação: "...a chaga sacratíssima da Tua mão direita...". "Cale a boca!", seguido de uma série de rosnados furiosos, "...a chaga sacratíssima da Tua mão esquerda...". "Cale a boca!", ainda mais furioso e mais rosnados, "...a chaga sacratíssima da Tua cabeça...". "Cale a boca, pare, não aguento isso!" Rosnados e gritos estrondeantes. E assim por diante. Ainda assim, contudo, os demônios não partiram.

Existe um caráter íntimo e pessoal nas revelações de Anneliese, como se a Mãe de Deus estivesse se inclinando por cima da cerca para dentro da realidade de Anneliese; como se Jesus estivesse passando por lá casualmente, o irmão bondoso; Barbara Weigand se senta no pergolado no jardim; o padre Pio faz uma visita à tarde para tomar uma xícara de café; e Satã fica à espreita fora de vista, logo ali dobrando a esquina. A própria

Anneliese com muito cuidado descreve a sutileza de sua experiência. "Eu não enxergo nada", escreve. "Não ouço vozes, exatamente", conta ao padre Renz. "Só recebo impressões" e "escrevo à medida que as recebo." Mesmo assim, a imagem é bastante clara.

A Mãe de Deus conversa sobre uma grande variedade de coisas, à medida que se tornam importantes para Anneliese. Há aquelas duas mulheres de Klingenberg; Anneliese as conhece. Elas tinham acabado de ser levadas a Lohr, para o hospital psiquiátrico do Estado:

> 16/10/75
> Mãe de Deus: "A sra. D. tem total controle sobre suas faculdades mentais, assim como a sra. H. Elas estão sofrendo pelo Reino de Deus".

Ela prevê a expulsão dos demônios:

> A Mãe de Deus me diz mais uma vez que estarei completamente livre em outubro. (Ela dissera isso antes, alguns dias atrás, mas daquela vez não achei que a inspiração era genuína.)

E há conversas sobre o Juízo Final. Esse também é um tópico de grande interesse para os demônios; eles voltam a ele em muitas das sessões de exorcismo. A inflamada altercação entre o demônio e o padre Alt no dia 10 de outubro é um exemplo. Após algumas alusões a respeito dessa previsão, o padre Alt de modo imperioso exige um esclarecimento: "Espírito imundo, eu vos ordeno, em nome do Pai, do Filho e do Espírito Santo, a dizer a verdade!". Depois de uma série de imprecações, o demônio responde, pronunciando as palavras com óbvio esforço:

"Um novo dia do juízo está chegando, aí está."

"Como vai ser?"

"Terrível, pior do que os dois últimos."

"Onde?"

"Na Europa."

"Onde na Europa?"

"Na Europa", o demônio guincha de maneira petulante e então muda de assunto, a saber, sobre como ele considera a oração do terço repulsiva.

A Mãe de Deus dissera isso a Anneliese antes.

16/10/75
A Mãe de Deus diz (estou escrevendo simultaneamente): "O Dia do Juízo está muito, muito próximo. Reze o máximo que puder por sua vizinhança, sua família, seus amigos e benfeitores, pelos padres e leigos, pelos políticos e população".

E o Salvador também falou a esse respeito:

22/10/75
Salvador: "Busque comida para suas casas; diga isso a todos que conhece".

Na margem desse registro existe uma anotação: "Não sei ao certo se isso veio do Salvador ou de Satã".

Há uma sensação, nunca expressada em detalhes nos registros do diário, que talvez Mãe e Filho falassem sobre Anneliese. Talvez possa haver uma conversa na qual Maria vai até Jesus e diz: "Sabe, as coisas não estão fáceis para aquela jovem". E ele responde: "Sim, estão difíceis. O que podemos fazer por ela?". E Maria diz: "Talvez ela devesse ter um pouco de companhia". Então eles se certificam de que ela tenha.

[Data removida]
O sobrinho do padre Roth [Siegfried, paralítico desde criança, que falecera na semana anterior] esteve aqui comigo na noite de 10 de outubro e me revelou que estava no paraíso. Eu a princípio não quis acreditar nisso. Entretanto, passei a acreditar. Em primeiro lugar, porque ele veio a mim nesta manhã e diversas outras vezes durante o dia (quanto a ver alguma coisa, eu não vejo nada), e, em segundo lugar, porque sempre tenta me dar coragem. Quando lhe perguntei por que me visitava com tanta frequência, ele respondeu que eu também tinha que sofrer, assim como ele quando ainda estava vivo. Ele prometeu me ajudar em todas as minhas tribulações.

Talvez Jesus e Maria falem a respeito de Anneliese de novo e Maria diga: "Acho que lhe darei um vislumbre do futuro". Jesus gosta da ideia e diz: "Farei o mesmo. Quando todas as nuvens se dissiparem, isso irá animá-la".

[Provavelmente 29/10/75]
Mãe de Deus: "Mais tarde você também terá visões", se entendi direito, como compensação pelos semblantes satânicos que eu via no passado e que ainda vejo. (Não sei ao certo se isso não foi algo que Satã usou para me enganar.)

20/10/75
O Salvador (disse): "Ainda há uma coisa que você precisa escrever".
Eu: "O quê?".
Salvador: "O que eu te disse ontem à noite".
(Não quis escrever aquilo porque pensei que tivesse vindo de Satã; além do mais, minha natureza se revolta contra a ideia). O Salvador exige que eu obedeça, portanto irei escrever.
O Salvador disse: "Você irá se tornar uma grande santa".
(Ainda não quis acreditar nisso, então o Salvador, para provar que eu tinha ouvido direito, me fez verter lágrimas.)

[Data removida]
Salvador: "Você irá se casar, Anneliese, mas isso não tem importância. Eu também preciso de mães santas. Pense em Santa Mônica; ela também foi mãe (e casada), e foi uma santa. Ou pense em Santa Isabel, sua padroeira. Nesse quesito você não será como Barbara Weigand. Mas será como ela em muitos outros aspectos, no sofrimento e no sacrifício; você será a filha espiritual de Barbara Weigand".

Esse registro não fazia parte da cópia do diário de Anneliese que o padre Renz preparou para o promotor público. Eu o recebi mais tarde. Sua hesitação é compreensível, visto que a profecia contida nele não se concretizou. Como pode ser visto na seguinte citação de sua carta de 29 de dezembro de 1979, ele teve muita dificuldade para se conformar com o fato.

Foi um problema para mim. Como o Salvador pôde dizer, "Você irá se casar" etc., e então a deixar morrer? Demorei algum tempo para compreender. Hoje tenho a convicção de que isso na verdade foi o que Deus quisera, que ela deveria se casar. Mas, por outro lado, Deus concede às pessoas liberdade suficiente para que possam interferir na vida de terceiros com remédios nocivos. Se isso acontece, Ele então executa seus planos de alguma outra forma. Anneliese deveria se tornar uma santa, fosse como fosse. Se não pudesse ser através de sua vida e obra, através de um casamento abençoado com filhos, então teria que ser concretizado através de seu "martírio demoníaco". Deus de fato conquistou seu objetivo com Anneliese, ainda que, devido à intervenção humana, ela tivesse que percorrer um caminho diferente.

Satã nunca fala diretamente com Anneliese na forma de uma revelação, mas sua presença costuma ser sentida, como se fosse visto se esgueirando pelo lugar.

29/10/75
O Salvador disse que não devo responder a Satã, mesmo que ele grite comigo ou que me aborde. (Isso exige autocontrole porque ele costuma ser muito insolente.)

Mas Ele também tem outras questões em mente, pois, sendo Deus, a tristeza do futuro pesa muito sobre Seus ombros. O que Ele precisa exigir dela não é fácil; é melhor alertá-la:

24/10/75
O Salvador disse: "Você irá sofrer muito e fazer penitência, mesmo agora. Mas seu sofrimento, tristeza e desespero irão me ajudar a salvar outras almas".

E quando Ele percebe que a ideia ainda é difícil para ela suportar, Ele fofoca sobre um garoto da escola.

27/10/75

Anteontem, à noite, o Salvador me mostrou uma pessoa que, através do meu aconselhamento, poderia ter sido guiada para um caminho melhor. [supressão extensa pelo padre Renz] Agora o Salvador quis saber se eu estava disposta a sofrer por essa pessoa. Não disse que sim logo de cara. Mas alguns minutos depois eu consenti, porque me senti instigada a fazer isso, completamente por vontade própria. O Salvador também me prometeu que eu iria chegar purificada ao fim desse sofrimento e que não iria cair. (Fiquei com medo de que isso pudesse ser difícil demais.)

29/10/75

Ainda tenho que acrescentar uma coisa sobre a questão de 27/10. O Salvador me mostrou exatamente quando e como eu poderia ter ajudado aquele aluno. Quando? Foi quando eu estava na décima série no ginásio. Onde? Em uma festa de aniversário para a qual fui convidada, assim como esse aluno. Ele tentou conversar comigo, mas também ficou tentando passar a mão em mim, e não gostei disso. Na verdade, realmente não gostei dele, porque a meu ver ele se gabava demais. Mas eu de fato senti, na época, que ele estava procurando ajuda. Foi aí onde falhei. Eu queria dançar com outra pessoa em vez de conversar com ele cara a cara.

29/10/75

(Salvador: "Algum dia você irá descobrir em detalhes sobre por que exigi isso de você".)
(Alguns minutos depois) Salvador: "Seja paciente".
Mais tarde:
(Se não estiver enganada, o Salvador acabou de me dizer que as coisas são assim porque eu tinha, afinal de contas, concordado em sofrer por aquele colega.)

Ao longo do mês de outubro, os demônios tinham anunciado repetidas vezes, sob pressão da Mãe de Deus, que teriam que abdicar do controle sobre Anneliese no decorrer daquele mês. Durante a sessão de exorcismo de 29 de outubro, a Mãe de Deus os obrigou a dizer que iriam partir na sexta-feira, 31 de outubro. Anneliese também anotou a mesma data em seu diário:

> 29/10/75
> A Mãe de Deus durante o exorcismo: "Na sexta-feira eu virei e os expulsarei". (Isso foi o que ela quis dizer.)

Todos envolvidos com Anneliese e seus atacantes indesejáveis aguardaram ansiosos pelo dia auspicioso. O padre Renz tirou folga da terça a sexta-feira, assim como Anneliese. Pela manhã, o dr. Kehler preencheu outra receita de Tegretol. No final da tarde, o círculo de participantes começou a chegar. Como o padre Alt relata o evento em uma carta para o bispo de 13 de novembro de 1975:

> Estávamos todos reunidos no dia 31 de outubro para que pudéssemos testemunhar os eventos que tinham sido previstos. Estávamos felizes porque, com a ajuda de Deus, naquela noite, possivelmente, sairíamos vitoriosos, chegando ao fim de uma longa batalha. Mais cedo, eu tinha telefonado para o padre Rodewyk em Frankfurt e ele nos desejou sorte. Ele avisou, contudo, que mesmo depois de serem expulsos, demônios podem voltar e o exorcismo teria que recomeçar.

A sessão iria ser extremamente longa. As fitas do registro cobrem quatro horas e meia. Ao copiá-las, o padre Renz editou uma grande quantidade de trechos onde Anneliese ficou em silêncio. Do contrário, o registro teria sido ainda mais longo.

A sessão tem início com uma prece em alemão pedindo a misericórdia de Deus. O padre Renz então resume, em forma de oração, algumas das estratégias contra os demônios que tinham dado certo, as orações para os anjos da guarda, para os santos e para as almas no purgatório, a Litania das Cinco Santas Chagas. Implora à Mãe de Deus que interceda, assim como à abençoada Barbara Weigand, e pede orientação ao Espírito Santo. Então entoa uma prece em latim, e Anneliese solta um suspiro audível, inalando profundamente como um nadador faria antes de mergulhar e então exalando. Ela emite uma exclamação breve, mas é a jovem quem grita, não um demônio. Respira fundo outra vez, gritando em seguida, "Não vamos embora", mas mais uma vez é a garota. Enquanto a prece em latim continua em tom monótono, ela tenta uma terceira vez, produzindo um berro longo e agudo, forçando dolorosamente as cordas vocais, e então irrompendo em um soluço de partir o coração, alto e atormentado, interrompido por gritos que de novo são dela, não do demônio. Ela para e respira rápida e profundamente, grita "Oooh" em um tom muito agudo, como se estivesse sentindo uma dor insuportável, e então para por completo.

Se os presentes ficaram surpresos, não há nenhum indício disso na fita. O padre Renz continua com sua prece em latim, entremeando exortações em alemão para os demônios: "Rendam-se, rendam-se, rendam-se à Santíssima Virgem...". Mas o grito, "Sim", que recebe em resposta é mais uma vez da garota.

Ele prossegue com o ritual de exorcismo. Há uma longa oração em alemão, seguida de uma oração em latim muito extensa e nenhuma reação sequer dos demônios. O padre Renz tenta incitá-los: "Diga, qual é o seu nome? Você não quer me contar?". Mas tudo o que recebe é um silêncio obstinado.

Ele enumera os traços do caráter de Satã, por fim dá uma bênção, então muda para o alemão de novo: "A Santíssima Virgem irá ordenar que vocês partam daqui. Ela irá expulsá-los esta noite, todos vocês. Estão todos aí? Voltem para o inferno para que não possam ferir mais ninguém".

Mais uma vez ele prossegue com o texto em latim do grande exorcismo. Há um grito, mas outra vez é a garota quem berra. O padre Renz continua com a prece em latim por mais algum tempo, então diz: "Nesta noite vocês irão parar, todos vocês serão expulsos". Afinal, o demônio está ali, com um rosnado, "Sim".

A prece em latim continua ressoando como a monotonia de instrumentos de percussão que servem de base para o compasso de uma melodia.

"Por que estão atormentando Anneliese?"

Longa pausa.

Então o demônio responde: "Porque é divertido".

"Caim, por que está aqui? Se divertir não é resposta. Você tem permissão para estar aqui?" Longa pausa e a prece em latim, em determinado momento acompanhada de um rosnado grave e um grito. O padre Renz para, mas o demônio não tem nada a dizer, então ele continua. O latim chega ao fim e há uma oração em alemão em grupo, a qual na segunda fita passa para a Litania das Cinco Santas Chagas. Então o padre Renz começa a dar um sermão nos demônios:

"Vocês especificaram a hora de sua partida. Agora exijo que se apresentem, e ao fazerem isso cumprimentem a Mãe de Deus. O que precisam dizer é: 'Ave Maria, cheia de graça'".

"Não", grita uma voz demoníaca.

"Ordeno-vos que façam isso."

"Não."

"Em nome da Santíssima Trindade, do Pai, do Filho e do Espírito Santo, ordeno-vos que obedeçam."

"Não, seu porco imundo." Isso é seguido de uma série de berros e rosnados.

"Estou sob a proteção da Santíssima Virgem. Ordeno-vos mais uma vez que partam." Ele recorre ao texto em latim, retornando ao caráter de Satã. O demônio reage apenas com um rosnado e então fica em silêncio outra vez. Há outro rosnado, um grito, então uma pausa interminável, enquanto o padre Renz com paciência e persistência segue martelando em latim. E quando o ouvinte está quase convencido de que os demônios não vão voltar a falar há um rosnado e o padre Renz em seguida muda para o alemão:

"Caim, por que você assassinou seu irmão? Por que se tornou um assassino?" Então repete a mesma coisa em latim: "*Dic mihi...*". Nenhuma resposta. A pausa que se segue é longa o bastante para que ele consiga ler todo o texto em latim, até a fórmula da expulsão em si, "*non resistas* — não resista". Ainda assim, o demônio permanece recalcitrante. Padre Renz:

"Caim, em nome da Santíssima Trindade, do Pai, do Filho e do Espírito Santo, ordeno que pare de atormentar Anneliese." Ele repete a mesma coisa mais duas vezes, sem nenhuma reação do demônio, e então retorna à prece em latim. Bem no fim, há um grito.

"Qual de vocês fez isso? Foi Caim? Ele deve se anunciar se estiver aí. Ou foi Judas, ou Lúcifer, ou Nero, Hitler, Fleischmann?"

"Sim, muito certo", o demônio rosna, retornando à sua forma conhecida. Mas não tem mais nada a dizer, então o padre Renz volta para seu latim. Demora outra eternidade até ouvirmos uma sequência de gritos e rosnados demoníacos muito altos. O padre Renz volta a se animar:

"Lúcifer, sua hora chegou."

"Fique de boca fechada, seu porco imundo", seguido de um grito enervante muito longo e uma sequência de outros mais curtos, até que o silêncio volta a reinar. A prece em latim é como um tecido não tingido que aqui e ali é iluminado pelo fio vermelho de uma súbita exclamação demoníaca. O padre Renz muda para o alemão:

"Proíbo que atormente Anneliese, em nome do Pai, do Filho e do Espírito Santo." O demônio não tem nada a dizer. Então, contra o pano de fundo do latim, vem um grito inarticulado, seguido por outro ainda mais alto, "Fique de boca fechada — ooh", alguns rosnados, outro grito e mais rosnados, como se a besta infernal tivesse estado dormindo e agora estivesse começando a se mexer, irritada com a constante comoção e aflição.

Então há silêncio.

O padre Renz volta para o latim, continuamente, então tenta fazer ameaças:

"Rogaremos à Santíssima Trindade para lançar vocês ao inferno. Iremos apelar às pobres almas no purgatório, aos anjos da guarda e a todos os santos. Rezemos o pai-nosso." Há um grito em resposta, "Não, não, não, não, não", uma série de rosnados oscilantes. "Ave Maria, cheia de graça..." é respondida por prolongados rosnados assustadores. "São Miguel, nós lhe rogamos, lance de volta ao inferno Satã e os espíritos malignos que erram pela terra e colocam as almas em perigo..." é seguido de gritos e rosnados. "Ela irá esmagar sua cabeça sob seus calcanhares..."

As orações em alemão e latim, as ameaças, os gritos e os rosnados seguem se alternando por mais ou menos vinte minutos. É um diálogo bastante desordenado porque o demônio não respeita as convenções sociais, rosnando e berrando entre e por cima das palavras do padre Renz como um cão raivoso se esquivando de chutes e tentando acertar uma mordida. "Já passou da hora de você ir embora... O que você já fez pelas pessoas? Você não nos trouxe nada além de tormento." Agora o demônio revida.

"Ainda vamos permanecer", rosna ele.

"Com permissão de quem?"

"Da Senhora", vocifera o demônio.

O padre Renz recomeçar a prece em latim, então tenta outra abordagem.

"Deve ser muito desagradável para você ficar aqui. Deveria ficar feliz em partir."

"Porque *lá* é muito pior." Os demônios parecem sentir que, embora seu tempo estivesse se esgotando, não precisavam entregar o jogo se apressando. Eles rosnam ou gritam apenas ocasionalmente enquanto o padre Renz agora tenta recorrer à ajuda de Barbara Weigand e dos anjos da guarda. O contra-ataque dos demônios consiste em tentar desviar a preocupação do padre Renz em expulsá-los ao mencionarem outros assuntos. Ela, a pirralha, dizem eles, ela vai passar nas provas de dezembro. E então existe a questão do Dia do Juízo. Haverá estrondos e bramidos. Não vamos contar quando vai acontecer. Tudo será destruído. Não haverá nenhuma comida. Então o demônio porta-voz volta a rosnar e gritar, uma cacofonia inclemente que passa por cima de longos trechos de oração do padre Renz e do grupo. Ilógico como sempre, um demônio de repente anuncia bem no meio de uma exortação em latim:

"Vou ter que partir."

"Caim, assassino de teu irmão, Judas, Lúcifer, Nero, Hitler, Fleischmann..."

"Deixe o Hitler ir embora, eu não vou." Eles continuam enrolando, atacando as orações do padre Renz com gritos e rosnados e reagindo a suas injunções — Caim, Lúcifer, todos os outros, vocês terão que cair de joelhos diante da Mãe de Deus — com um silêncio desdenhoso. As duas partes estão se combatendo há quase três horas, com os demônios se esquivando com astúcia dos ataques do padre. Então o padre Renz experimenta mais uma estratégia para atraí-los para um combate corpo a corpo, ao perguntar:

"Por certo ainda devem ter alguma mensagem para nós da Santíssima Virgem? Vocês não têm nada a dizer? Não tem ninguém em casa? Estão aí, todos vocês?".

"Sim."

"O que vão aprontar esta noite? Vocês devem partir. Estão esperando dar a hora? Não vai demorar muito. Vocês terão que partir em menos de três horas."

"Vamos partir às 22h e não antes."

"Todos vocês juntos?"

"Um depois do outro."

Todos se juntam em uma oração pedindo a ajuda da Virgem. "Rogai por nós, santíssima progenitora de Deus..." Mas o padre Renz está ansioso em manter o diálogo fluindo.

"Quem está aqui hoje? A Mãe de Deus está aqui. Barbara Weigand está aqui?" Sim. Siegfried também? Sim. Quem mais? A avó da pirralha. Quem mais? A irmã dela. E alguns outros. Quem? Aquele da Itália... Padre Pio? Sim. "E Teresa de Konnersreuth... e o irmão Konrad... e São Miguel... São José... e os anjos da guarda..."

"Vocês podem mesmo ver todos eles?", o padre Renz pergunta. Rosnados furiosos, e mais uma vez os demônios se recusam a cooperar mais. O padre Renz volta a alternar entre o latim e o alemão e orações em grupo. Está ficando exausto e pede que façam um intervalo. "Não!", guincha o demônio. O padre Renz pronuncia o exorcismo. Então, para animar o evento, pede ao grupo que cante um hino a Maria e depois mais outro. Os demônios rugem e uivam em paralelo, então um deles desembucha uma mensagem da Virgem:

"Eu... preciso contar uma coisa." Uma série de gritos. "Ela está feliz com todos vocês." Mais gritos. "Porque continuaram rezando. Vocês precisam continuar assim o máximo que conseguirem."

Uma última série de gritos.

Entusiasmado, o padre Renz convoca todos a rezarem a Magnificat, "A minha alma engrandece o Senhor", mas eles não conseguem iniciá-la porque o demônio grita muito alto, rosna, volta a gritar ainda mais alto, rosna, grita, então passa a uma torrente de gritos nunca ouvidos antes, como uma pulsante orgia de ânsia de vômito e lágrimas, como se estivesse prestes a vomitar todas as entranhas, estômago, intestinos e todo o resto. O padre Renz tenta interromper essa sequência, mas não consegue. Ele inicia uma oração em grupo. Os gritos passam a ficar um pouco mais baixos, então param abruptamente. Ele aproveita a brecha.

"São 22h. A Santíssima Virgem ordenou que partissem." Os demônios voltam a gritar enquanto ele repete a injunção mais duas vezes. "Em nome da Santíssima Trindade, em nome do Pai, do Filho e do Espírito Santo, ordeno-vos que partam, para nunca mais voltar." A garota grita, então o demônio retorna, grita e exclama a confissão exigida:

"Estou condenado porque eu... eu administrei mal minha sucursal."

"Quem é você? Judas?"

"Não."

Aqui o padre Alt intervém. "Fleischmann?"

"Sim... Tenho que ir agora."

"Para o inferno?"

"Sim."

Padre Renz: "Você sabe o que ainda precisa dizer?".

"Sim", seguido de uma série de gritos. Outra vez ouvimos aquele som de vômito esganiçado, comprimido, ruidoso, e o demônio exclama: "Ave Maria, cheia de graça".

Um silêncio curioso se instala como a calmaria durante uma tempestade. Então ouvimos o padre Renz dizer: "Ave Maria, cheia de graça. Essa era a condição. Foi isso que ele disse. Então Fleischmann se foi, Fleischmann se foi. Agora é a vez dos outros".

De pronto há aquele som de ânsia de vômito estridente, um suspiro, mais sons de ânsia, outro suspiro, mais dois, e o padre Renz pergunta:

"De quem é a vez agora?".

"Hitler." Gritos e mais ânsia de vômito.

"Em nome da Santíssima Trindade, do Pai, do Filho e do Espírito Santo, ordeno que parta." O demônio responde com mais gritos. "Confesse por que você está no inferno." Gritos de novo. "Em nome da Santíssima Trindade, ordeno..." Um enorme grito vomitado. Apenas depois de mais duas ordens o demônio confessa, entre gritos:

"Porque matei tantos... e me matei...", e então com um rosnado furioso, "e agora estou condenado — oooh".

"Você sabe o que precisa dizer como despedida?" Demora mais várias ânsias de vômito, rosnados atormentados e ordens repetidas do padre Renz para que ele gagueje a fórmula, "Ave Maria, cheia de graça", a última palavra terminando em um suspiro descendente e afundando no abismo.

"Quem é o próximo?", pergunta o padre Renz. "Em nome da Santíssima Trindade..." Ele é interrompido por uma voz rouca:

"Eu sou Caim." Então, depois de alguns gritos graves, vem a confissão voluntária: "Eu matei meu irmão".

Exceto por esse momento, Caim não admite derrota com facilidade. Suas extraordinárias ânsias de vômito quase abafam os comandos de submissão do padre Renz. Ele tenta pronunciar o exigido ave-maria, mas os esforços se transformam em um gaguejar deplorável, ele volta a gritar e então xinga furioso: "Seu cagalhão". Logo depois, contudo, quando o padre Renz mais uma vez invoca o poder da Virgem, ele pronuncia seu "Ave Maria, cheia de graça" com uma voz esganiçada e sai de cena.

"Então, agora Caim partiu", comenta o padre Renz com uma satisfação audível, enquanto outro sinal rosnado já está surgindo. "Agora é a vez de Nero?"

"Sim, senhor, agora é a minha vez."

Nero emite rugidos terríveis, sem sequer prestar atenção nas repetidas ordens do padre Renz — em nome do Pai, do Filho e do Espírito Santo — de que deveria confessar seus pecados. O padre Renz por fim repete os comandos em latim. Abordado em sua língua nativa, Nero condescende em responder, mas gagueja bastante.

"Eu... eu... eu... eu matei os cristãos... levei uma vida lasciva", seguido de mais rosnados.

"Saúde a Santíssima Virgem."

"Não, não, não, não", acompanhado de rosnados furiosos.

O padre Renz precisa repetir a ordem diversas vezes e em resposta recebe apenas gritos, outros sons de vômito, mais gritos. Então Nero diz com a voz um tanto fraca: "Não, eu não gostaria de fazer isso".

O padre Renz é implacável, pronunciando várias vezes suas ordens em nome da administração celestial.

Nero se rende. Com um grito e um rosnado ele repete o ave-maria e desaparece com um suspiro audível. O padre Renz está claramente satisfeito.

"Então, agora ele também se foi. Ainda resta Judas. Ele também deve se render." Ele começa a ordem do exorcismo, mas não recebe nenhuma resposta.

"Judas Iscariotes, você está aí?" Gritos. O padre Renz repete a fórmula de comando do exorcismo, ouve gritos, repete a fórmula, há um guincho e então a confissão rosnada:

"Fui para o inferno porque me desesperei."

"Porque traiu o Salvador?"

"Sim... mas não vou embora." Ele permanece inflexível mesmo após mais três repetições da fórmula, e quando o padre Renz o lembra de que a Virgem irá expulsá-lo, ele se vira contra o padre e berra que a imagem deveria ser jogada fora. "Em nome do Pai, do Filho e do Espírito Santo, em nome da Santíssima Mãe de Deus..." Judas gagueja diversos "Não... não... não... não!" insolentes.

"Em nome de..."

Judas tenta negociar: "Para onde eu deveria ir?".

"Para o inferno."

"Não."

"Lá é o seu lugar."

"Não."

"Você merece estar lá. Você não quis servir o Senhor." Judas não consegue resistir mais. A ânsia e os sons de vômito são tão assustadores quanto antes. Mais uma vez o padre Renz repete o comando, então diz com impaciência: "Ande, vá embora". Judas saúda a Virgem e afunda nas profundezas com um suspiro. O padre Renz relaxa por alguns segundos, então diz:

"Então agora ele também se foi. Agora só resta Lúcifer." Faz uma breve pausa para ir buscar a imagem do Arcanjo Miguel no altar doméstico.

"Aqui, olhe", diz. O demônio responde com uma voz rouca bem fraca, "Não vou embora", então grita. Ele resiste com teimosia, obrigando o padre Renz a repetir a fórmula do exorcismo muitas vezes, ainda sem nenhum resultado. O padre Renz troca de armas e pede que rezem a oração a São Miguel. Lúcifer considera isso injusto e grita e rosna em protesto. "Santo Arcanjo Miguel, por favor, lance Lúcifer para dentro do abismo uma segunda vez." Ao perceber que o demônio está rosnando, ele tira proveito de sua vantagem. "Santo Arcanjo Miguel, nos defenda em nossa batalha contra a desonestidade e opressão de Satã, seja nosso protetor..." Os outros se juntam a ele em uma súplica renovada ao arcanjo e quando chegam ao fim o padre Renz repete sua ordem. Embora o demônio precise vomitar agora, ele ainda se recusa a partir. O padre Renz apela à Virgem, mas em vão. A Jesus, ao Arcanjo Miguel, à Santíssima Trindade — nada. O demônio quase vomita de novo, mas segue dizendo não. Outros três comandos de exorcismo depois, ele parece ceder.

"Estou condenado porque não... não... quis servir... a Deus. Queria ser meu próprio senhor, embora fosse apenas uma criação." Então volta ao estado anterior e acrescenta: "Não vou embora".

Os muitos comandos do padre Renz chovem sobre o demônio insolente. Ainda assim ele não joga a toalha. Vomita violentamente quatro vezes em incrível sucessão. Alguns de seus gritos são ouvidos em dois registros ao mesmo tempo, como se ele tivesse duas bocas. "Você não quis se render ao céu, agora precisa ir para o inferno." "Não, não, não, não." Mas então cede. "Ave Maria, cheia de graça", Lúcifer gagueja, com a voz esganiçada como se estivesse tendo uma convulsão. Há silêncio.

Anneliese suspira, "Ah — sim", como se estivesse despertando de um sonho. Vozes abafadas são ouvidas, como pessoas a cercando e consolando, e o padre Renz diz: "São 22h40. Vamos cantar *Te Deum*". Ele começa a versão em alemão, *"Grosser Gott, wir loben dich"*, e é acompanhado por todos os presentes. As vozes límpidas ressoam:

> *"Wie du warst zu aller Zeit,*
> *So bleibst du in Ewigkeit—"*

> "Como fostes através dos tempos,
> Assim deves permanecer para todo o sempre—"

E cantam mais três versos. Então há silêncio, todos colocando as ideias no lugar. O padre Renz, grato à Virgem, quer agradecê-la também. "Vamos cantar também uma canção a Maria". E eles começam:

"Maria zu lieben..."

Então, como se viessem das profundezas do próprio inferno, um rosnado e um grito os interrompem e uma voz demoníaca diz: "Eu ainda não parti". Os cantores estão tão absortos no clima que continuam por mais dois versos antes de pararem, sobrepujados pelos gritos. O padre Renz pergunta: "Quem ainda não partiu?".

"Eu."

Até a 1h30 daquela madrugada ele seguiu lutando, tentando expulsar o demônio que se recusava a revelar seu nome e dizia que não tinha anunciado sua presença antes. Ele não teve êxito.

Felicitas D. Goodman
POSSESSÃO

Capitulum 6
Desafio Silencioso

Foi um grupo familiar pequeno e abatido que se reuniu no cômodo do segundo andar na segunda-feira seguinte, 3 de novembro. Dos padres, apenas o padre Renz estava presente; os Hein também não estavam lá. Anneliese parecia muito bem, dizendo que se sentia maravilhosamente "livre", mas todos estavam muito preocupados, claro, por ela não estar. Começaram a sessão com uma canção à Virgem Maria, a mesma que o demônio tinha interrompido com tanta crueldade quando estavam celebrando a libertação de Anneliese: *"Maria zu lieben..."*. Após o padre Renz ter rezado durante algum tempo, um demônio anunciou sua presença ao rosnar que não iria partir.

"Você irá, se for obrigado", rebate o padre Renz.

"Isso vai demorar um tempo."

"Quanto tempo?" Teimoso, o demônio fica em silêncio durante alguns instantes, sem sequer reagir às orações de exorcismo com um grito ou um rosnado baixo. Então, inconstante como sempre, ele é ouvido outra vez, se vangloriando: "Nós realmente pregamos uma peça em você". O padre Renz não se abala. Isso mesmo, diz, os demônios mentiram mesmo para ele. Então apresenta um argumento jurídico: Conforme o acordo de exorcismo — ele então cita o texto em latim lenta e claramente, com ênfase especial nos pontos salientes — todos eles tinham que partir. Por que não tinham ido embora? Tudo o que recebe do demônio é um rosnado furioso: "Pare logo com essa merda".

Do contrário, o demônio tem muito pouco a dizer. Às vezes ele rosna ou grita, mas em grande parte fica amuado e faz alguns comentários misantrópicos, como a declaração de que Anneliese não iria ser aprovada nas provas. Sitiado por mais orações, ele diz em sua voz baixa e rouca:

"Bem que você poderia parar com isso".

Nenhuma das estratégias já testadas dá certo. Ele se recusa a revelar quaisquer informações sobre seu nome, seus comparsas, se é que existe algum, ou da hora de sua partida. No fim das contas, ele mantém um silêncio total. O padre Renz desiste. "Ele está dormindo. Vamos deixar que durma. É provável que Anneliese também esteja cansada da sexta--feira passada e ela tem uma prova nessa semana. Talvez devêssemos parar mais cedo hoje. Tudo bem para vocês?" Há murmúrios de consentimento e ele os dispensa com o costumeiro: "Em nome do Pai, do Filho e do Espírito Santo, amém". No geral, ele não está desanimado, apesar do fracasso em expulsar os demônios de maneira definitiva. Ele escreveu para o bispo Stangl em 5 de novembro:

> O caso de Anna Lieser é uma tarefa difícil para mim e que exige muito tempo e esforço. Mas ele também me enriquece muito. O caso ainda não está concluído, mas parece que não vai demorar muito mais.

No dia após essa sessão de exorcismo, Anneliese voltou para Würzburg. Fora impedida por "alguma coisa" de estudar muito para a prova naquela sexta-feira, então tentou colocar os estudos em dia. Também teve que se mudar do primeiro para o quinto andar do edifício. O dormitório estava bastante melancólico agora que Peter tinha concluído todos seus exames e não morava mais lá, mas ela chegou a encontrar algumas velhas amigas. A primeira foi Maria Burdich, que encontrou no corredor. Elas conversaram sobre as provas que estavam chegando.

"Você passou muito tempo estudando?", Maria quis saber.

Anneliese fez que não com a cabeça. "Na verdade, não. Não me sinto bem e acho difícil me empenhar. É muito mais fácil rezar do que estudar; acho que preferiria fazer isso." Foi uma coisa estranha para se dizer, com a prova programada para dali apenas quatro dias, e quando questionada a respeito dessa época na vida de Anneliese, Maria Burdich se lembrou disso.

Anneliese saía para rezar com frequência nessa época, principalmente na capela da igreja Neumünster. Ela se sentia melhor assim que atravessava o pátio entre a catedral e a Neumünster. Entrava por uma porta lateral, descia as escadas e passava pela figura de Cristo em sua sepultura. A capela a envolvia em uma paz tranquila. As linhas baixas e suaves dos arcos romanos, as plantas verdejantes diante dos nichos, o brilho pálido das velas — tudo isso exalava um apoio gentil. Pode ter sido nessa época que ela vivenciou algo sobre o qual contou ao padre Renz. Ela disse que tinha ido rezar na capela e que tinha ficado por três horas. Então quis ir para casa, mas uma voz bondosa lhe disse, "Fique mais um pouco", e ela rezou durante mais duas horas.

Anna Lippert também tinha voltado para o dormitório após o recesso de verão, assim como Ursula Kuzay e Elisabeth Kleinhenz. Era legal acenar para elas nos corredores. Ela conheceu uma garota nova, Mechthild Scheuering, que tinha morado no quinto andar durante algum tempo. Para Mechthild, Anneliese parecia muito cansada e apática. Mas quando começou a conversar com ela sobre seus próprios problemas, ficou surpresa com a empatia que Anneliese lhe demonstrou e como parecia compreender as outras pessoas.

Dois dias antes da prova, Anneliese de repente sentiu necessidade de trabalhar. O peso que sempre sentia desapareceu e ela conseguiu enfiar a cara nos livros, aprendendo muita coisa em um espaço de tempo surpreendentemente curto. Não achou a prova de teologia difícil e tirou uma boa nota. Ficou bastante aliviada e, pela primeira vez em muito tempo, sentiu que poderia ir à confissão e receber a comunhão. O fato de ser impedida de participar dessa parte tão íntima, tão fundamental da missa, tinha sido um dos aspectos melancólicos do mês de outubro, até mesmo de algum tempo antes, pois sempre que se levantava de seu assento para ir à frente receber a comunhão, ficava imobilizada e não conseguia sair do lugar. Naquele dia ela conseguiu, mas logo depois a velha maldição retornou.

Ela também foi dar graças na capela. Escreveu o seguinte em seu diário:

8/11/75
Salvador: "Devo visitá-lo com mais frequência quando estiver em Würzburg e devo levar Anna comigo. Fiquei feliz que você tenha vindo me visitar; geralmente não tem ninguém aqui".

Ela então continuou:

Meu anjo da guarda (?) (com toda certeza não foi Satã) fez algumas verdadeiras acrobacias comigo. Ele fez meu corpo se dobrar em diversas posições e todas as minhas juntas literalmente estalaram, mas foi divertido. Tive a sensação de que eu ficava ouvindo alguém dizer que eu tinha ficado dura (o que é verdade, porque Satã sempre impede meus movimentos de tal maneira que, por exemplo, acho que em vez de duas pernas, tenho duas varetas).

Com a aproximação da prova seguinte sobre ensino religioso no final do mês, ela precisava de consolo e seu amigo celestial não a abandonou:

10/11/75
[texto apagado pelo padre Renz]
Hoje de manhã:
Salvador: "Você será aprovada em todas as provas (meus exames para professora)".

Há mais coisas nessa revelação, contudo, e elas não têm nenhuma relação com trabalhos escolares. Como o ribombar de uma tempestade distante, o texto continua:

"Mas você será convocada para passar por provas de uma natureza completamente diferente. Eu lhe darei minha graça. Você será verdadeira até a morte."

De um modo muito significativo, essa inspiração profética é o último registro. Ela ainda escreveu algumas revelações, mas estas assumiram uma forma diferente, menos pessoal, mais no estilo que tinha aprendido ao ler a obra de Barbara Weigand. Ela não datava mais esse material, mas o numerava. Tampouco dizia de quem vinha. No dia 15 de fevereiro do ano seguinte, ela entregou as quatro páginas de caderno para o padre Renz, que fielmente guardou o que equivale ao seu legado espiritual.

1. Tudo o que você faz bem, ou fez bem no passado, vem de Mim, todo bom pensamento, toda boa ação. Nada vem de você. É por isso que deixo você perder a hora (para a santa missa),

para te mostrar que não é capaz de fazer nada sozinha e para te humilhar. Você não deve acreditar que conquistou alguma coisa. Tudo é um presente do Meu grande amor por você.

2. Espere tudo de Mim, tudo. Posso fazer o impossível possível. Confie em mim completamente. Isso Me honra. Isso Me atrai.

3. Arrependa-se de seus pecados e então acredite que te perdoei, e siga em frente com coragem. Acredite em Meu *grande* amor por você, não duvide disso; isso Me deixa muito triste. Minhas obras são misteriosas; você terá que deixar em Minhas mãos o caminho que irei escolher para você. Já não te dei muitas provas do Meu amor?

4. Fique quieta! Não fale tanto. Mantenha sua língua sob controle. Pois você terá que prestar contas de todas as palavras supérfluas. Adore a solidão. Frequente eventos sociais apenas se for necessário para demonstrar lealdade a alguém, não por prazer. Renuncie também aos prazeres permitidos.

5. Não se preocupe com o futuro. Descarregue tudo em Mim. Busque Me ouvir em todos os momentos e realize Minha vontade e Meus desejos. Amo você com ternura. Faça o mesmo por Mim ao realizar todos os Meus desejos — ao ouvir a Minha voz. (Os cordeiros conhecem a voz de seu pastor. Eu sou um bom pastor e amo Meus cordeiros.)

6. Acredite que atendo todas as orações caso não fiquem no caminho da salvação da alma. Geralmente demoro muito tempo para atender os pedidos legítimos dos Meus filhos para que eles se tornem resolutos.

7. Não fique chateada de imediato se as coisas não acontecerem (logo) como você gostaria. Pelo menos tente controlar seu temperamento. Você não sabe como uma humilhação pode ser boa e útil. Você deve ficar grata por isso. Eu geralmente não concedo nem mesmo pedidos legítimos aos Meus filhos para que possam se tornar resolutos e para que suas preces beneficiem

algum pecador. Seja paciente em relação à falta de fé de outras pessoas, como eu também sou paciente com você. A pessoa paciente e a resoluta conquistam tudo — aquilo que for essencial.

8. Reze e rogue incessantemente pelas outras pessoas para que elas também possam alcançar suas moradias celestiais.

9. Não sou um pai amoroso que cuida de você?

10. Não se esqueça de que o fato de você ter permissão para ler os escritos de Barbara Weigand é um presente da graça. Reze para que logo o tesouro desses escritos se torne disponível para todos.

11. Reze e se sacrifique muito pelos meus padres. Não foi à toa que te mostrei a grandeza e a dignidade de *todos* os padres (em San Damiano) para que você estremecesse de deslumbramento. Reflita que até mesmo o padre mais indigno é um segundo Cristo. Não julgue ninguém para não ser julgada. Deixe isso Comigo.

12. Lute contra as tentações; não se renda. Não permitirei que excedam suas forças. Não precisa se preocupar com até que ponto permitirei que as tentações cheguem até você. Isso cabe a Mim.

A pessoa cresce com as lutas se lutar Comigo.

O padre Renz tinha encerrado mais cedo a sessão de exorcismo de 3 de novembro porque, como mencionado anteriormente, sentiu que era provável que Anneliese ainda estivesse cansada dos esforços do interminável ritual de 31 de outubro e porque o demônio estava adormecido — ou, ao que parecia, teimosamente indiferente. É provável que o padre Renz estivesse enganado em relação a Anneliese. Ela nunca demonstrou nenhum sinal de cansaço como resultado de uma sessão de exorcismo, sempre afirmando em seguida que estava se sentindo muito melhor. Nem mesmo sua voz soava cansada, independentemente do quanto os demônios tivessem vociferado e esbravejado. Ela dizia que eles usavam suas cordas vocais e que ela era apenas uma espectadora que não podia fazer nada para impedir que usassem partes de seu corpo. Em seguida era como se nada tivesse acontecido em relação à sua força física. Nada tinha sido consumido. Quanto ao demônio, ele de fato parecia ter mergulhado em um estupor sonolento. Ainda não tinha despertado quando Anneliese voltou de Würzburg na semana seguinte após a prova de teologia.

O demônio continuou sonolento durante um bom tempo ao longo da sessão de exorcismo de 9 de novembro, na qual o padre Alt também esteve presente. Quando afinal grita e rosna, há um surpreendente caráter de selvageria maligna. Apenas de vez em quando ele volta ao velho estilo rústico, como quando irrompe em uma diatribe irritada e rosnada, dizendo:

"Se a pirralha for à igreja mais uma vez, aquela maldita vadia, vou causar tamanho furor que todos vão sair correndo." Ou, à medida que o padre Renz segue pressionando-o repetidas vezes — em alemão, em latim, em chinês — para que revele sua identidade, ele diz em sua inimitável voz rouquenha: "Ande, continue tentando descobri-lo". Quando por fim perde a paciência, solta um rosnado baixo e ameaçador e diz, "Você pode tagarelar até sua boca cansar", acrescentando, quase em um sussurro, "Ainda me recuso a falar".

Para irritar o demônio ainda mais, o padre Renz sugere que todos cantem um hino à Virgem Maria, *"Maria zu lieben…"*. O que acontece a seguir é uma impressionante apresentação musical do conflito entre o céu e o inferno. As vozes claras das irmãs de Anneliese soam em louvor à Rainha Celestial, enquanto o demônio guincha e rosna ao mesmo tempo, justapondo as estrofes, a melodia e o ritmo, resultando em uma afronta, um insulto doloroso ao sagrado, a mais pura blasfêmia.

Instigado ao extremo, mais ou menos uma hora após o início da sessão, o demônio por fim cai na armadilha do padre Renz. Isso acontece quando o padre segue sua intuição e continua falando sobre Judas, o traidor. O demônio reage com gritos estridentes.

"Por que fica bravo quando falo sobre Judas?", pergunta o padre Renz.

"Porque estou de volta."

"Você é Judas?"

"Sim, senhor."

Ao fundo o padre Alt exclama:

"Então é isso. Quem deixou que você voltasse?".

"Quem — quem — quem — você acha?"

"Diga logo quem."

"A glorificada Senhora."

Mas ele se recusa a revelar mais informações, dizendo que irá esperar e ver qual será a reação do bispo a tudo que aconteceu. Ignora as perguntas seguintes e começa a gritar sobre sua danação. Mais uma vez uma sensação de temor e desintegração permeia a cena, pois embora fale sobre estar condenado por toda a eternidade, como antes, ele não o faz com a surpreendente melodia que parecia emergir do fogo do inferno das primeiras sessões de exorcismo. Em vez daquele "*auf Ewigkeit verdammt – o – oh*" com seu prolongado "E" assustador, agora ele pronuncia "*verdammt in all Ewigkeit*", que não tem nenhum pico evidente, que se estende durante um bom tempo e termina em um rosnado.

Mais tarde, na mesma sessão, o padre Renz tem êxito em envolver o demônio em outro diálogo. Ficamos sabendo que ele voltou logo depois de ter sido expulso. A questão do porquê a porta permaneceu entreaberta quando os padres acreditaram terem tido êxito em fechá-la com a *Te Deum* não é abordada. O demônio diz que cinco deles voltaram e que irão ficar "até o triunfo da Senhora". Esse triunfo irá consistir em os demônios sendo expulsos, além de mais algumas outras coisas que ele se recusa a revelar. Ele deixa escapar que a Senhora envia uma mensagem de que eles devem ter paciência. Outra vez todos cantam um hino a Maria, para os rosnados cacofônicos do demônio, que fica em silêncio. A leitura de algumas passagens do manuscrito de Barbara Weigand feita pelo padre Alt o deixa agitado por um breve período, mas em seguida não tem muito mais a dizer e apenas solta um rosnado irritado aqui e ali. A cena é praticamente a mesma na segunda-feira, 10 de novembro.

Durante as extensas pausas durante as quais o demônio não tinha nada a dizer, Anneliese ficava sentada como se estivesse mergulhada em pensamentos, os olhos semiabertos, as mãos no colo, a parte superior do corpo inclinada um pouco para a frente. Às vezes balançava as pernas ou esfregava de leve as pontas dos dedos umas nas outras, dando a impressão de estar esperando alguém.

Anneliese foi para Würzburg no dia seguinte para fazer pesquisas para sua tese na biblioteca. Voltou no fim de semana para outra sessão de exorcismo no dia 14 de novembro, abrigando um demônio cansado e indiferente. Ele agora chama o padre Renz de saco de imundices em vez de porco imundo, reclama da água benta, à qual se refere como água suja da pia, e reage às ordens e exortações do padre Renz com pequenos insultos ou com apenas um "Cale a boca". Em geral, sequer rosna. O demônio não se importa mais se é chamado de Judas ou não, ou se as garotas cantam hinos para a Virgem Maria. A ideia do padre Renz de incluir o papa Pio x, o patrono de sua igreja em Schippach, no ritual é recebida com alguns rosnados e gritos.

"Você pode muito bem parar de rezar", grunhe o demônio.

"Por quê?"

"Porque não adianta nada."

No dia 17 de novembro, a segunda-feira seguinte, o mesmo aconteceu.

De volta de sua pesquisa na biblioteca em Würzburg na sexta-feira, 21 de novembro, Anneliese descobriu que o padre Renz, sempre engenhoso, agora acreditava que o demônio poderia ser incitado à raiva e assim se tornar mais receptivo à ideia de partir para sempre se lhe fosse mostrada uma imagem do papa Pio x. Para garantir a eficácia, também levou diversos relicários pequenos contendo relíquias de Pio x, de São Vicente e um fragmento da cruz. E, de fato, o demônio ficou bastante irritado.

"Guarde essa imundice, seu cão maldito", gritou, seguido de guinchos estridentes consideravelmente mais longos do que os costumeiros bramidos de três ou quatro segundos. Ficou claro que tinha sido pego desprevenido, mas tinha se recuperado para a sessão seguinte realizada do domingo, 23 de novembro, quando declarou de forma solene que o padre Renz podia inventar o que quisesse: "Eu não vou parar de atormentar a pirralha, e os outros também não vão".

"Quem são os outros?"

"Ninguém."

O padre Renz não consegue arrancar mais nada dele. Era um desafio silencioso. Mais tarde, contudo, o demônio diz por conta própria que a "glorificada Senhora" está presente. "Quem mais?", o padre Renz o pressiona. O interrogatório revela os outros visitantes: Barbara Weigand, o padre Pio, a avó de Anneliese, alguns outros parentes e antepassados — rosnado, rosnado — e aquela tia-avó dela, a imbecil do convento. Ao fundo, ouvimos a voz de Josef Michel, todo feliz dizendo o nome da tia.

"E São José?"

"Sim, ele está aqui."

"E os anjos da guarda?"

"Sim, senhor", rosnado, grito. E então acrescenta, com um toque de seu velho senso de humor grosseiro: "Não aguento a multidão aqui". O padre Renz fica muito agradecido. Ele consegue mais alguns arcanjos e então pede a todos que rezem o pai-nosso para agradecer aos representantes celestiais por seu interesse. No trecho "que estais no Céu", o demônio insinua em um rouco sussurro fingido: "Mas nós também estamos representados".

Só para fazer os santos se sentirem tão desconfortáveis quanto eles o estão fazendo se sentir, ele faz uma pequena revelação.

"Entregue uma mensagem às pessoas."

"Qual?"

"Recebam comunhão em pé."

"O que mais?"

"Peguem a Hóstia com a mão."

"O que mais?"

"Só isso."

"Em nome de quem?"

Em um tom sarcástico, o demônio exclama: "Do nosso".

Um pouco mais tarde, aparentemente ainda se sentindo apertado no meio de todos aqueles personagens celestiais no pequeno cômodo abafado, ele anuncia que tem companhia, não apenas aqueles que tinham sido expulsos, mas outros que não querem falar e cujos nomes ele não vai revelar... Não, não, não, não.

"Eles terão que partir, todos eles. E você também", o padre Renz o alerta.

"Certo, mas isso ainda vai demorar um pouco", e encerra a conversa com mais gritos e rosnados ruidosos. Na sessão do dia 24 de novembro grande parte da agitação já tinha voltado a diminuir mais uma vez.

No dia 27 de novembro, Anneliese fez sua segunda prova, dessa vez de ensino religioso. Podemos deduzir que nem tudo correu bem a partir do comentário desdenhoso que o padre Renz fez para o demônio durante o exorcismo do dia 28 de novembro, a saber, que no dia anterior a Mãe de Deus esteve com Anneliese, a ajudando na prova, e que Teresa Neumann de Konnersreuth também. "E você também esteve lá, certo? Você causou muitos problemas." Mas o demônio não aceita o desafio, falando em vez disso sobre o Sínodo dos Bispos, que tinha acabado de concluir suas deliberações, e como gostou das reformas que tinham sido aprovadas.

Estava claro que o demônio se sentia entediado e infeliz com o fato do círculo de fiéis ter encolhido. Os padres de Aschaffenburg raramente faziam visitas, Thea Hein aparecia com menos frequência e até mesmo o padre Alt estava preocupado demais com sua paróquia para que pudesse fazer a longa viagem desde Ettleben.

"Aquele porco imundo de Ettleben não vem mais para cá", ele reclama com seus rosnados de sempre.

"Ele não pode vir hoje. As rodovias estão cobertas de gelo."

"Essa não é uma boa desculpa. Ele consegue chegar."

"O que o pastor de Ettleben pode fazer aqui? Dar uma bênção? Ou ajudar a rezar?"

"Primeiro deixe que venha, aquele cão imundo."

"O que você quer que ele faça?"

"Eu digo a ele."

Apesar de toda essa conversa, o demônio ainda se recusava a conjeturar sobre a data de partida de sua equipe, mergulhando em longos períodos de rosnados, gritos e pausas. Quando, ao ser convocado pelo padre Renz por telefone, o padre Alt fez a viagem para a sessão de exorcismo na noite de 30 de novembro, o demônio, como esperado, não tinha nenhuma mensagem para ele. Ficou amuado em silêncio, gritou ou rosnou algumas vezes, ou exigiu que o padre Renz guardasse o relicário. Quando em vez disso o padre Renz o exortou, lhe explicando por que o lugar dos demônios era no inferno, ele irrompeu em uma incrível série de gritos. Enquanto o padre insistia em segurar uma imagem do papa Pio x na sua frente, ele guinchou:

"Seu porco imundo, seu cão sujo".

"O que foi agora?"

"Vou cuspir na cara dele." E foi o que fez, acertando bem no alvo. O demônio — embora não Anneliese quando estava livre da possessão — conseguia atingir um objeto com uma precisão mortal a 90 cm de distância ou mais. Irritado, o padre Renz exigiu que ele se desculpasse — sem nenhuma esperança de ser obedecido, é claro.

No dia 1 de dezembro, o dr. Kehler preencheu outra receita para Tegretol. Gertrud chegou de Fatima para um período de férias estendidas, emprestando sua voz cristalina aos hinos à Virgem Maria que a família continuava cantando de vez em quando durante os exorcismos. Ela participou da sessão do dia 7 de dezembro, vendo a irmã possuída pela primeira vez. O próprio demônio estava soturno, argumentando que não havia nada após esta vida — o que provocou um divertido, "Você bem sabe", do padre Renz — e que Jesus nunca viveu. Ele gritou mais, mas em grande parte apenas rosnou de um modo um tanto feroz, principalmente quando o padre Renz apelou para Teresa Neumann de Konnersreuth, "a grande adoradora de sofrimento e penitência", para ajudar Anneliese e protegê-la. A nova padroeira deve ter se condoído da garota atormentada, pois logo depois do exorcismo ela foi até o padre Renz e lhe disse que achava que poderia receber a comunhão. Isso foi uma grande surpresa, Peter relembrou em suas memórias. Ele de imediato levou o padre Renz e Anneliese à igreja em Schippach. Assim que chegaram, ela recebeu a santa comunhão sem nenhuma dificuldade.

O demônio não fez nenhum comentário sobre essa questão durante o exorcismo de 12 de dezembro. Mas, no dia 14 de dezembro, o padre Renz usou esse fato para provocá-lo. A Santa Virgem com certeza ficou muito feliz por Anneliese ter conseguido receber a comunhão de novo, ele lhe disse. Também ficamos muito felizes. E não há nada que você possa fazer a esse respeito. Depois de alguns rosnados e gritos que o demônio, como sempre, solta antes que o padre termine o que tem a dizer, ele exclama:

"Se aquela vadia for de novo, eu vou acabar com ela. Vou cuspir fora aquela coisa... resmungo, resmungo... Porca estúpida." Ele continua rosnando e gritando muito alto. O padre Renz acredita que marcou um ponto e quer marcar outro ao sugerir que o demônio deixasse Anneliese tempo suficiente para que ela pudesse rezar um pai-nosso em agradecimento por agora poder receber a comunhão. Mas ele escolheu o momento errado, tentando dar ordens ao demônio em nome do Pai, do Filho e do Espírito Santo. Recebe um inflexível "não" a cada vez. Então desiste e diz, tudo bem, se a Mãe de Deus não ordena o demônio a conceder esse desejo, eles vão rezar juntos sem ela. Mais tarde, o padre Renz pergunta ao demônio, assim como fez tantas vezes antes, quando ele vai partir.

"Eu não vou e os outros também não."

"Por que não?"

"Porque não precisamos."

"Quanto tempo vão ficar?"

"Mais um pouco." O padre Renz suspira e faz uma breve prece em latim pedindo paciência. *"Patientia, patientia,* merda", o demônio zomba dele e solta seus gritos infernais enquanto o padre Renz professa sua crença de que no fim a Santa Mãe de Deus sairá vitoriosa.

No dia 17 de dezembro de 1975, quando esteve em Würzburg durante a semana anterior às férias de Natal, Anneliese foi ao consultório da dra. Schleip para um checkup. Mas a dra. Schleip teve que estar presente no tribunal naquela manhã e não conseguiu atendê-la. "Talvez ela tenha ficado cansada de me esperar", conjeturou em sua declaração ao Tribunal. De acordo com os pais de Anneliese, contudo, a filha obteve uma nova receita para Tegretol.

Dois dias depois, durante a sessão de exorcismo do dia 19 de dezembro, o demônio está extremamente agitado. Ele insulta o padre Renz, grita e esbraveja. Então, após uma extensa pausa, solta uma série de longos gritos quase tão altos e arrebatadores quanto os berros vomitados da grande expulsão no último dia de outubro. Enquanto os presentes entoam uma oração em grupo, o demônio segue esbravejando, um grito ululante atrás do outro, alguns com dez ou onze segundos de duração. Passam a ser entremeados por rosnados e voltam com uma fúria renovada durante a longa oração que o padre Renz recita. Ele chega ao momento do exorcismo onde tem que perguntar quando o demônio irá partir. A resposta é um grito. Então o demônio diz com a voz rouca:

"Quando rachar ou se romper." Ele segue guinchando e rosnando, e mais nenhuma pergunta é respondida. O demônio tinha dito isso antes e em seguida repetido a estranha previsão diversas vezes sem nunca explicar seu significado.

O Natal foi uma ocasião alegre na casa dos Michel. Todas as meninas estavam em casa, diferente do ano anterior, quando Gertrud estava em Fatima. E Anneliese estava radiante. Disse que se sentia melhor do que nunca e repetiu isso para Peter, que foi até lá para visitá-la.

O último exorcismo do ano velho, realizado em 30 de dezembro, começou como todos os outros, mas o padre Renz sequer tinha recitado metade da oração pela primeira vez quando o demônio soltou um grito prolongado que foi ficando dolorosamente cada vez mais alto, se estendendo ao longo da frase "a – ah – condenado". Como se estivesse sentindo dor, ele exclamou em seguida:

"Não vamos embora porque aquele não deixa".

"Quer dizer o Salvador?"

"Sim, ele não deixa."

"Ele quer que vocês fiquem?"

"Sim", o demônio uiva. "Nós queremos partir – ooh, partir – ooh!" O grito é o mesmo daquele com o qual soltou seu gemido de "a – ah-condenado". Com um rosnado que é ao mesmo tempo repleto de medo e de um lamento sinistro, ele continua:

"Ela recebe todos os dias... todos os dias...".

"A comunhão?"

"Sim... não suporto... queremos partir... partir... partir... partir... Lá vai ela, se ajoelhar de novo — queremos partir... partir... partir!", terminando em um sussurro rouco. Então, em um sussurro apressado, ele acrescenta: "E ele não deixa". Os berros que se seguem são um canto fúnebre fantasmagórico: "Ele não nos deixa partir... o – oh, partir, o – oh", e mais gritos inarticulados.

A voz do padre Renz deixa transparecer sua consternação, que se transforma em compaixão. "Por que ele não deixa que partam?"

"Sim... por que... por que... por que... por que...", o rosnado do demônio vai ficando mais baixo, como se ele estivesse afundando em uma sepultura.

O padre Renz começa a recitar o exorcismo em latim em voz bem baixa, muito suave, e por cima das fórmulas antigas ecoa o medo desesperado dos demônios, "Queremos partir... partir... partir... partir... grito, grito, queremos partir... partir... partir... partir... muitos gritos, queremos partir... partir... partir... partir...", com o último "R" se transformando em um rrrrr enrolado e em uma série aparentemente interminável de gritos, subindo e descendo como batimentos cardíacos acelerados diante da morte. O último grito se prolonga como se nunca fosse acabar. O demônio diz, "Pare logo com isso", então passa para um rouco, "Estamos condenados, condenados, condenados".

O padre Renz recupera a compostura e, como um professor austero, começa uma exortação sobre o fato de os demônios terem causado isso a si mesmos, o que contrasta de maneira incongruente com a tragédia elementar, sem solução e dolorosa que o demônio acabara de expressar através de sons.

Mais uma vez o demônio recaptura o nível anterior de desespero escandaloso. Seus berros se transformam em vômitos, mas não abrem nenhum portão pelo qual ele possa escapar do que, a essa altura, tinha se transformado em uma masmorra inexpugnável. Seus rosnados são de dar dó, e ele então cai em silêncio enquanto as vozes cristalinas das garotas entoam *"Maria zu lieben..."*.

Sentindo-se muito bem, Anneliese passou diversos dias em Würzburg na primeira semana de janeiro para se preparar para a prova de ciência política. Peter relembrou a visita que fez a ela:

> Estávamos conversando sobre um assunto particular. Anneliese estava totalmente calma e "normal". De repente, e sem nenhum motivo discernível, seu rosto ficou distorcido, ela começou a rosnar e a me bater. Com muito esforço conseguiu me dizer depressa que eu tinha que borrifar um pouco de água benta nela. Fiz isso, ela se acalmou de imediato e nós conseguimos continuar nossa conversa...

Peter ficou surpreso porque tais ataques fora de uma sessão de exorcismo eram relativamente raros. Aconteciam só se houvesse pessoas perto dela que tinham conhecimento do assunto. Era por essa razão que pessoas desinformadas não faziam ideia de que Anneliese estava possuída — algo que ela queria manter em segredo a qualquer custo.

O incidente é parecido com um que Roswitha descreveu em suas anotações sobre a irmã, que foram escritas para mim em 1978.

> Certa vez, estávamos na cozinha rezando o terço. Minha irmã Anneliese também estava rezando conosco. De repente, ela começou a gritar. Ficamos muito surpresos porque não tínhamos esperado nada parecido. O estranho foi que Anneliese também ficou surpresa com o grito que saiu de sua boca. Ela se desculpou, dizendo: "Eu não fiz isso, foi o outro".

Durante a sessão do dia 9 de janeiro, o demônio voltou a soltar longos gritos vomitados. O esforço foi sobrenatural em sua magnitude, submetendo o corpo da garota a um tremendo esforço, mas outra vez foi tudo em vão: Nenhum demônio foi expulso. Pouco tempo depois, Anneliese constatou estar incapaz de se dirigir à frente para receber a hóstia durante a comunhão. O padre Renz descreveu a situação para o bispo Stangl em uma carta de 25 de janeiro de 1976: "Anneliese costuma se ajoelhar na igreja. Antes e depois da comunhão, ela consegue se levantar quando quiser; durante o tempo em que a santa comunhão está em progresso é impossível para ela se levantar". Ela havia contado ao padre Renz a respeito desse ataque renovado por parte dos demônios em uma conversa telefônica no dia 15 de janeiro, após sua prova de ciência política, na qual tirou um 2, o equivalente alemão de um B. O padre Renz deu uma ordem de exorcismo pelo telefone, dizendo aos demônios que desistissem. Mas ao que parece eles não estavam ouvindo.

Desde o Natal, os incidentes nas sessões de exorcismo durante as quais o demônio chegava a ser ouvido — gritando, rosnando ou falando — tinham diminuído pouco a pouco. Ele ficara em silêncio com cada vez mais frequência. Ocasiões nas quais as sessões tinham durado quatro horas ou mais eram coisa do passado, pois sem sua cooperação não havia sentido em continuar. Mesmo assim, o padre Renz ia até lá sempre que Anneliese voltava de Würzburg, recitando as exigidas duas horas de exorcismo, rezando, exortando, ordenando que os demônios partissem, sempre esperando que na próxima vez isso talvez acontecesse. Era preciso ter fé, ele acreditava, paciência e confiança na ajuda da Mãe de Deus e de todos os outros personagens celestiais que tinham ido ajudar a expulsar as forças malignas que tinham possuído a garota. Portanto, continuou indo até lá pelo menos uma, talvez duas, vezes por semana. Esteve lá no dia 16 de janeiro, o domingo após a prova de ciência política de Anneliese. O demônio ficou desperto o suficiente durante algum tempo para rosnar diante das preces em latim e das perguntas em chinês do padre. Mas quando ele, Judas, o traidor, foi acusado de ser responsável pela incapacidade de Anneliese em receber a comunhão, ficou em silêncio. Inúmeras orações em grupo depois, ele comentou, um tanto fora de contexto: "Vai demorar um pouco até partirmos". Isso foi tudo que disse. A sessão do dia 19 de janeiro foi ainda mais desanimadora. O demônio gritou e rosnou um pouco, cuspiu um insulto aqui e ali, então ficou sonolento. Como se estivesse cansado demais para ser incomodado, fazia uma aparição só porque o padre insistia em bater à porta. No dia 23 de janeiro, confessou que talvez fosse Lúcifer e disse que odiava o fato de Anneliese continuar copiando os manuscritos de Barbara Weigand. Ela deveria estar estudando. Os livros deveriam ser banidos, banidos. No dia 26 de janeiro, repetiu a previsão sobre partir quando "rachar", mas quando o padre Renz insistiu que ele deveria revelar a data e *veritatem*, falar a verdade, ele sibilou em resposta, "*Veritatem, veritatem*, que merda de palavra", rosnou mais algumas vezes e rastejou de volta para seu covil.

Foi em um intervalo durante a sessão igualmente desanimadora no dia 1 de fevereiro que o padre Renz gravou a extensa conversa com Anneliese já mencionada diversas vezes. Em uma carta escrita para mim no dia 9 de outubro de 1978, ele declarou:

> Como estou feliz por ter feito essa gravação. Mais cedo eu ficara sabendo que tinham acontecido alguns eventos ao longo da semana anterior. Levei comigo meu segundo gravador para que pudesse gravar separadamente. Durante o intervalo (depois de mais ou menos duas horas de exorcismo) os outros saíram do cômodo e Anneliese e eu permanecemos lá porque eu esperava que ela pudesse me contar algo a esse respeito. Ficamos lado a lado junto à mesa. Quando ela começou a falar, apertei o botão de gravar (ela me viu fazendo isso) e então não deu mais nenhuma atenção ao aparelho.

Após os comentários introdutórios, citados anteriormente, sobre o pavor abjeto que a tinha dominado durante a semana anterior à conversa e como ele a tinha feito pensar nos tremores de morte sentidos pelo Salvador no Monte das Oliveiras — deve ter sido assim, só que muito pior — ela continua:

> "Outro problema que tive durante toda a semana é que não tive permissão para comer, ou que consegui comer só um pouco. Um dia não consegui comer nada...".
>
> "Como soube disso?" [O padre Renz pergunta.]
>
> "Eu sinto. Posso estar com uma fome tremenda, e então tem uma barreira ali, é como uma compulsão, e não tenho permissão... O que também aconteceu foi que não pude colocar

luvas, nem uma touca, e estava frio lá fora. Não teria sido tão ruim assim, mas quando o tempo fica tão frio como na semana passada, eu com certeza fico tremendo toda. E durante a noite não pude me cobrir direito."

"E ele também exigiu outras coisas, não foi?"

"O pior de tudo foi que tive que me despir por completo, embora tenha ficado assim durante só uma hora ou uma hora e meia. E aquela terrível compulsão de que tinha que procurar Anna [Lippert] naquela mesma hora. 'Você tem que fazer isso agora', com urgência — o senhor não pode imaginar como foi, padre. Não consigo explicar como foi. De repente, sumiu. A pressão — você tem que sair agora — sumiu de repente. Eu implorei: Senhor, meu Salvador, não consigo fazer isso, e Senhor, isso não é possível. Não foi de nenhuma ajuda. Descobri que posso bombardear os céus com todas as orações que conseguir. Eles são surdos."

"Talvez você estivesse pensando no que ele disse, que ele vai atormentar aqueles que estão cotados a assumirem lugares no céu."

"Não sei se estava — Ah, padre, nunca pensei que fosse ser tão cruel assim. Sempre pensei que iria querer sofrer por outras pessoas para que elas não fossem para o inferno e tudo o mais, menos que as coisas poderiam ser tão ruins e tão cruéis e tão terríveis. As pessoas pensam em sofrimento, que é uma questão fácil, mas quando as coisas ficam horríveis de verdade, daí você não quer continuar, não quer dar mais nenhum passo à frente."

O padre Renz fala sobre sofrimento, então pergunta sobre seu problema com a comunhão.

"Estou me sentindo muito bem agora, mas quanto à comunhão, estou tentando ir, tento me levantar, mas é simplesmente impossível. Padre Arnold, é muito difícil imaginar como é. Como é possível que eles consigam forçar alguém desse jeito? Você não tem nenhum poder sobre si mesmo. Não entendo nem um pouco como algo assim é possível."

"Sentir que está completamente entregue ao poder do mal?"

"Sim, algo assim."

"Mas pense numa coisa, agora ele só tem poder sobre seu corpo. É quando o maligno tem poder sobre a alma de alguém que as coisas ficam bastante ruins. Você não consegue fazer nada contra ele, é obrigada, então não arca com nenhuma responsabilidade..."

"Eu não fazia ideia de que estava condenada. Não, eu não achava que estivesse; isso teria sido ainda pior...

"Na noite de terça-feira, por volta das 21h, eu quis ir para a cama, e então senti aquilo se aproximando. De repente, tive que bater a cabeça na parede, algo que já tinha acontecido antes. Tive que deitar no chão e apertar o rosto contra ele até não conseguir mais respirar. E ai de mim se não tivesse feito isso desse jeito, até não conseguir respirar. Depois tive que fazer tudo de novo com tanta frequência que quase sufoquei. E então tive aquela sensação de pavor abjeto. Depois que diminuiu, eu quis ir para a cama, mas recebi a ordem de me despir. Qual pode ser o significado disso? Eu não ouço nada, simplesmente me dou conta do que tenho que fazer. É uma verdadeira compulsão. Não sei explicar como uma coisa assim é possível. Até estar completamente despida. E então a coisa começou de novo e tive que ir [para o quarto de Anna]."

"Você foi capaz de oferecer alguma resistência?"

"Eu com certeza tentei me controlar, mas teria sido forçada a fazê-lo, só que de repente tudo desapareceu. Até o pavor gélido desapareceu. Tive permissão para colocar minhas roupas, mas apenas a camisa e a calcinha, e tive que dormir assim. Tive permissão para usar a manta, mas não o cobertor grosso que também tenho na cama. Passei muito frio naquela noite. Mas, ainda assim, poderia ter sido pior."

"Você conseguiu dormir um pouco?"

"Sim, embora tenha tido um sono inquieto e permanecido meio acordada. Mesmo assim consegui dormir um pouco. Cheguei a pensar que as coisas iriam recomeçar e que eu não iria conseguir pregar os olhos nem por um minuto. Assim como pensei que realmente iria ter que sair [nua]. Durante o verão também pensei que uma coisa dessas não era possível, que ninguém poderia exigir que eu fizesse isso, que me despisse e aparecesse nua diante das pessoas, mas foi assim. E então pensei que iria ser assim de novo. E de repente toda a pressão voltou a desaparecer."

"Então você sente que não consegue se defender?"

"Não — eu chego a me defender, mas não adianta nada. Não serve de nada."

"Mais alguém te dá ordens?"

"Sim, isso é bem verdade, outra pessoa me dá ordens. E deve ser alguém lá de baixo. Mas o estranho é que tenho que fazer isso e aquilo, tenho que me despir, fico ciente disso, e também ouço um pouquinho, e então sempre penso que deve ser o Salvador. Ele se disfarça assim; é bastante curioso."

"O Salvador não faria tal coisa."

"Bem, é isso que não entendo. Por exemplo, a semana toda fiquei com os calcanhares machucados e mesmo assim fui obrigada a colocar os mesmos sapatos e andar com eles. Ontem tive permissão para trocar para estes aqui. E essa coisa se apresenta como se fosse o Salvador. Enfim. Não importa se é o Salvador ou o outro, tenho que fazer o que mandam. Não consigo resistir. Eu tento, mas não adianta nada. Quanto mais eu resisto e luto contra isso e me recuso a obedecer, pior fica."

"Então você acha que é o Salvador?"

"É justamente nisso que não acredito. Mas a voz que me diz o que fazer não é má, não é assustadora, nem um pouco."

"É sabido que os demônios podem assumir as vozes dos anjos e, portanto, também a d'Ele, claro."

"De repente ouço alguém se dirigindo a mim: Agora preste atenção, Anneliese, faça isso agora, algo assim. Você tem que calçar aqueles sapatos, é assim que ouço as ordens. Não as ouço expressadas em tantos detalhes. [É bem diferente de quando] me ofereci para realizar um sacrifício voluntário, digamos, quando bebi só leite ou comi pão seco. Nesse caso não houve nenhuma pressão. Fui capaz de fazer uma escolha livre."

O padre Renz lhe faz um breve sermão sobre a natureza do Salvador, dos anjos da guarda e de outros, dizendo que eles não obrigariam ninguém a fazer nada. Apenas o maligno faz uso da força. Ele comenta que ela não arrancou o terço do pescoço enquanto essas coisas aconteciam.

"Sim, eu estava com ele no pescoço. O senhor está certo, nem pensei nisso.

"Sabe, padre Arnold, nunca pensei que algo assim sequer era possível. Desde o verão passado eu sei como é. Soube mesmo antes disso. Durante o *Abitur* senti essas coisas com a mesma intensidade. Embora na época fosse um pouco diferente, esse pavor terrível já estava presente."

O padre Renz sugere que era provável que houvesse outras pessoas que também viviam com medo, medo do futuro, ou jovens que não tinham encontrado o caminho até Deus e Cristo, embora não soubesse disso com base nas próprias experiências. Ele então pergunta o que aconteceu na escola na quarta-feira.

"Peter estava lá na quarta. Eu até consegui almoçar e jantar também. Foi na quinta que não tive permissão de comer nada. Na sexta estava tão fraca que não consegui ir para a aula de canto. O senhor não faz ideia de como eu estava fraca, padre. Eu me levantei, então tudo começou a girar e quase não consegui abrir a janela. Então vomitei — bílis. Depois disso tive permissão de beber um pouco de leite. Só fiquei ali agachada. Como se estivesse me recuperando de uma doença grave."

"Você teve permissão de comer na sexta-feira?"

"Sim, voltei para casa na sexta. Desde que cheguei tive permissão de comer quase tudo. Ontem não tive permissão de comer pepinos. Mas pelo menos consegui comer dois sanduíches de frios. Sério, padre, nunca pensei que dependia tanto de comida. Só agora percebi como é terrível quando não se pode comer."

"Como foi isso, quando você não pôde comer pepinos? Foi uma compulsão ou um convite à renúncia?"

"Nesse caso foi uma compulsão. Foi fascinante. Eu tinha ficado ciente de que não iria ter permissão de comer aquilo. Mamãe ou papai tinha cortado duas rodelas de pepino para eu comer, mas não as comi porque percebi que não deveria. Estendi a mão para elas, mas — não. Não soube o que fazer quanto a isso. Não queria dá-las ao papai. Eu tinha lhe dito mais cedo que não tinha tido permissão para comer e também que tinha sentido muito frio, embora não lhe tenha contado tudo. Ele teria me dado uma bronca se eu tivesse lhe devolvido as rodelas de pepino. Ele me dá broncas. Eu tenho que comer. Afinal de contas, não sou nem um pouco gorda. Algum tempo depois tive permissão de comê-las. Às vezes acontece de eu não poder fazer alguma coisa e depois receber permissão para fazê-la. Isso acontece de um jeito um tanto arbitrário."

E quanto às orações, o padre quer saber.

"Tenho que rezar muito. Há uma enorme contradição aqui. Rezo voluntariamente e ainda assim existe uma pressão por trás disso."

Após alguns comentários sobre os horrores do inferno, citados anteriormente, ela continua.

"As coisas também foram assim nesse último verão. Às vezes eu ficava sem conseguir rezar durante vários dias. Por outro lado, tinha que me ajoelhar durante horas e rezar um terço depois do outro até a meia-noite ou 1h, e papai rezava comigo. Eu era obrigada a fazer isso. Era assustador. Eu sentia um medo abismal, ninguém é capaz de imaginar isso... Esse medo pode ter tido alguma relação com o fato de eu não querer ter nenhuma ligação [com coisas sagradas]."
"Tampouco com a imagem do Salvador?"
"Exato. Porque eu conectava essas coisas, porque Ele permitia que essas coisas se tornassem muito cruéis."

O padre Renz a lembra de como alguns dias antes ele tinha mostrado a imagem do Salvador para o demônio dentro dela e como o demônio a tinha obrigado a se dobrar de lá para cá na tentativa de evitar olhar para a imagem. Talvez houvesse algo do demônio dentro dela quando se sentia assim tão negativa. Anneliese continua cética. "Mas o Salvador deixou que isso acontecesse", diz. E quando um outro pensamento lhe ocorre, acrescenta: "Depois as coisas ficam diferentes de novo".

É um documento extraordinário, essa conversa. Já seria extraordinário se tudo o que Anneliese fizesse fosse insistir na diferença entre renúncia voluntária e a compulsão que estava sentindo; ou na relação entre a própria experiência pulsante e vibrante e as tradições que aprendeu sobre a vida de seu Salvador. Mas é mais do que isso. Ela insiste na própria autonomia, na jovem dignidade quando, pela primeira e única vez, nos revela um vislumbre de sua revolta, seu questionamento sobre por que o Salvador — seu bondoso irmão mais velho — permitia que todas aquelas coisas cruéis acontecessem a ela. E ao longo desse confronto amigável e quase casual ela consegue colocar o viço do imediatismo na túnica puída de uma fé antiga.

Essa conversa aconteceu no primeiro dia de fevereiro. Em meados do mês, a Mãe de Deus e o Salvador tinham parado de ditar revelações e o demônio também estava recuando depressa. O padre Renz rezou o exorcismo para Anneliese muitas vezes, mas o demônio só reagiu no início de março, enclausurado em sua fortaleza cada vez mais impenetrável. Durante as sessões de exorcismo, em meados de fevereiro, ele permaneceu tão calado que em determinado momento o padre Renz disse: "Tudo bem, fique em silêncio se não tem nada a dizer". O demônio aparece para lamentar, "Estamos condenados... argh", e então digna-se a dar uma mensagem a Anna Michel: "Sua mãe, ela está lá em cima agora", e ouvimos Anna chorando ao fundo. Ele rosna e grita em um de seus interlúdios, então berra: "Seus merdas, deveriam ser todos exterminados".

"Quem?"

"Vocês aí, vocês agachados aí." Ele diz que sabe quando irá partir. Será quando a Glorificada Senhora e Ele permitirem. Quando pressionado a dar mais informações, os gritos sobem às alturas. Depois de um diálogo fragmentado sobre catequistas e bispos — que não leva a lugar nenhum — ele recua, rosnando e gritando, para dentro dos próprios recessos inacessíveis.

Camada a camada, a barreira ao redor do demônio engrossa. No dia 20 de fevereiro há outro apelo doloroso: "Queremos partir, partir, partir, partir", com gritos arrebatadores que se prolongam como se saíssem do fundo de um poço ecoante. "Você quer sair de Anneliese ou do inferno?", pergunta o padre Renz. "Dos dois", é a resposta enrouquecida. Ele se contorce em um paroxismo de gritos de dar dó, terminando em *"Wir wollen raus o — oh, o — oh —* Queremos partir", tremendo no "A" de *raus* e se transformando em gemidos nos dois "o – oh".

No dia 23 de fevereiro, o demônio tinha mergulhado ainda mais fundo. Pela centésima vez, o padre Renz indaga sobre a data de partida. Vai ser nesta semana? Na semana que vem? Em um mês? Do fundo, Josef Michel pergunta esperançoso: "A tempo para o Carnaval?". Tudo o que recebem é um emburrado: "Não tenho que dizer nada".

Na fita seguinte, o fim do exorcismo de 23 de fevereiro se funde aos poucos gritos da sessão de 27 de fevereiro, alguns deles tão longos que parecem estar serpenteando pelas paredes de um desfiladeiro. O padre Renz tenta normalizar as coisas ao insultar os demônios. "Hereges, degenerados, ímpios, quanto tempo vai demorar para serem expulsos?" Sem receber nenhuma resposta, o padre lê o segundo capítulo do Evangelho segundo Lucas. O demônio solta alguns rosnados e gritos para acompanhar, dizendo, "O que você está lendo é uma bela merda", e depois de mais um grito cai em silêncio. As garotas, em perfeita harmonia, começam, *"Maria zu lieben..."*. Somos lembrados de um registro de outubro no diário de Anneliese, onde o Salvador diz que sua mãe gostava do modo como elas cantavam. "Tão poucos ainda fazem isso." Elas passam para *"Salve, salve, Regina..."*, que soa como um adeus.

No dia 29 de fevereiro, a fita contém um único grito e um rosnado contra o pano de fundo da oração em grupo, então há silêncio, e a voz do padre Renz surge falando: "Hoje *ele* não teve nada em absoluto a dizer".

Felicitas D.Goodman
POSSESSÃO

Capitulum 7
Últimos Meses

Na Quarta-Feira de Cinzas, 3 de março, Anneliese foi a Würzburg com a intenção de voltar para casa no fim de semana. Mas isso se mostrou impossível. Quando tentou embarcar no trem, ficou imobilizada e precisou voltar para o dormitório. Naquela tarde, Elisabeth Kleinhenz foi ao seu quarto para perguntar a respeito de alguns assuntos escolares e a encontrou agachada no chão em uma posição contraída, vestindo apenas camisa e calcinha. Sem saber o que fazer para ajudá-la, Elisabeth correu até o quarto de Mechthild Scheuering para pedir ajuda. Quando as duas voltaram para o quarto de Anneliese e lhe perguntaram qual era o problema, ela respondeu que deveriam deixá-la sozinha, que não era nada sério e que logo iria melhorar. As garotas acharam que era algo relacionado a cólicas menstruais. Elas a tiraram do chão, a colocaram na cama e a cobriram. Então saíram e telefonaram aos pais dela para perguntar se deveriam chamar um médico que pudesse examinar Anneliese. Foram informadas que os próprios Michel iriam mandar um médico para vê-la. As garotas aguardaram, mas quando nenhum médico apareceu voltaram a telefonar. Receberam a mesma resposta, então algum tempo depois desistiram, já que Anneliese parecia estar se sentindo melhor àquela altura.

Quando, algumas horas depois, Anneliese tentou telefonar para os pais, "não teve permissão" de pegar o telefone. Peter, que tinha ido visitá-la, fez isso por ela. Seus pais decidiram ir até lá para vê-la, levando Roswitha com eles. Também convidaram o padre Renz para que ele pudesse rezar o exorcismo para ela. "Encontrei Anneliese na cama em seu quarto", declarou ao promotor público, "aparentemente inconsciente.

Ela não demonstrou nenhuma reação ao exorcismo. Sua única resposta foi um sorriso fraco, e não abriu os olhos." Na fita ele diz: "Sete de março. Hoje *ele* não teve nada em absoluto a dizer".

Roswitha ficou em Würzburg para cuidar de Anneliese, auxiliada por Elisabeth Kleinhenz e Mechthild Scheuering. Anna Lippert também aparecia por lá, para vê-la quando estava de cama e para ligar para o padre Renz com pedidos de orações de exorcismo. Ele sempre atendia a esses pedidos em sua casa em Schippach. Anneliese disse que podia perceber quando ele rezava e que isso a fazia se sentir melhor. Foi por volta dessa época que contou a Roswitha que tinha entreouvido os demônios discutindo entre si. Àquela altura os rostos abomináveis, as carrancas, tinham esmaecido e desaparecido. Ela também mencionou isso para o padre Alt, que foi vê-la assim como tinha feito antes em fevereiro.

Logo, contudo, ela estava de volta à ativa. Retomou a pesquisa de sua tese e no dia 9 de março foi se consultar com o dr. Wolfert, o clínico-geral do dormitório. Ela lhe fez uma breve descrição de seu histórico neurológico e ele renovou sua receita para Tegretol. "Ela parecia um tanto exausta", escreveu o dr. Wolfert para o promotor público no dia 9 de fevereiro de 1977, "mas passou uma impressão psicológica normal." Ela não lhe contou sobre a possessão, claro. Tampouco mencionou o que tinha contado a Peter, a saber, que embora seus pés estivessem curados, ela sentia uma dor contínua onde estiveram os estigmas. Também percebia os estigmas nas mãos na forma de uma dor no centro das palmas, às vezes mais forte, depois voltando a enfraquecer. Comia muito, para a surpresa de Peter, quase sempre repetindo os pratos. "Por quê?", ele lhe perguntou. Ela pareceu um pouco culpada. "Sei que estamos no tempo da Quaresma, e que eu deveria estar comendo menos. Mas tenho a impressão de que preciso, ainda que não saiba por quê." Em seguida acrescentou, sorrindo um pouco: "Mas recuso algumas comidas que gosto muito para compensar".

Em casa em Klingenberg, as férias de Gertrud estavam chegando ao fim. No dia 1 de abril ela voltou a Fatima sem ter voltado a ver Anneliese, que ainda não era capaz de fazer a viagem de volta ao lar. Ela até chegara a tentar ir de ônibus, sem sorte, sempre ficando toda dura e incapaz de se mexer. Ela viu, no entanto, Thea Hein, que confirmou o fato sob juramento diante do promotor público. Os Hein estiveram presentes em poucas sessões de exorcismo no ano novo, a princípio porque Thea Hein tinha voltado a levar peregrinos a San Damiano e, mais tarde, porque o marido adoeceu. Thea Hein não foi capaz de informar a data da visita de Anneliese, mas se lembrava de que era um dia quente de primavera porque as duas estavam usando vestidos de mangas curtas. De acordo com Thea Hein, Anneliese lhe telefonou de Sulzbach, para onde tinha ido de trem, por volta do meio-dia e Thea Hein foi lá para buscá-la. Foi apenas quando chegaram na casa dos Hein que Anneliese revelou o motivo de sua visita. Ela queria que Thea Hein prometesse não sugerir aos seus pais ou a qualquer outra pessoa que arrumassem um médico para examiná-la e que ela deveria contar a Anneliese se algo assim estivesse para acontecer. "Ela me implorou de joelhos", insistiu Thea Hein.

> Eu lhe prometi e ela ficou satisfeita. Conversamos a respeito de outras coisas, como sua vida cotidiana e a escola. Eu lhe preparei algo para comer e beber e a levei de carro de volta à estação ferroviária em Sulzbach. Estávamos quase chegando quando ela disse: "Preste atenção, Thea, a qualquer momento você vai sentir o cheiro forte de alguma coisa queimando". E foi o que de fato aconteceu naquele exato momento. Parei o carro porque não conseguimos aguentar o fedor. Tive que abrir todas as portas do meu Opel-Caravan. Esperamos uns dez minutos, depois seguimos para a estação.

Quando o padre Alt foi vê-la nessa mesma época, ela lhe contou que maio e junho iriam ser muito ruins, mas que em julho haveria a resolução. "Vamos esperar para ver", ele disse, mas se questionou como ela poderia ter tanta certeza. Mas a mudança para pior aconteceu muito antes do que ela previra. Na noite de 13 de abril, a terça-feira da semana de Páscoa, ela se sentiu compelida a ir à capela do dormitório, para se ajoelhar no chão e ficar lá até a manhã seguinte. Tentou se levantar diversas vezes, mas apenas voltava a cair de joelhos com tanta força que a pele se cortou. Tentou ligar para os pais de um telefone público no lado de fora do dormitório na manhã seguinte, mas não conseguiu levantar o fone: Seu braço não queria obedecer. Peter aconteceu de estar passando por lá e a viu. No caminho de volta para seu quarto, ela lhe contou o que tinha acontecido.

Com a premonição que afirmava que outra provação estava próxima, ela foi ver o dr. Veth naquele mesmo dia para conversar com ele sobre sua tese. De acordo com sua explicação ao investigador criminal:

> Minha impressão foi que a senhorita Michel tinha se dedicado ao trabalho com muita diligência e envolvimento pessoal. Com base em suas declarações críticas a respeito de algumas das publicações referentes ao tópico, tive a impressão de que ela possuía uma habilidade lúcida para analisar os dados e que, sem dúvida, estava determinada a concluir a terceira parte da tese o quanto antes... No que se refere à sua condição psicológica e física durante essa entrevista, não percebi absolutamente nada com que devesse me preocupar.

A quinta-feira antes da Páscoa não foi ruim. Quase todos tinham voltado para suas casas para passarem o feriado de Páscoa e o dormitório estava tranquilo. Apenas Mechthild permaneceu no quinto andar. Por volta das 20h, Anneliese atravessou a rua até a igreja Unsere Liebe Frau para rezar. Conforme o que contou a Peter no dia seguinte, ela mal tinha se ajoelhado quando foi envolvida por um medo esmagador que se intensificou até se transformar em um pânico mortal. Ao mesmo tempo sentiu um peso esmagador pressionando-a contra o banco. Começou a suar tão profusamente que em pouco tempo suas roupas ficaram ensopadas. As veias se destacaram de modo grosseiro em suas mãos e, olhando para elas, temeu que fossem explodir e que fosse começar a exsudar sangue. "A agonia da morte do Senhor", pensou. "Estou vivenciando a agonia da morte do Salvador." Continuou a rezar, o tempo todo sentindo as dores dos estigmas. Já passava da meia-noite quando esse estado ficou mais brando e ela conseguiu voltar para seu quarto. Uma vez lá, algo a derrubou e ela passou o resto da noite no chão, incapaz de dormir. Foi assim que Mechthild a encontrou na manhã seguinte quando entrou no quarto para perguntar onde Anneliese estivera na noite passada. Ela a ajudou a se levantar e tentou conversar com ela, mas Anneliese apenas sorriu e falou pouco, como se quisesse conversar, mas não conseguisse. Ao meio-dia, Mechthild voltou para que pudessem ir almoçar juntas, mas encontrou Anneliese diante de seu pequeno altar, rezando. Então voltou a sair em silêncio. Quando voltou duas horas depois, Anneliese ainda estava parada no mesmo lugar, na mesma posição, e não respondeu às suas perguntas. Mechthild desistiu. Às 15h ela foi até a igreja Unsere Liebe Frau para a missa da Sexta-Feira Santa. De onde estava, pôde ver que em torno de dez minutos depois Anneliese também entrou na igreja, arrastando os pés de um jeito estranho. Permaneceu parada em posição de oração após o fim da missa. Quando Mechthild foi até ela e lhe perguntou se não gostaria de caminhar de volta ao dormitório com ela, Anneliese não reagiu de modo algum. Então voltou sozinha, retornando por volta das 18h30 para ver se Anneliese estava bem. Encontrou-a parada na mesma posição, as mãos agarrando o livro de orações, os olhos fechados, sem responder as perguntas de Mechthild. Ficou bastante preocupada e saiu para buscar ajuda.

Na frente do Schönborn-Gymnasium, perto do dormitório, se deparou com Peter, que tinha acabado de voltar a Würzburg, e lhe contou o que estava acontecendo. Peter encontrou Anneliese parada no corredor. O rosto dela estava completamente rígido e ela não respondeu a nenhuma das perguntas de Peter. Ele começou a observar seus olhos. Durante o verão, quando ela ficara imóvel daquela mesma forma, eles tinham concordado que, se isso voltasse a acontecer, ela iria falar com ele através de seus olhos. Essa era uma parte do corpo sobre a qual ela mantinha controle. Com base em um pequeno movimento de suas pálpebras, ele soube que ela, de fato, entendia o que ele estava dizendo, mas que simplesmente não tinha forças para responder. Portanto, ele lhe disse que já que ela não conseguia se mexer, ele iria ficar e rezar por ela. Ele se ajoelhou e, pouquíssimo tempo depois, ouviu um barulho de estalos como se todos os membros dela tivessem sido libertados da rigidez ao mesmo tempo. Alguns instantes depois, Anneliese foi até ele e lhe disse que podiam ir embora. À direita da porta dos fundos dessa igreja havia uma pequena capela lateral, iluminada apenas na Páscoa, que continha um quadro que retratava o lamento de Cristo. Ela quis vê-lo, então Peter concordou e eles se dirigiram para lá para uma breve oração. Mas quando Peter estava pronto para ir embora, Anneliese estava mais uma vez paralisada. Já passavam das 20h quando conseguiu voltar a se mexer. No caminho de casa, ela lhe contou o que tinha acontecido na quinta--feira e que agora era capaz de imaginar o que Jesus sofreu durante os últimos dias de Sua vida. Assim que chegaram em seu quarto, começou a tremer de maneira incontrolável, se deitou na cama e outra vez ficou imobilizada e incapaz de falar.

Mechthild a viu no dia seguinte. Àquela altura ela estava bem, e os três, ou seja, ela, Anneliese e Peter, almoçaram juntos. Anneliese conseguiu falar, mas parecia apática e exausta. Mechthild partiu naquela tarde para passar as férias em casa, mas Anneliese insistiu com Peter que ainda não se sentia capaz de retornar. De volta em seu quarto, ficou imobilizada outra vez e precisou ser colocada na cama. Peter telefonou para Klingenberg e pediu que Roswitha fosse para lá ajudar a cuidar da irmã. Roswitha chegou no dia 19 de abril e assumiu o controle da situação com seu jeito gentil, mas ainda assim energético. Limpava o quarto, dava comida na boca de Anneliese e, visto que a encontrou tão fraca, também a levava ao banheiro. Até contava algumas piadas; ficava feliz ao ver a irmã sorrir. Durante grande parte do tempo, contudo, Anneliese ficava deitada na cama e às vezes gemia. Peter ficou e também ajudou. Ele e Roswitha conversaram sobre a situação diversas vezes, concordando que seria muito mais fácil levar Anneliese para casa e cuidar dela lá. Mas quando tentavam tirá-la da cama e vesti-la, todo seu corpo ficava rígido e seus membros se contorciam de um modo grotesco, então desistiram de tentar.

Alguns dias mais tarde, Roswitha encontrou Ursula Kuzay na pequena cozinha enquanto esquentava um pouco de sopa para Anneliese. Ursula já a conhecia e perguntou onde Anneliese estava.

"No quarto dela, de cama. Ela não está se sentindo muito bem", respondeu Roswitha. Então Ursula a acompanhou para desejar melhoras a Anneliese. É fácil compreender seu alarme: Em vez de uma amiga com um resfriado ou uma dor de cabeça debilitante, ela viu uma estranha deitada imóvel, com os braços cruzados sobre o peito, como um cadáver, indiferente às suas perguntas e tentativas de iniciar uma conversa. "Será que não deveríamos chamar o dr. Wolfert?", perguntou a Roswitha. Mas Roswitha disse que ela mesma iria chamar um médico se necessário e, além do mais, um médico não conseguiria ajudar Anneliese. Ela tivera algo assim antes e iria se recuperar sozinha em pouco tempo. Maria Burdich não ficou menos surpresa. Ela havia ido ao quarto de Anneliese sem saber que havia algo errado com sua amiga. Viu Roswitha dando a ela purê de maçã. Anneliese estava deitada de costas na cama, os olhos fechados, abrindo a boca com movimentos mecânicos e engolindo sem que parecesse saber o que estava fazendo.

"O que está acontecendo?", perguntou Maria.

"Nada, na verdade. Anneliese só está um pouquinho fora de si de novo", respondeu Roswitha com um dar de ombros. Então se voltou para Anneliese e lhe perguntou se queria mais purê de maçã. Ela poderia estar falando com uma porta.

Maria se aproximou da cama. "Anneliese, você quer que eu faça alguma coisa? Chame alguém? Qualquer coisa?" Não recebeu nenhuma resposta.

"Talvez Anneliese devesse descansar agora", Roswitha disse. Maria percebeu que não eram bem-vinda, então foi embora. Quando voltou a visitá-la alguns dias depois, Anneliese ainda estava de cama, ainda na mesma posição. Estava quase indo embora quando Anna Lippert chegou.

"Temos que chamar um médico depressa", Maria lhe disse. Anna Lippert concordou e prometeu chamá-lo imediatamente. Na verdade, ela lhe contou quando saíram para o corredor que já tinha telefonado para um médico, um homem de Ochsenfurt, mas ele ainda não tinha chegado. Enquanto isso, Elisabeth Kleinhenz também tinha conversado com Karin Gora, então àquela altura todas do círculo de amigas de Anneliese tinham sido alertadas. Karin chegou no quarto de Anneliese enquanto Elisabeth e Mechthild também estavam presentes. Tentou falar com Anneliese, lhe perguntou qual era o problema. Anneliese não reagiu. Elisabeth se aproximou de Anneliese e acariciou sua mão. Anneliese começou a rir de um jeito estranho. Ela ria, parava, e então ria de novo, várias vezes. Ao se virar para Mechthild e Karin, Elisabeth disse: "Acredito que ela sofre de problemas circulatórios e que já ficou em um estado parecido antes".

Roswitha não fez nenhum comentário. Quando Karin sugeriu que chamassem um médico, Roswitha disse: "Anneliese não quer um médico. Além do mais, esses ataques sempre passam depois de pouco tempo".

Obviamente nenhuma das garotas tinha sido informada sobre o segredo da possessão e do exorcismo. Na verdade, apenas Anna Lippert tinha conhecimento. Peter a considerava dedicada à religião o suficiente para que pudesse ficar por dentro do segredo. Ele a alertou que o bispo de Würzburg tinha ordenado o mais rigoroso sigilo sobre a questão.

Fiel, ela cooperou com Roswitha para evitar que o segredo de Anneliese se tornasse de conhecimento das colegas, ajudou a cuidar dela e manteve contato com o padre Renz. Infelizmente, esteve em casa com os pais durante alguns dias de abril. Quando voltou, no começo da última semana do mês, descobriu que Anneliese tinha começado a recusar comida e às vezes gemia por horas a fio. Ficou claro que, dada a condição na qual Anneliese agora se encontrava, ela não seria capaz de concluir a terceira parte de sua tese, cujo prazo terminava em 5 de maio. Então ela recrutou Elisabeth Kleinhenz e as duas foram ver o dr. Veth. Ele lhes disse que uma prorrogação só poderia ser concedida pelo presidente do comitê de avaliações, o dr. Schröder, com base em um atestado médico. Qual era o problema com a senhorita Michel? As garotas lhe explicaram que ela ficava inconsciente na maior parte do tempo e não respondia a nenhuma pergunta. Elas achavam que ele deveria ir vê-la? As garotas disseram que não, a irmã dela estava com ela. Que tal consultar um médico? Ao que parecia sua colega não queria fazer isso.

Durante a noite de 30 de abril, Anneliese começou a gritar alto e sem parar. Às 2h, Roswitha foi pedir ajuda a Anna Lippert. Anna tinha ouvido Anneliese gritar antes, mas tinha sido de modo intermitente, geralmente quando também contorcia o corpo como se estivesse sentindo muita dor. Mas aquilo era preocupante. Sobretudo, as duas garotas estavam apreensivas que outros residentes do dormitório fossem alertados. Então Anna foi até o telefone público e telefonou para o padre Renz, lhe pedindo que rezasse um exorcismo. Quando voltou para o quarto de Anneliese, ela já tinha se acalmado, mas algumas das outras garotas tinham acordado e estavam fazendo perguntas.

"Você chamou um médico?"

"Vou fazer isso agora mesmo", respondeu Anna. Ela de fato saiu para fazer outro telefonema, só que para o padre Alt em Ettleben. Ele prometeu ir até lá logo de manhãzinha.

Na manhã seguinte — 1 de maio — Peter chegou e subiu para ver Anneliese. Enquanto a olhava, seu corpo rígido relaxou, ela se esticou um pouco e se sentou na cama, conversando com Peter de maneira pragmática. Mais tarde, os três — Peter, Roswitha e Anneliese — tomaram café da manhã juntos e Anneliese até chegou a ir à pequena cozinha e conversou com outra garota como se nada em absoluto tivesse acontecido.

O padre Alt chegou depois do café. Encontrou Anneliese sentada em cima da mesa balançando as pernas, bebendo Kaba (uma bebida achocolatada), comendo bolo e com uma aparência alegre e relaxada.

"Sabe", ela lhe disse mais tarde, "se as pessoas tivessem me visto ontem à noite, teriam pensado que eu tinha perdido o juízo."

"Certo", disse ele, "e se eu não fosse padre, teria pensado o mesmo."

Dadas as circunstâncias, ele sugeriu que era melhor informar o dr. Veth sobre o que, de fato, estava acontecendo — que aquele era um caso de possessão sendo tratado com exorcismo. Dado o envolvimento oficial do bispo Stangl, que também era o superior do dr. Veth, este último concluiu que não havia nenhuma necessidade de se envolver no caso. Chegou a perguntar se Anneliese estava recebendo cuidados médicos. O padre Alt resumiu brevemente tudo o que tinha sido feito antes em relação a isso.

Ao conferenciar com os jovens mais tarde, o padre Alt deixou claro que achava imprudente Anneliese permanecer mais tempo no dormitório. E se acontecesse outro ataque como aquele que ela acabara de sofrer? Provavelmente seria impossível manter as coisas em segredo. Será que poderia ir a Ettleben?, Anneliese perguntou. Ela poderia trabalhar em sua tese lá, assim como se preparar para as provas, e então, se algo acontecesse, o padre Alt estaria por perto para recitar o exorcismo. O padre Alt concordou. Havia espaço suficiente na casa paroquial. Ele tinha uma governanta e poderia pedir ajuda para uma das idosas da vila se necessário. Roswitha colocou em uma mala apenas o essencial, e embora Anneliese tivesse ficado de cama por quase duas semanas, ela desceu os cinco lances de escada e andou até o carro de Peter sem a ajuda de ninguém. No caminho para Ettleben — a estrada serpenteava ao longo do rio Meno através de alguns vilarejos, por fim passando por Opferbaum e em seguida Werneck — Peter e Anneliese tiveram uma longa conversa. Ela repetiu o que também tinha contado ao padre Alt, que teria que sofrer até o mês de julho, após o qual tudo estaria terminado.

A governanta do padre Alt os aguardava com o almoço pronto. O clima estava bom naquele dia. Os campos ao redor de Ettleben apresentavam a coloração esverdeada do trigo de inverno. A velha macieira no pátio entre a igreja e a casa paroquial estava salpicada de alguns prematuros botões rosados. Portanto, depois da refeição, Peter sugeriu a Anneliese que saíssem para uma caminhada. Antes disso, contudo, Anneliese quis ver como estava a igreja recém-reformada. Assim que entraram na igreja, enquanto Peter ainda observava a pintura de São Miguel no teto, o rosto de Anneliese de repente endureceu e se transformou em uma carranca sinistra. Ela disse que teria que ficar e rezar até a missa da noite. Visto que isso seria dali a três horas, Peter tentou convencê-la a fazer a caminhada e então voltar mais tarde, mas não conseguiu fazer com que ela lhe desse ouvidos. Tentou levantá-la do banco, mas ela havia ficado tão pesada que ele não conseguiu movê--la. Então foi à casa paroquial para chamar o padre Alt. Voltaram juntos à igreja, onde o padre Alt rezou por ela. Sob o efeito da oração, Anneliese conseguiu se levantar e os três voltaram à casa paroquial. Mas assim que entrou em seu quarto, ela voltou à condição anterior.

As coisas pioraram durante os dias que se seguiram. Ela começou a grunhir por horas a fio, baixinho a princípio, depois cada vez mais alto. Recusava-se a comer, se deitava no chão, não conseguia dormir e seu corpo se contorcia e ficava imobilizado. Rangia os dentes e então gritava durante longos períodos. Roswitha foi chamada de Klingenberg para cuidar dela e o padre Alt pediu que uma idosa da vila fosse à casa paroquial. Ela dormia com Roswitha em um quarto e as duas se revezam cuidando de Anneliese. Certa vez, Roswitha desceu as escadas correndo até o padre Alt porque Anneliese tinha metade do corpo para fora da cama, a cabeça pendia na direção do chão e estava ofegante. Quando ele chegou, ela ficou apontando para a garganta. "Eles estão me estrangulando", disse em um sussurro rouco. Após horas de orações, o ataque por fim foi interrompido.

A eficácia de suas orações mostrou ao padre Alt que as coisas ainda poderiam mudar para melhor. Ele apontava para a macieira no pátio e dizia: "Assim como aquela árvore está florescendo agora, do mesmo modo tudo ficará bem para você". Infelizmente, uma semana depois de Anneliese ter chegado em Ettleben, Roswitha caiu e rompeu os ligamentos do pé. Teve que ser internada e ficou no hospital por três semanas. Nessas circunstâncias, sem ninguém disponível para cuidar de Anneliese o tempo todo, seus pais decidiram levá-la para casa. Eles chegaram no dia 9 de maio, junto de Peter e Barbara. Ao vê-los, Anneliese recuperou o controle durante um breve período. Não durou muito tempo.

Ela ficou imobilizada e tão pesada que os homens tiveram dificuldade em levá-la para o carro. Após a colocarem dentro do veículo, tiveram muito trabalho ao contê-la para que não causasse nenhum acidente.

Ao longo das semanas que lhe restavam de vida, Anneliese foi afligida por ondas de raiva e dor intercaladas por períodos de completa lucidez e racionalidade. Às vezes, gritava durante horas. Encontrava-se inquieta o tempo todo e dormia apenas uma ou duas horas por noite. Costumava ser incapaz de comer. Isso era entremeado por momentos em que falava, "Rápido, rápido, eu posso comer", e dizia exatamente o que queria — bananas, suco de frutas, leite. E causava a si mesma muita dor, esfregando o rosto na parede, batendo a cabeça contra algum objeto duro, chutando a armação da cama, golpeando o próprio rosto ou se mordendo. Para impedir que se machucasse em excesso, pediu que sua família a amarrasse à noite e, às vezes, também por algumas horas durante o dia. Mesmo contida, ela se mexia o tempo todo, jogando a cabeça de um lado a outro, mordendo o próprio braço ou pressionando o rosto contra o travesseiro até sufocar.

No dia seguinte ao retorno de Anneliese a Klingenberg, o padre Renz foi até lá, a pedido dela, para recomeçar o rito de exorcismo. Ele comenta sobre essa sessão na gravação:

> A data é 10 de maio. Mais uma vez em Klingenberg. Hoje *ele* não disse nada. Anneliese está no chão, virando o tempo todo e obrigando o corpo a descrever círculos. Mas ela não reage ao exorcismo. Ela ouve tudo, mas *ele* não diz nada. Ela se defende contra quem tenta contê-la ou contra quem tenta colocar as mãos nela. Sei que está implorando por ajuda e posso sentir que sua cabeça está queimando... Por favor, me traga um pouco de água... Sim...
> 12 de maio de 1976. Mais uma vez *ele* não disse nada e não há nada a relatar. Será que alguma coisa irá acontecer no dia 14 de maio?
> Hoje é 14 de maio... Hoje é 17 de maio...

Durante algumas das sessões de exorcismo, Anneliese teve que ser contida para que não pudesse machucar a si mesma ou outras pessoas com suas mordidas, chutes e socos. Isso costumava ser feito pelo pai e por Peter. Mas ela exercia tanta força que não podia ser completamente impedida de se mexer. Especificamente, ela caía de joelhos e voltava a se levantar depressa, em uma só sessão, de acordo com o padre Renz, por volta de seiscentas vezes em rápida sucessão, descansando apenas muito brevemente entre cada ação. Ou se segurava no batente da porta e se balançava para frente e para trás. Não soltava mais nenhum grito, guincho ou rosnado dos demônios, nem suas conhecidas obscenidades e comentários impregnados de humor macabro. Os novos demônios, cuja presença os antigos tinham alertado e cujos nomes não sabiam, tinham assumido o controle e se recusavam a falar.

O dr. Veth havia telefonado no começo do mês para lembrar a família de que Anneliese tinha perdido o prazo para entregar a terceira parte de sua tese. Uma prorrogação poderia ser concedida mesmo em uma data tão tardia, mas ela teria que apresentar um atestado médico. No dia 17 de maio, seu pai telefonou para o dr. Kehler. Ele sempre achara que Anneliese era tratada de maneira muito protetora pela família e, portanto, disse que iria emitir um atestado apenas se pudesse conversar com ela em pessoa. Eles concordaram que ele iria realizar um atendimento em domicílio no dia seguinte, mas Josef Michel lhe telefonou logo em seguida e cancelou a consulta. Anna Michel então ligou para o dr. Wolfert em Würzburg, mas ele os encaminhou de volta ao médico da família. O padre Alt, por fim, obteve o atestado com o clínico-geral de Ettleben (Werneck), que sabia que, quando estivera por lá, Anneliese tivera febre. Com base nesse atestado, seu prazo foi prorrogado. Mas até mesmo esse novo prazo estava se aproximando e, no dia 20 de maio, Peter e Roswitha disseram para Anneliese que não seriam capazes de datilografar a tese para ela caso não trabalhasse um pouco. Reagindo quase que de imediato, ela se sentiu completamente livre e desceu com Peter para a sala de estar. Ditou para ele um resumo de quatro páginas, indicando onde encontrar na literatura os respectivos trechos de cada item que tinha preparado anteriormente em Würzburg. Trabalharam durante mais ou menos cinco horas. Anneliese formulou suas ideias de modo tão preciso que no dia seguinte Peter e as garotas conseguiram datilografar o trabalho. Depois que terminou de ditar, Anneliese voltou à condição anterior. Assim que tudo foi datilografado, era preciso que ela assinasse o trabalho antes que pudesse ser enviado a Würzburg. Mas Anneliese estava incapaz de permanecer parada tempo suficiente para escrever. A família rezou o terço por ela, Anneliese em seguida conseguiu assinar e a tese foi enviada por correio no dia 28 de maio.

O dia 30 de maio caiu em um domingo. Nesse dia o padre Alt chegou com um visitante. Esse homem, o dr. Richard Roth, era um amigo seu de longa data. Ele tinha ouvido algumas das fitas do exorcismo de Anneliese e tinha ficado profundamente mexido com o conteúdo. Contou ao padre Alt que pela primeira vez em muito tempo se sentiu compelido a rezar de novo, que elas tinham mudado sua vida. Então agarrou com entusiasmo a oportunidade de ver Anneliese com os próprios olhos. O padre Alt, de sua parte, também teve segundas intenções ao levá-lo consigo. Estava bastante preocupado com a tremenda inquietação de Anneliese, com medo que ela fosse incapaz de suportar tamanho nível de agitação por muito mais tempo, que pudesse sofrer um ataque de nervos ou quebrar um braço ou uma perna. Achou que talvez seu amigo, que era médico, pudesse acalmá-la ao lhe administrar uma injeção de algum calmante.

Os relatos sobre essa visita são tão contraditórios que provavelmente nunca será possível descobrir o que de fato aconteceu. Até mesmo os motivos da visita são incertos. Pois embora o padre Alt estivesse atrás da ajuda médica que seu amigo poderia oferecer, o dr. Roth diz que estava interessado apenas no âmbito científico e não esteve presente na capacidade de médico. Estava, disse, interessado em definir em termos médicos o que era a "vida" e foi por essa razão que foi ver Anneliese. Ao ler seu artigo sobre o assunto, o qual tinha sido publicado anos antes e enviado ao Tribunal, é difícil ver a ligação.

O padre Alt saiu da casa dos Michel quando o dr. Roth estacionou o carro. Observou enquanto o amigo pegava algumas ampolas e uma seringa da bolsa preta e as colocava no bolso do paletó. Ele e o dr. Roth subiram juntos para ver Anneliese. Peter diz que ao olhar para ela o dr. Roth exclamou: "Meu Deus, ela tem os estigmas". Mais tarde, sob interrogatório conduzido pelo Tribunal, ele não conseguia se lembrar de ter feito esse comentário. Na verdade, disse que viu Anneliese apenas de costas. Para que pudesse ver os estigmas nos pés dela, claro que ele precisaria ter visto ela de frente. De qualquer modo, dr. Roth chegou enquanto o exorcismo estava em progresso. Anneliese estava bastante agitada, ainda que muda, sendo contida por Roswitha e Barbara enquanto balançava para frente e para trás. Estava muito emaciada e os ferimentos no rosto deveriam estar evidentes. De acordo com o que o padre Renz escreveu para o bispo no dia 2 de junho, dois dias depois dessa visita:

> A respeito de Anneliese: Ela foi obrigada a sofrer de modo chocante durante os últimos dias, assim como sua família, que está à beira do desespero. Anneliese se machucou tão gravemente que sua bochecha esquerda está bastante inchada e ambos os olhos dão a impressão de ela ter sido agredida, com descolorações azuladas, avermelhadas e arroxeadas.

Por que o dr. Roth não viu isso? O padre Renz está descrevendo as condições que observou na mesma sessão de exorcismo que o dr. Roth testemunhou — isso pelo menos fica claro com base nas datas. Além do mais, ao ver algumas fotografias que o padre Renz tirou dessas últimas sessões de exorcismo realizadas no corredor do segundo andar, para onde o sofá de Anneliese tinha sido levado, é difícil entender como ele pode tê-la visto "de costas ou às vezes de perfil", de acordo com seu testemunho no julgamento. Não há espaço suficiente onde ele poderia ter se enfiado. Se não ali, ou seja, se tivesse ficado no outro lado, ele também não a teria visto de costas, porque Anneliese com frequência ficava virada para aquele lado. Além do mais, não foi exatamente isso que contou ao promotor público quando foi interrogado como testemunha em dezembro de 1976.

> Fomos para o andar de cima da casa dos Michel. Anneliese Michel estava parada no corredor. Estava vestida... Estava sendo amparada de ambos os lados por duas mulheres mais novas porque ficava tentando bater a cabeça na porta. Não me lembro se ela emitia algum som. Estava muito escuro no corredor. Não pude ver se o seu rosto apresentava ferimentos externos. Tive a impressão de que seu rosto estava um pouco corado e que ela parecia "revigorada".

Em outras palavras, ele não viu que o rosto dela estava gravemente ferido, mas chegou a ver, no corredor muito escuro, que ela parecia um pouco corada e revigorada. Ele viu isso dos fundos, como disse no julgamento?

O que quer que tenha acontecido, em seu testemunho em dezembro, o dr. Roth afirmou que tinha passado apenas cinco ou dez minutos na sessão de exorcismo no andar superior. Na época do julgamento, disse que ficou de três a cinco minutos. Ele então desceu com o padre Alt, os dois tomaram café e conversaram. O padre Alt lhe perguntou se ele estaria disposto a ir até lá caso houvesse uma emergência médica e ele prometeu que sim. De acordo com aqueles presentes, ele deu a entender que médico nenhum poderia fazer alguma coisa naquele caso: "Não existe nenhuma injeção contra o diabo", de acordo com uma citação. Ele mais tarde negou ter dito isso. Para a família, fez algumas sugestões de tratamento para as contusões no rosto de Anneliese, as quais mais tarde disse não ter visto. Josef Michel lhe deu de presente um livreto intitulado: *Vitória da Imaculada: Relatos sobre Exorcismos*. A pedido de Josef Michel, também emitiu um atestado para Anneliese, algo que não mencionou ao promotor público em dezembro. O atestado afirmava que ela estaria incapacitada de trabalhar durante mais duas semanas. Isso foi importante para Anneliese, porque com o atestado ela poderia adiar sua prática de ensino, a qual, claro, não tinha condições de fazer no momento. Mas julho não estava tão distante, a resolução iria chegar e então ela poderia voltar a se dedicar à futura carreira.

Na gravação do dia 7 de junho há um breve registro dos gritos de Anneliese. Esses novos demônios são extremamente assustadores. Eles gelam o coração, pois vocalizam sem nenhuma entonação, ou seja, o som flutua de modo misterioso e inumano: aaaaaah, então um pouco mais alto, aaaaaah, então mais baixo de novo e um pouco mais curto, aaaaah, como se viessem de um instrumento quebrado, constantes, inanimados. Então o padre Renz diz: "A sessão foi assim no dia 7 de junho. As sessões frequentemente foram assim antes. Às vezes, ela gritava muito mais alto durante toda a noite".

O padre Alt foi ver Anneliese no dia 8 de junho. Essa viria a ser a última vez em que ele viu Anneliese com vida. Ela parecia muito doente. Seu rosto estava afundado, as maçãs do rosto protuberantes, o nariz afilado e proeminente. Os pais lhe disseram que ela comia e bebia muito pouco.

"Mas também foi assim no verão passado. E então de repente ela começou a comer de novo." "Ela está bebendo alguma coisa?" "Só um pouco de suco de frutas e leite. Uma vez ela entornou quase dois litros." Se a forçassem a comer, ela cuspia a comida fora ou apertava os lábios com bastante firmeza e movia a cabeça depressa de um lado a outro. "Se ao menos julho já tivesse chegado", todos comentavam. Ela disse que julho iria trazer a resolução. Já estava na hora de todo aquele sofrimento acabar.

Em uma carta para o bispo datada de 24 de junho, o padre Alt fala sobre essa visita. Ele resume a tortura autoinfligida que Anneliese suportara, como ela havia aberto um buraco na parede a mordidas, lascando assim seus dentes frontais, como tinha atravessado de cabeça através da porta de vidro do corredor — embora não tenha se cortado ao fazer isso —, como continuava mordendo o próprio braço e a forma como mordia, socava e agredia todos ao seu redor. Ele então mencionou uma ideia que mais tarde se tornou a principal teoria dos padres, a saber, que o sofrimento de Anneliese fazia sentido apenas se fosse visto como uma "possessão de penitência", algo que ela precisava sofrer para expiar os pecados de outra pessoa, talvez de alguém da família.

Não fomos bem-sucedidos em obrigar os demônios a voltarem a falar. Isso parece provar o fato de que aqui estamos lidando com um típico caso de possessão de penitência. Nas diversas conversas que tive com Anneliese recentemente, ela deu a entender que as coisas iriam piorar muito para si. Estava com bastante medo disso e muito triste. Mas disse também que tinha que passar por isso. No caso de uma possessão de penitência, tudo se torna muito complicado para o exorcista, porque é difícil compreender o significado da penitência. Isso é o que o padre Rodewyk, S.J., de Frankfurt me disse.

O único consolo que alguém de fora pode ter é que muitas almas serão salvas através desse sofrimento.

O padre Renz seguiu com suas orações de exorcismo, fielmente indo até lá duas ou três vezes por semana e passando pelo menos uma hora ou mais a cada dia. Em 9 de junho, os sons de Anneliese — não se pode chamá-los de gritos — tinham voltado a mudar. Ela vocalizava monótona e continuamente:

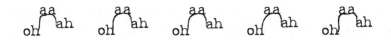

Algum tempo depois, o chamado ou gemido — não existe uma palavra adequada para descrevê-lo — mudou para um prolongado aaaaha, aaaaha, aaaaha, aaaaha, outra vez sem nenhuma das oscilações de um idioma natural, às vezes em um tom um pouco mais agudo, então de novo um pouco mais grave, como um pássaro fantasmagórico guinchando sobre águas distantes. Bem no meio disso — enquanto mantém o mesmo tom agudo e a completa falta de entonação — Anneliese diz: "Absolvição". Isso ao que parece pegou o padre Renz de surpresa. Ele diz, "Isso não pode ser feito ainda...", então retoma o ritual assim mesmo, em contraponto ao gemido gélido e inexorável. Anneliese agora passa a uma forma abreviada dele:

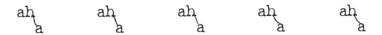

Sempre no mesmo tom, então suspira e diz com a própria voz, com uma entonação natural: "Não consigo continuar". O padre Renz pergunta: "Como você se sente quando eu rezo? Machuca se eu rezar?".

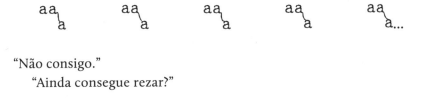

"Não consigo."
"Ainda consegue rezar?"

O padre Renz continua seu relatório gravado: "11 de junho. Será que *ele* irá dizer ou fazer alguma coisa hoje? — 14 de junho de 1976. Na última vez, em 14 de junho, segunda-feira, *ele* não disse nada. Será que *ele* irá dizer alguma coisa hoje, 18 de junho?". A voz de Josef Michel aparece, dizendo: "Tempo bom. Tivemos tempo bom todos os dias". E enquanto o padre Renz diz, "Hoje é dia 21 de junho", ao fundo ouvimos uma série de gritos guturais de duração e tom uniformes, mecânicos, inarticulados, sempre o mesmo som, sem parar.

Três dias antes, o padre Renz voltara a se relatar para o bispo. Os ferimentos anteriores de Anneliese tinham se curado, escreveu, mas agora ela havia aberto uma ferida no nariz de tanto esfregá-lo e o joelho ainda tinha um ferimento aberto. Durante o exorcismo, ela ficava caindo de joelhos, depois voltava a se levantar, umas quarenta vezes, então descansava um pouco, em seguida repetia o ciclo do mesmo modo, até ficar completamente exausta. Na sexta-feira anterior, ela se ajoelhou no sofá, se apoiou nos cotovelos, então levantou e abaixou a parte inferior do corpo com movimentos bruscos como se fosse um cavalo galopando. Ela parava, descansava um pouco, então recomeçava tudo de novo. Na manhã na qual essa carta foi escrita, ou seja, 18 de junho, Anna Michel tentara fazer um exorcismo por conta própria. Josef Michel telefonou para o padre Renz a fim de contar o que tinha acontecido. "Ela tentou diversas vezes, ordenando, exorcizando, achando que poderia fazer alguma coisa a *ele*. Depois Anneliese dormiu... Ela já tinha se acalmado quando anoiteceu; foi à missa, mas teve que sair da igreja para vomitar", escreveu o padre Renz. Para Anneliese, o dia tinha sido assustador, seu pai contou ao padre Renz. Ela tivera terríveis ataques de fúria, gritara e se balançara para frente e para trás sem parar, batendo o rosto e fazendo o nariz sangrar. O padre Renz segue relatando o que aconteceu na última de suas fitas.

> Mais ou menos uma semana antes de sua morte, Anneliese disse, "Pare, pare", durante o exorcismo. A princípio não me ficou claro se foi ela que queria isso ou o Maligno, o diabo. Estávamos acostumados com tais ordens do diabo. Portanto, respondi aproximadamente o seguinte: "Anneliese, só queremos ajudar você. O que podemos fazer por você? Quer mesmo que paremos?". Ela respondeu: "Continuem". Então continuamos a rezar por mais algum tempo.

Por mais que esbravejasse e vociferasse de modo terrível, contudo, sempre houve ocasiões em que ela falava com a família e com Peter de maneira completamente normal. Um dos assuntos sobre os quais sempre tinham extensas conversas era a expectativa de que tudo estaria terminado em julho. Outro tópico que surgiu diversas vezes dizia respeito à obtenção de ajuda médica. Anneliese sempre rejeitou a ideia. Mesmo na tardia data de 30 de junho, Roswitha lhe perguntou se queria que ela chamasse um médico. Anneliese recusou. Em primeiro lugar, disse, ela sabia que um médico não poderia fazer nada por ela. Em segundo, tinha medo de ser mandada para o hospital psiquiátrico de Lohr. "Meu lugar não é lá", dizia.

No dia 27 de junho, Anneliese teve febre. A família administrou compressas frias e a febre abaixou. Josef Michel telefonou para o padre Alt. "Seria uma boa ideia chamar um médico", sugeriu o padre. Mas quando Roswitha perguntou a Anneliese, ela recusou. Estava preocupada com o fato de ainda não estar bem o suficiente para voltar a Würzburg e realizar a prática de ensino. Então Josef Michel ligou para o dr. Roth em Frankfurt e pediu que emitisse um segundo atestado, que dava uma folga de duas semanas a Anneliese. O padre Renz continua sua narrativa gravada:

> No dia 30 de junho ela de repente disse, "Por favor, absolvição", durante o exorcismo. A princípio não entendi o que ela quis dizer e perguntei ao Peter: "O que ela disse?". Ele repetiu para mim: "Por favor, absolvição". É claro que de imediato lhe dei a absolvição. "Absolvição" — essa foi a última coisa que ela me disse.

Peter esteve presente nesse exorcismo, assim como os pais e as irmãs de Anneliese, Roswitha e Barbara. Peter mediu sua temperatura antes do padre Renz começar. Estava 38,9° C. Durante o exorcismo, ela insistiu em ficar se ajoelhando e se levantando, assim como antes. Seu pai e Peter amorteceram seus movimentos o melhor que conseguiram. Sua mãe colocou um travesseiro onde seus joelhos batiam no chão. Depois do exorcismo Peter e o padre Renz foram embora. Anna se demorou mais um pouco. "Mamãe, fica comigo. Estou com medo", Anneliese lhe tinha implorado. Então ela também foi para a cama. Anneliese começou a se debater de novo e gritou por muito tempo. Passava da meia-noite, então seu pai lhe disse que tinha ordenado que os demônios a deixassem em paz em nome do Pai. Era agora o dia 1 de julho e os demônios tinham a obrigação de saírem dela. Tinham que deixá-la em paz para que dali em diante ela pudesse recuperar as forças. Como Josef Michel explicou à polícia:

> Logo depois, Anneliese virou para o lado direito e, em completo silêncio, foi dormir. Ficou quieta a noite toda. Na manhã seguinte, por volta das 7h, fui até a porta do quarto dela. Anneliese estava deitada na cama e não estava se mexendo. Presumi que estivesse dormindo. Fui até o canteiro de obras. Às 8h minha esposa telefonou para me contar que Anneliese estava morta.

Felicitas D. Goodman

POSSESSÃO

Capitulum 8

Julgamento

Depois de contar a Josef Michel que Anneliese tinha morrido, Anna Michel ligou para o padre Alt. Ele teve certeza de que algo estava errado. Seu amigo, o dr. Roth, tinha prometido estar disponível em caso de emergência, então o padre entrou em contato com ele em Frankfurt, onde ficava seu consultório. O dr. Roth foi direto a Klingenberg, chegando lá no começo da tarde, e concluiu que a morte tinha ocorrido mais ou menos seis horas antes. Ele quis redigir um atestado de óbito, mas não estava com os formulários apropriados. Então telefonou para o dr. Kehler, que o advertiu que talvez fosse melhor ele não emitir o atestado, e foi ele mesmo, em pessoa, inspecionar o corpo. Chegou a redigir o documento necessário, mas registrou o fato de que a morte não se deu por causas naturais. Enquanto isso, o padre Alt também tinha entrado em contato com o escritório da promotoria em Aschaffenburg e o maquinário legal foi posto em movimento. Um exame post mortem foi realizado. De acordo com os patologistas, a morte de Anneliese foi causada por inanição, possivelmente agravada por extremo esforço físico durante suas últimas semanas de vida. Encontraram seus órgãos internos saudáveis, incluindo o cérebro, o qual não apresentava nenhum dano que pudesse ter causado crises epilépticas, nem mesmo em um nível microscópico. O fato de as pupilas estarem estranhamente dilatadas e dos patologistas terem achado curioso o corpo não apresentar úlceras de decúbito — escaras, ulcerações na pele geralmente encontradas em pacientes que morreram de inanição — não foi mencionado mais tarde no Parecer do Tribunal.

Notas à imprensa avisaram aos veículos de comunicação a respeito do caso que logo se transformou em um assunto bastante debatido. Como o padre Alt relatou em uma análise do julgamento registrada para mim em setembro de 1979:

> Houve artigos escritos por jornalistas pouco familiarizados com o caso. A imprensa contrária à Igreja tirou vantagem e chamou a coisa toda de "medieval". E houve aqueles teólogos que, já sem possuírem uma crença autêntica, disseram: "Para o inferno com o diabo". Estes últimos foram apresentados na televisão de modo bastante proeminente e escreveram extensos artigos para revistas semanais. Qualquer novo acontecimento sempre ganhava as primeiras páginas na imprensa local.

Ainda assim também houve um outro relato — oculto, secreto, mas persistente — que fazia um apanhado daqueles argumentos que pareciam mais importantes para os vociferantes detratores dos indivíduos envolvidos no "Caso Klingenberg", como logo passou a ser chamado, e os elaborava. O diabo não existia? Sim, de fato ele existia, e era óbvio com base na situação mundial que estava mais ativo do que nunca. Possessão era algo que ninguém realmente vivenciava? Não era bem assim. Uma grande quantidade de indivíduos, homens e mulheres, agora relatavam estarem possuídos, alguns pelo diabo, mas a maioria por Anneliese. Mensagens, supostamente dela, foram espalhadas através de fofocas. Tornou-se óbvio, dizia-se, que os demônios não a mataram, como a princípio foi suposto. Isso teria significado que o mal tinha triunfado. O mal nunca pode sair vitorioso. Tampouco Anneliese tinha morrido como resultado do exorcismo. Ela faleceu por escolha própria. Ela se ofereceu como vítima sacrificial pela Alemanha, pela juventude do país, pelos padres. Deus aceitou isso. Portanto o bem triunfou sobre o mal, como esperado; foi ela quem venceu no fim, e os demônios tiveram que retornar para o inferno, envergonhados como sempre. Mas antes disso acontecer, os demônios tinham sido obrigados a trabalhar pela causa do bem. Foi muito apropriado que a Mãe de Deus os tivesse escolhido para avisar aqueles clérigos liberais que eles tinham que tomar jeito. Quem mais poderia lhes dizer para pararem de brincar com as tradições de adoração há muito estabelecidas, sobretudo com a maneira como a comunhão deveria ser oferecida? Ora, as pessoas nem precisavam mais se ajoelhar. Imagine só, havia conversas sobre mudar o significado da Eucaristia para nada mais do que uma refeição compartilhada. Do que adiantava a chamarem de sagrada? Já não era mais o que Deus queria que fosse, o compartilhamento dos verdadeiros corpo e sangue do Senhor.

Como manifestação dessa onda crescente, pessoas começaram a se reunir em Klingenberg para rezarem o terço junto à sepultura de Anneliese no cemitério perto da casa dos Michel. De modo um tanto involuntário, o padre Renz foi transformado em herói. Continuou dando entrevistas, publicou algumas de suas fotografias e até reproduziu partes das gravações em programas de rádio e televisão. Isso jogou mais lenha na fogueira da controvérsia enquanto transformava o Padre Renz no alvo de chacota e escárnio dos detratores. Por fim, sua ordem o aconselhou a se recusar a fazer quaisquer outros comentários.

No que dizia respeito à investigação criminal, as autoridades pareciam estar enrolando. A promotoria de Aschaffenburg demorou um ano inteiro para reunir as provas, o que não exigiu nenhum trabalho de investigação demorado, visto que ninguém tentou esconder nada. Houve boatos de que a promotoria sequer queria processar os indivíduos envolvidos no caso. Mas como resultado das regras processuais, os promotores tiveram que encaminhar suas descobertas ao seu superior, o procurador-geral em Bamberg. De acordo com o padre Alt, ninguém soube ao certo o que aconteceu com o caso a partir daquele momento, mas para surpresa de todos houve um vazamento do Departamento de Justiça do Estado da Baviera de que haveria um indiciamento. No dia 13 de julho de 1977, os padres Renz e Alt e os pais de Anneliese receberam suas notificações. Alguns dias antes, as acusações contra o bispo Josef Stangl e o padre Rodewyk tinham sido retiradas.

Nesse interim, notícias de novas e importantes mensagens de Anneliese recebidas recentemente por uma freira carmelita, uma tal de irmã Dorothea, de Allgäu, começaram a circular pela rede informal dos adoradores de Anneliese. Ela supostamente disse que Anneliese queria que seu corpo fosse exumado a tempo para o julgamento, marcado para o começo de março. A exumação iria provar, dizia-se, que, ao contrário do que o mundo e alguns teólogos proclamavam, havia de fato um inferno, demônios, um Deus, uma Mãe de Deus e outros seres espirituais. Nessas mensagens, Anneliese supostamente teria proclamado a verdade: Ela falecera como penitência em benefício do país, dos jovens e dos padres. Foi escolhida para apresentar provas de que havia uma vida eterna. Isso iria se tornar evidente durante a exumação, quando iriam descobrir que seu corpo não tinha se decomposto, lembrando as pessoas que a ressurreição de fato existia, porque Deus a iria ressuscitar. A mensagem deveria ser passada ao padre Arnold Renz. Ele deveria garantir que a exumação fosse realizada no dia 25 de fevereiro.

Os pais de Anneliese entraram com um pedido de exumação, argumentando que, quando a filha foi enterrada às pressas, após o exame post mortem, ela foi posta para descansar em um caixão barato de paredes finas. Eles agora queriam que seus restos mortais fossem transferidos para um caixão melhor, feito de carvalho e forrado de zinco. A data que pediram foi 25 de fevereiro. A princípio, as autoridades de Miltenberg decretaram que isso teria que ser feito sem a presença de um público, mas depois cederam e deram permissão para que um seleto grupo de parentes e amigos testemunhasse o evento. A notícia se espalhou depressa — e também foi transmitida pelos veículos de comunicação — e no dia 25 de fevereiro, um sábado, multidões de devotos e curiosos chegaram em Klingenberg, câmeras em mãos, para registrar qualquer milagre que pudesse acontecer. Uma rede de televisão alemã também tinha enviado uma equipe. O padre Alt esteve presente, apesar de ter permanecido discreto. Na hora marcada, uma pequena procissão caminhou solenemente da casa dos Michel até o cemitério. Era composta de Anna e Josef Michel, Thea Hein, Roswitha com o marido, Peter, Barbara e encabeçada pelo padre Renz em vestes sacerdotais e estola. Carregando grandes arranjos de flores, passaram pela serraria e entraram no cemitério pelo portão principal. A sra. Thora e o dr. Lipinsky, contratados pela diocese como advogados de defesa para os padres, aguardavam junto à sepultura. Em uma carta para mim datada de 16 de maio de 1979, o padre Renz relata o que aconteceu em seguida.

> O caixão de Anneliese foi desenterrado. Havia um amassado em uma das laterais, mas fora isso estava em boas condições. Foi levado ao necrotério para que o cadáver pudesse ser

colocado no novo caixão... O prefeito Riermaier saiu do necrotério e disse aos Michel (eu estava ao lado deles): "Como já era de se esperar, depois de um ano e meio, Anneliese está decomposta. Ela está terrível. Sugiro que não entrem. Ao se lembrarem da Anneliese do passado vocês têm uma imagem adorável dela. Não a estraguem...". Os Michel acreditaram nisso e não entraram. Então me perguntaram se eu queria ver Anneliese. Eu logo respondi com um enfático "sim". Mas diante da porta do necrotério fui impedido pela polícia (havia uns trinta policiais presentes). Então tive que ir embora. Pouco depois, o novo caixão fechado foi carregado até a cova e voltou a ser enterrado.

Aqueles que estiveram atrás do padre Renz durante essa cena contaram uma história um pouco diferente. De acordo com essas testemunhas, depois de dizer "sim", o padre Renz deu alguns passos na direção do necrotério e então voltou. Ele simplesmente não conseguiu encarar a possibilidade de que o milagre tão aguardado não tinha acontecido, afirmaram. Mas a versão do padre Renz foi a escolhida por aqueles que esperavam no lado de fora do cemitério. As pessoas logo reagiram com raiva diante do fato de o padre Renz, "o personagem principal do exorcismo", como uma mulher contou a um repórter televisivo, não ter recebido permissão para entrar no necrotério para ver Anneliese. O que tinham a esconder? Outros supostamente tinham notado que nenhum odor cadavérico tinha vindo do necrotério. Em vez disso, disseram, houve uma fragrância de incenso ou rosas. Um dos coveiros, afirmou-se, tinha visto o rosto de Anneliese e dito que estava branco, como se coberto de pó facial. Outro supostamente relatou que ele e seu colega tinham segurado Anneliese sob os braços e pelas pernas ao transferi-la para o novo caixão. Em outras palavras, de acordo com o que as pessoas diziam nas ruas, seus ossos continuavam unidos. Ela não estava decomposta. Uma pessoa supostamente foi entreouvida dizendo que tinha visto dois homens muito bem-vestidos conversando. Um disse: "Preste atenção, isso não deve, de modo algum, vir a público, custe o que custar". O que queriam manter em segredo? Quem iriam subornar? Quem sabia, seguiam os boatos, quem estavam representando. O promotor público, talvez?

Também havia comentários de que a polícia científica tinha fotografado o corpo no caixão, mas que nada foi publicado em seguida. "Não seria de se imaginar", as pessoas disseram depois, "que eles teriam se sentido ansiosos para exibir essas imagens se Anneliese tivesse mesmo se desintegrado no caixão?"

Os detalhes da exumação, considerados escandalosos por alguns, aguçaram o interesse do público pelo julgamento, marcado para começar um mês depois, no dia 30 de março. Todos os pormenores preliminares foram discutidos em detalhes na imprensa, não apenas no sudoeste da Alemanha, mas em todo o mundo. De acordo com a lei alemã, a seleção dos jurados é um processo complicado, com listas compiladas pelas prefeituras das comunidades. O conselho da cidade aprova essas listas, que devem representar uma diversidade populacional quanto à idade, gênero, profissão e afiliação religiosa. Essas listas são enviadas ao tribunal inferior, onde um comitê de seleção de júri escolhe os jurados necessários. O presidente do tribunal do condado então decide por lotes quem irá servir em quais dias e em qual tipo de tribunal. Portanto, os advogados de defesa de um caso não têm nenhum poder de escolha na seleção dos jurados a fim de salvaguardar os direitos de seus clientes. Ainda assim, era interessante saber quem eram os jurados. Havia apenas dois: Erich Bäumler, de Alzenau-Albstadt, um engenheiro, e Josef Becker, um alfaiate, de Schmachtenberg. O juiz Elmar Bohlender iria presidir e os juízes Fritzsche e von Tettau iriam auxiliá-lo. A acusação ficaria a cargo do promotor público geral Stenger e do promotor público Wagner.

Muitos jornais focaram no fato de a Igreja Católica não ter proporcionado nenhum apoio moral que fosse aos acusados. O bispo Josef Stangl estava envolvido em uma disputa com os oficiais de seu próprio bispado a respeito dos aspectos teológicos da possessão, da existência do diabo e do exorcismo. Ficou claro que, exceto por terem contratado advogados de defesa para os padres, eles tinham decidido jogar os acusados aos leões, por assim dizer. Isso, a propósito, também foi a impressão que a sra. Thora teve. Pois quando tentou obter um parecer técnico de diversos teólogos sobre os méritos do caso a favor de seus clientes, a reação foi sempre a mesma. Ela poderia ficar com o parecer, mas teria que aceitá-lo sem nenhuma assinatura.

Antes do dia de abertura do julgamento, a imprensa se esbaldou. Fotos dos acusados apareceram em todos os jornais locais, acompanhadas de longas matérias. Dada toda a infâmia, não foi nenhuma surpresa que houvesse longas filas esperando a abertura do tribunal logo cedo no dia 30 de março. A maioria dos curiosos, e até mesmo amigos dos acusados, tiveram que ser mandados embora porque a sala do tribunal tinha assentos para apenas cem pessoas, oitenta dos quais tinham sido reservados para a mídia nacional e internacional.

Os acusados, seus amigos e advogados se reuniram na casa paroquial de St. Agatha, onde o padre Alt tinha servido como sacerdote antes de se tornar pastor em Ettleben. Dali caminharam até o tribunal, que ficava ali perto. Como o padre Alt relembra em suas gravações:

> O repórter do *Der Spiegel* estava lá, assim como do *Quick, Der Stern* e outros, alguns com inclinações muito esquerdistas, conhecidos por serem antagonistas da Igreja Católica. Havia repórteres de publicações pornôs e revistas femininas. A estação de rádio norueguesa estava representada, a estação de rádio sueca, diversas revistas semanais e, claro, as publicações diárias. Nós nos sentamos ali, no banco dos réus, todos inclinados em nossa direção, uma legião de canetas prontas para a ação, câmeras a postos. Os rostos a nossa volta me pareciam satisfeitos, como se dissessem: "Pronto, agora encurralamos vocês e podemos começar a expor todos seus defeitos".
>
> Alguns jornalistas agiam como se fizesse muito bem a seus egos [saberem] que iriam ser espectadores daquele julgamento em particular.

No início dos procedimentos, Josef Michel pediu para ser ouvido. Disse que, visto que aquele era um caso de possessão e envolvia o diabo, primeiro todos deveriam se ajoelhar e rezar. O juiz em exercício, Elmar Bohlender, rejeitou essa sugestão, dizendo que não estavam em uma igreja, mas em um tribunal de justiça. Em seguida foi necessário tratar de algumas questões processuais. De acordo com o relato da KNA (Katholische Nachrichten Agentur, a Agência Católica de Notícias), a defesa fez uma moção para que todas as acusações contra os réus fossem retiradas, o que foi rejeitado. Reclamações por parte da defesa contra os investigadores foram consideradas irrelevantes, assim como a moção para declarar como tendenciosa a nomeação do especialista médico, o professor Sattes, feita pelo tribunal. A confiscação das fitas do padre Renz levada a cabo pelo investigador foi rescindida. O promotor público geral Stenger apresentou um protesto contra essa ação e exigiu que voltassem a ser confiscadas porque continham provas importantes. De acordo com o padre Alt:

> Fui o primeiro a testemunhar naquele mesmo dia. Tínhamos concordado entre nós que iríamos prosseguir desse modo, porque eu era mais novo do que o padre Renz e mais apto a suportar a tensão. Os pais de Anneliese não testemunharam em benefício próprio. Eu estava completamente calmo, tinha rezado e dito: "Senhor, este é um assunto Seu, não meu. Por favor, me guie".
>
> O interrogatório daquela noite durou quatro horas. Falei sem nenhuma interrupção durante duas horas.
>
> Em seus comentários introdutórios, o juiz dissera que aquele era um caso de dois civis encarando o Tribunal, não de dois servidores da Igreja. O que estava em jogo, disse, era que alguns cidadãos violaram a lei; era negligência no sentido da lei. Era, portanto, muito importante deixar claro que aquilo não era um ataque contra a crença, contra o exorcismo. O único ponto a considerar, afirmou, era o fato de que a garota tinha morrido de inanição. Mas então ele quis saber tudo a respeito do exorcismo e eu tive a sensação de estar sendo exibido ao público.

É necessário comentar aqui que durante o julgamento o juiz tem o direito de dirigir perguntas a qualquer um: aos réus, aos advogados de defesa ou às testemunhas. Neste julgamento, ao que parece, o juiz Bohlender mais ou menos assumiu o papel de promotor. O padre Alt continua:

> Também tive a impressão de estar sendo ridicularizado ao ser questionado com perguntas como, "Suponho, padre, que o senhor não seja casado, certo?", e todos riram.

Durante o interrogatório, disse várias coisas que lhe pareceram intragáveis. Por exemplo, eu disse, literalmente: "Vossa Excelência, o senhor poderá rir disto, e até mesmo 50 milhões de pessoas poderão rir disto, se eu agora disser que nós expulsamos seis demônios. Confirmo o que estou dizendo, porque cá estou representando também a fé autêntica da Igreja Católica". Ele ponderou um pouco sobre isso, as pessoas no tribunal ficaram alertas e na manhã seguinte os jornais diziam: "Mesmo que 50 milhões riam...".

Quando ele me confrontou com a afirmação de que, sem dúvida, teólogos modernos com toda certeza não acreditam mais no diabo, eu lhe disse que isso não deveria ser considerado apenas como minha crença pessoal e que também não era responsabilidade minha. Eu sabia o que tinha vivenciado, sabia o que estava escrito nas Escrituras Sagradas, com as quais estava completamente familiarizado, e sugeri que ele lesse as declarações do papa Paulo VI a respeito do diabo.

Esse testemunho e diálogo prolongados entre o padre Alt e o juiz Bohlender receberam algumas poucas linhas no relatório da KNA. De acordo com esta última, o padre Alt não achava que a garota estivesse gravemente doente. Ele na verdade foi seu conselheiro espiritual apenas até 1975. Anneliese acreditava que seu sofrimento era uma penitência pelos padres, pelos jovens alemães e por uma pessoa anônima. Ela queria que as gravações viessem a público para que as pessoas acreditassem na existência do diabo. O padre Renz, de acordo com a mesma fonte, afirmou que se aquele tivesse sido um caso de uma doença física, não de possessão, ele teria sido o primeiro a pedir ajuda médica. Falou a respeito dos vários demônios, que disse poder reconhecer com base em suas diferentes vozes. O fato de Anneliese não querer comer, contou, se deu devido à influência que os demônios tinham sobre ela. Padre Alt:

Mais tarde fui interrogado mais duas vezes pela promotoria. Visto que também tive que negociar com eles em nome do escritório diocesano, surgiu a impressão de que eu era a verdadeira força motriz por trás do caso todo e que era o responsável pelas coisas terem acontecido do jeito que aconteceram.

Houve algumas manobras legais para fazer com que o bispo Stangl aparecesse como testemunha do caso, as quais foram bloqueadas principalmente pelo padre Alt e sua advogada de defesa, Marianne Thora. Chamar um bispo para testemunhar não era, por si só, nada extraordinário. Mas os dois acreditavam que seria injusto fazer um clérigo idoso, frágil e gentil passar pelo que, em suma, era uma perda de tempo. O que ele tinha a dizer constava em sua totalidade nos arquivos. Depois de algum tempo, até mesmo o juiz Bohlender abriu mão dessa questão e o bispo Josef não foi intimado.

No dia 5 de abril, os médicos que tinham conhecido e cuidado de Anneliese foram convocados para testemunhar. Não citaram nada além do que já tinham relatado ao investigador ou mencionado em cartas ao promotor público. A única presença que causou alguma comoção foi a do dr. Lüthy que, como se sabia com base nos artigos a respeito do caso, foi irredutível em negar que tinha mandado Anneliese consultar um jesuíta. Padre Alt:

> O dr. Lüthy entrou, bem-apessoado, grisalho nas têmporas, com seus 1,83 metro de altura. Mas quando começou a testemunhar em seu "alto-alemão", ele estranhamente se desviou da forma estabelecida pelos outros médicos, que tinham sido objetivos, calmos. Em resposta à pergunta, "O senhor disse que se Anneliese via carrancas, ela deveria se consultar com um jesuíta?", ele respondeu com óbvia agitação e voz muito estridente, "Não, eu nunca disse isso", o que fez com que todos que o ouviram pensassem consigo mesmos, "Bem, ora, algo não muito apropriado com certeza aconteceu ali". Os pais de Anneliese se lamentaram depois. "Temos que confessar, nunca passamos por nada assim antes." "O homem disse mesmo aquilo", acrescentou Anna Michel. "Eu estava lá, eu mesma ouvi quando ele disse: 'Vocês vão ter que procurar um jesuíta'." E, claro, eles se lembravam disso, pois foi naquele momento que, por fim, se deram conta do que estava acontecendo.

Outro médico com o qual os réus também se decepcionaram foi o dr. Roth. Ele poderia ter feito muito para aliviar as coisas para o lado do padre Alt, que, como afirmara, o tinha procurado para dar conselhos médicos quando começou a ficar preocupado com a condição de Anneliese. Padre Alt:

O dr. Roth... foi intimado três vezes. A princípio apareceria como testemunha da promotoria. Então o promotor público fez algumas investigações e ele foi intimado outra vez e em seguida uma terceira. Ele ficava vacilando, "Bem, posso ter cometido um erro nesse ponto", ou, "Parece que me esqueci completamente disso" [isto é, que tinha redigido atestados para Anneliese].

A KNA não menciona os eventos relacionados ao dr. Roth. No Parecer do Tribunal, o relatório final que abrange todo o histórico, argumentos e sentença do caso, o nome do dr. Roth é listado sob as testemunhas que depuseram sob juramento apenas nos dias 3 e 7 de abril, mas não em 17 de abril. Para termos uma ideia melhor do impacto que o caso de Anneliese estava tendo, precisamos tentar reconstruir o que pode ter acontecido com o dr. Roth, um médico conhecido e respeitado. O padre Alt sustenta que o dr. Roth lhe contou depois do julgamento que não poderia ter testemunhado de maneira diferente porque as pessoas que se colocavam contra Satã, ou seja, a favor dos réus, seriam punidas. É quase como se o homem tivesse passado por uma experiência de conversão. Parte disso sem dúvida aconteceu quando, ao ouvir algumas das fitas do exorcismo de Anneliese, ele disse que estas tinham mudado sua vida, que tinha voltado a rezar. Outra parte pode ter acontecido quando viu Anneliese — com muita clareza, acredito — sua aparência emaciada, o rosto inchado e machucado. Isso deve tê-lo deixado bastante impressionado, como um daqueles raros lampejos de insight que as pessoas às vezes vivenciam. Se Satã tinha todo aquele poder, como era possível alguém se oferecer para confrontá-lo? Portanto, ele não o fez. Sem nunca perder uma oportunidade de fazer um comentário espirituoso, o padre Alt observou: "Agora ele está com medo de que Anneliese saia da sepultura e se vingue dele. Ele deve ter visto muitos filmes do Drácula".

Depois dos médicos foi a vez dos jovens testemunharem. Os amigos ainda relembram com um divertimento afetuoso como Roswitha se recusou a se deixar intimidar. Quando o promotor público Wagner lhe perguntou por que não chamara nenhum médico para cuidar de Anneliese, ela exclamou: "Como assim, um médico? Para quê? Possessão não é como uma fratura na perna, sabe!". Padre Alt:

Foi um prazer ouvi-los. Peter e as duas irmãs de Anneliese deram testemunhos admirados por todos os presentes. Estavam com as roupas alinhadas, tinham modos gentis e agradáveis e não ficaram enrolados em nenhuma contradição que pudesse ser usada para atacá-los. As amigas de Anneliese também testemunharam do mesmo modo. Falaram sobre como era uma pessoa simpática, sobre as conversas que tiveram, como eram as interações com ela. Tinham visto que, às vezes, ficava doente e de cama, mas contaram que Roswitha tinha lhes dito que ela já tinha ficado daquele jeito e que iria passar.

No dia 5 de abril, o juiz Bohlender ordenou que as cartas escritas pelos padres Alt e Renz endereçadas ao bispo fossem lidas no tribunal. A defesa tinha protestado contra essa ordem, usando o argumento de que eram confidenciais e que sua confidencialidade era garantida pela concordata, um acordo entre o papa e o governo alemão referente ao regulamento de questões eclesiásticas. O promotor público também tinha concordado em deixar esse assunto de lado, mas o juiz Bohlender insistiu. Padre Alt:

> O bispo Josef tinha entregado as cartas à promotoria sob o selo do mais rigoroso sigilo porque queria garantir que ficasse compreendido que ninguém tinha achado que a garota iria morrer e assim por diante. Agora iriam mesmo ler as cartas no tribunal. Quando começaram, eu levantei de um pulo e exclamei, muito alto, muito agitado: "Eu me sinto exposto pela leitura dessas cartas, como servidor da Igreja e como padre. Estou apelando para nossa Constituição a fim de que essas coisas não venham a público. E estou lembrando os senhores sobre a concordata". Mas continuaram com a leitura mesmo assim.
>
> Preciso comentar aqui que ao longo de todo o julgamento nós desenvolvemos o hábito de comprar treze jornais diferentes todos os dias para ver como a imprensa estava relatando os eventos. Desde meu primeiro testemunho no dia de abertura tive que suportar o peso de seus ataques. Diziam que eu era como um treinador de animais, como o diretor de uma

peça, o Chefe, Rasputin. Agora que as cartas tinham sido lidas, eles tinham mais assuntos sobre os quais escrever. "Alt Sentiu o Cheiro do Diabo", dizia uma manchete. De repente, eu estava no centro de tudo. Com o passar dos dias, se desenvolveu uma situação onde éramos sistematicamente espezinhados. Foi deprimente.

Na sexta-feira, no final da primeira semana de julgamento, o Tribunal ouviu algumas fitas do exorcismo apresentadas pelo padre Renz a fim de demonstrar que as orações de exorcismo causaram reações em Anneliese que, de acordo com os termos do *Rituale Romanum*, indicavam que estava possuída. O padre Adolf Rodewyk também foi convocado para depor e contou que dos mais ou menos mil casos registrados de exorcismo sobre os quais tinha informações, ninguém jamais morreu. O exorcismo, explicou, era uma oração, não uma fórmula mágica. Estava convencido, sem nenhuma sombra de dúvida, de que Anneliese estivera possuída. Comparou estados de possessão com estados hipnóticos. O indivíduo permanece sem vontade própria quando se encontra em estado hipnótico, e fica completamente normal quando está fora dele.

Outras testemunhas, como Peter e Thea Hein, explicaram que Anneliese não quis se consultar com um médico, que ela morria de medo de ser considerada louca e de ser internada no hospital psiquiátrico de Lohr. Apenas Ernst Veth, o diretor do dormitório, fez um testemunho contrário àquele do padre Alt, dizendo que quando este foi vê-lo no dia 1 de maio para lhe contar sobre a possessão de Anneliese, não mencionou a necessidade de cuidados médicos. "Não eram necessários na época", argumentou o padre Alt. "Ela estava em boas condições físicas."

O depoimento do professor Sattes, a testemunha técnica recrutada pelo Tribunal, foi agendado para a segunda-feira seguinte, 10 de abril. Ele era psiquiatra na Clínica e Policlínica Neurológica da Universidade de Würzburg, da qual Anneliese tinha sido paciente. Ele não a tinha conhecido pessoalmente. A compilação de documentos entregues por ele consiste em uma dissertação e uma carta nas quais responde à pergunta sobre se Anneliese poderia ter sobrevivido caso tivesse recebido ajuda médica antes.

O Tribunal pediu que o professor Sattes comentasse sobre as seguintes questões:

1. Anneliese Michel sofria de alguma doença mental? Em caso positivo, qual doença?

2. Sua morte poderia ter sido evitada caso um médico tivesse sido consultado, possivelmente junto de uma alimentação forçada, em junho de 1976 ou em algum outro período?

3. Os parentes dela ou outras pessoas que a tinham visto pouco antes de sua morte poderiam ter identificado sua condição precária e progressiva deterioração física?

4. Havia algum indício nas gravações de que ela havia sido aconselhada a reduzir seu consumo de comida e bebida, ou que tenha recebido outras instruções que poderiam ter causado sua morte? Em caso positivo, quando e de quem?

Em sua dissertação, o professor Sattes resume a história de vida e o histórico médico de Anneliese. Isso é feito às pressas e de modo bastante descuidado. Por conta disso, existem dois erros significativos.

Um deles é que Anneliese supostamente sofreu duas convulsões em 1969, quando na verdade uma ocorreu em 1968 e a outra um ano depois, no outono de 1969. O outro é que o professor Sattes usa a declaração anterior do dr. Lüthy — a de que ele prescreveu Dilantin para Anneliese em agosto de 1969 — ainda que essa retratação também conste nos arquivos. Presumivelmente, depois de verificar seus registros, o dr. Lüthy negou o fato de maneira enfática, afirmando que o tratamento com Dilantin foi iniciado apenas em 5 de setembro de 1972. O Tegretol é mencionado de passagem, com o professor Sattes ignorando o período durante o qual Anneliese tomou esse medicamento. Ele passa a impressão de que ela o tomou apenas até o verão de 1975, quando fica óbvio com base nos documentos que ela continuou usando-o quase até o dia de sua morte. Baseando-se em *duas suposições falsas*, o professor Sattes em seguida afirma que o tratamento com Dilantin tinha "suprimido com sucesso" as convulsões, quando, na verdade, ela estivera livre de convulsões durante dois anos sem os benefícios dessa medicação.

Essa suposta longa supressão das convulsões com o auxílio do Dilantin fez então com que a doença procurasse outra maneira de se manifestar, se transformando em uma "psicose psicogênica". Para sustentar essa hipótese, a qual afirma ser um fato irrefutável, o professor Sattes menciona que o dr. Lüthy suspeitou do início de uma psicose paranoica em setembro de 1973. Não foi o que aconteceu. Ele especificamente afirmou no dia 9 de fevereiro de 1977: "Àquela altura não pôde ser afirmado com certeza que houve o início de uma sintomatologia psicótica". O dr. Lüthy prosseguiu com o Dilantin e acrescentou algumas gotas de Aolept (periciazina), "que costumo receitar em casos de transtornos de neurodesenvolvimento em crianças e jovens". Um transtorno neurótico não é uma psicose.

O resumo reconhece que não existe nenhum indício de que alguém encorajou ou ordenou que Anneliese jejuasse. Existe a menção de que Anneliese entregou sua tese no final de maio de 1976, mas não que ditou a terceira parte do trabalho durante aquele mês.

O relatório do professor Sattes sobre as gravações menciona sua "grande monotonia". A fala de Anneliese é "anormal", as frases muito curtas. Com muita frequência "se tem a impressão de uma óbvia postura psicogênica assumida". É claro, ele diz, que a senhorita Michel "assume o papel de uma pessoa dominada por um ou outro demônio. Algumas declarações deixam isso bem claro". O professor Sattes não especifica se foi ele mesmo que ouviu as fitas. É provável que não, pois existem muitos erros que ele, um pesquisador conhecido e meticuloso, não teria cometido. O leitor irá achar curioso, por exemplo, saber que "ao ser questionada, ela admite, em determinada ocasião, que se identifica não apenas com o diabo, mas também com Hitler ou Eichmann" [sic para Fleischmann, o fantasma do padre caído em desgraça de Ettleben], ou que quem quer que tenha ouvido as fitas para o professor Sattes — tarefas tão tediosas costumam ser delegadas aos assistentes — teve a impressão de que "pirralha" foi um apelido dado à Virgem Maria. A declaração de que uma comparação entre as fitas de 1975 e 1976 não apresentaram nenhuma diferença é, claro, evidentemente incorreta, como já vimos, e mais uma vez demonstra a negligência com a qual o professor Sattes e sua equipe lidaram com os dados.

A avaliação do caso repete os mesmos erros de cronologia do histórico médico. "Convulsões parecidas com epilepsia" são chamadas de "epilépticas, sem sombra de dúvida", e o dr. Lüthy ganha crédito por ter suspeitado do início de uma psicose paranoica ou de uma "doença mental envolvendo alucinações". A afirmação de que "repetidos exames eletroencefalográficos apresentaram um ponto de dano na região temporal esquerda" passa a impressão errada de que muitos desses testes apresentaram tais resultados, quando na verdade apenas dois indicaram esses supostos danos. Mas o professor Sattes então declara categoricamente que "a falecida sofria — sem nenhuma sombra de dúvida — de convulsões epilépticas". Volta a repetir a declaração errônea de que visto que ela esteve tomando remédios anticonvulsivos desde 1969 — o que *não* esteve — não houve mais nenhuma convulsão tônico-clônica. O motivo para o professor Sattes estar tão ansioso em provar, sem sombra de dúvida, que Anneliese era epiléptica aparece na seguinte declaração:

> A descoberta de que a falecida sofria de epilepsia é de grande importância porque é uma questão de experiência ter o conhecimento de que pessoas acometidas por essa enfermidade em particular costumam exibir atitudes religiosas muito evidentes e exageradas, e por si só patológicas, e que no âmbito da epilepsia, mesmo que não haja mais nenhuma convulsão grave, pode haver depressão, assim como ataques paranoicos.

Em outras palavras, o professor Sattes usa a teoria da epilepsia porque lhe proporciona uma maneira conveniente, um modelo útil, para explicar a depressão de Anneliese, assim como seus ataques e "alucinações". As últimas dez páginas de sua declaração seguem insistindo nesses mesmos conceitos. Ela sofria de ideias paranoicas sobre ser pecadora, de alucinações envolvendo o diabo. Tais ideias, diz ele, podem ser vistas com bastante frequência em pessoas religiosas que sofrem de depressão. Sua incapacidade de ir à igreja, de acordo com o professor Sattes, era outro problema psicótico. Psiquiatras costumam lidar com indivíduos, explica, que têm a ilusão de estarem "possuídos", que relatam em detalhes como foi a experiência de serem controlados por demônios ou outras forças malignas.

Por via de regra, esses são sintomas da doença que podem ocorrer no âmbito da psicose afetiva, em especial em casos de alucinações referentes ao medo de ter pecado, em depressão endógena, além de esquizofrenia ou transtornos cerebrais orgânicos, como no caso de uma psicose paranoica associada à epilepsia.

Anneliese deve ter estado doente de acordo com essas definições já em 1973, ele afirma. Ela trocou a realidade por fortes conceitos afetivos. Mas, a partir de 1976, Anneliese perdeu o controle e conceitos doentios se tornaram alucinações, de tal forma que, de acordo com o professor Sattes, agora havia uma grave doença psicótica melhor caracterizada como psicose psicogênica (induzida psicologicamente) causada pela própria paciente, por autossugestão. O exorcismo realçou suas atitudes psicóticas e piorou tudo. Se um padre e um neurologista tivessem deixado claro que ela estava doente até abril de 1976, eles poderiam tê-la salvado ao convencê-la a se alimentar. A partir de junho, apenas uma alimentação forçada poderia tê-la salvado.

Quando simplificada, a proposição do professor Sattes se reduz a isto. A partir de 1969, a medicação do dr. Lüthy suprimiu com sucesso as convulsões do tipo epilépticas que de fato eram epilepsia. Visto que, supomos, Anneliese estava destinada a adoecer, a epilepsia então se transformou em psicose — na visão daquelas carrancas — e, auxiliada pelo exorcismo, em uma doença mental ainda pior, a possessão.

A evidente falha desse modelo é, claro, que as coisas não aconteceram desse modo. As convulsões não foram suprimidas pelo Dilantin — elas pararam por conta própria — e as carrancas não surgiram como resultado da supressão. Na verdade, elas apareceram muito antes, como sabemos a partir da história de sua vida. O que é realmente surpreendentemente, contudo, é o tom autoritário com o qual essa reconstrução é apresentada como uma verdade absoluta e inabalável. Nenhuma declaração científica é ou sequer pode ser assim. Isso é um conceito, uma hipótese. Não é possível que seja qualquer outra coisa.

Depois que o professor Sattes entregou seu parecer, o Tribunal pediu um esclarecimento adicional tal como uma declaração sobre se Anneliese teria sobrevivido caso o exorcismo não tivesse sido realizado. O professor Sattes era da opinião de que ela ainda estaria viva sem ele.

Na conclusão dessa declaração suplementar ele diz que, com base em um ponto de vista objetivo, os acusados deveriam ter percebido que Anneliese precisava de ajuda médica.

> Subjetivamente, contudo, eles tinham a convicção, com base em sua religião, em crenças não patológicas, de que apenas a ajuda divina era uma opção para a falecida. Não vejo como eu poderia designar essa crença, provavelmente ainda mantida pelos acusados, como doente.

Em sua declaração oral no Tribunal ele se conteve muito menos. Padre Alt:

> O professor Sattes deixou claro que não iria falar sobre religião. Mas dados os fatos do caso, não poderia evitar o assunto. Sua opinião era que o que os réus tinham como crença estava com certeza além de uma conceituação religiosa e psicológica normal.
> O juiz Bohlender então pediu que o professor Sattes prestasse bastante atenção em nós, pois era possível que, devido à falta de competência mental, ele talvez não pudesse nos sentenciar. Ele mencionou alguma cláusula legal — parágrafo 20 ou 21, acredito. O homem, acredite se puder, na verdade se esforçou para nos observar.

Quando a sra. Thora lhe perguntou durante o interrogatório o que ele teria feito por Anneliese, o professor Sattes respondeu que a teria tranquilizado, a forçado a se alimentar e a tratado com eletrochoque, tudo presumivelmente contra sua vontade.

Os advogados de defesa acharam que poderia ser útil se também obtivessem um parecer psiquiátrico formulado por especialistas de sua escolha. No entanto, a sra. Thora se deparou com quase as mesmas dificuldades que teve com os teólogos: Ninguém queria ter seu nome relacionado ao caso. Ela afinal encontrou dois psiquiatras dispostos a fazer o trabalho, ambos ligados à Universidade de Ulm. "Isso ficava longe o bastante; eles não se sentiram ameaçados", gracejou. Submeteu seus nomes ao Tribunal e eles em seguida foram designados como testemunhas técnicas.

Esses dois homens eram o dr. Alfred Lungershausen e o dr. Gerd Klaus Köhler, ambos do Departamento de Psiquiatria da supracitada universidade. O dr. Lungershausen era presidente do departamento e o dr. Köhler lecionava lá. Além disso, o dr. Lungershausen era diretor do Hospital Universitário de Günzburg, enquanto o dr. Köhler era superintendente médico de uma clínica psiquiátrica em Duisburg. O dr. Lungershausen tinha um pequeno interesse em possessão. Seu nome aparece como autor secundário de um artigo escrito por Dieckhöfer, publicado em 1971, intitulado: *O Problema da Possessão: Uma Contribuição Casuística*. O dr. Köhler, por outro lado, tinha feito pesquisas sobre epilepsia. Sua bibliografia lista diversos artigos sobre o assunto de sua autoria.

Esses dois psiquiatras apresentaram um documento complexo que consiste em uma extensa dissertação escrita em parceria que inclui os resultados dos interrogatórios dos padres Alt e Renz, comentados anteriormente. Há também um documento preliminar redigido pelo dr. Köhler e um resumo feito pelo dr. Lungershausen. A longa dissertação foi composta às pressas e sem nenhuma estrutura discernível. A bibliografia, para começar com o último elemento, é um pesadelo. Partes dela estão em ordem alfabética, outras não. Inúmeros autores indicados no texto não podem ser encontrados na bibliografia e, em contrapartida, muitos itens na bibliografia nunca aparecem no texto. Em outras palavras, a bibliografia é uma embromação. O documento, porém, é instrutivo por outras razões, pois demonstra como algumas das autoridades citadas são arcaicas pelos padrões científicos. Bräutigam, que é citado pela curiosa — para dizer o mínimo — correlação entre epilepsia noturna e humildade escreveu esse artigo em 1951. Outros citados como autoridades pela constituição de um "tipo de personalidade epiléptica" ou da "estrutura psíquica dos epilépticos" remontam aos anos 1920. Não é de se admirar: Toda essa abordagem foi descartada há muito tempo. Ainda assim, de maneira peculiar, ela é apresentada aqui em muitos detalhes a fim de consolidar os argumentos questionáveis usados para provar que Anneliese era epiléptica. A hipótese de que a percepção dos odores — o que chamamos de "alucinações olfativas" — ficava localizada no hipocampo do cérebro remonta ao final dos anos 1800 e é atribuída a J. H. Jackson, outro autor não mencionado na bibliografia.

A discussão sobre as gravações ocupa uma única página de um total de 103, dizendo apenas que não tinham nada a acrescentar à avaliação do professor Sattes. No que se refere ao texto, ele não foi editado, é um tédio de tão repetitivo e o ponto principal parece ser o de dar reconhecimento ao professor Sattes. Eles ignoram por completo suas óbvias inconsistências. Apontam, por exemplo, que o dr. Lüthy só prescreveu Dilantin para Anneliese no outono de 1972, ainda assim concordam com o professor Sattes que o Dilantin suprimiu as convulsões. Repetem a afirmação de que o dr. Lüthy suspeitou do início de uma psicose paranoica, o que não é verdade. Em 1973, destacam, Anneliese sofreu um grave ataque psicótico paranoico. Em 1975, ela desenvolveu a ilusão de possessão. Não eram danos neurológicos. Era uma psicose psicogênica. E assim por diante ao longo de muitas páginas. Quando apresentam as próprias conclusões, se enrolam em contradições, como fizeram nas avaliações dos padres. Os padres ofereceram conteúdo e forma para o comportamento psicótico de Anneliese — isto é, no exorcismo (página 81 da dissertação escrita em conjunto). Os dois padres demonstraram um alto grau de prontidão em aceitar o material apresentado por Anneliese (página 82). Em um caso de doença mental como a de Anneliese, fatores biológicos e psicossociais sustentam um ao outro — ou se opõem (na mesma página). Ela teria morrido de inanição sem o exorcismo? Provavelmente não; por outro lado, provavelmente.

Para demonstrar sua importância científica, eles então apresentam algumas de suas próprias ideias. Estas sempre são, contudo, elaborações do que o professor Sattes dissera antes. Em outras palavras, nunca saem de baixo de sua saia.

A psicose de Anneliese teve origem na infância (Sattes): Ela teve um desenvolvimento sexual conturbado que envolveu uma reação de conversão histérica à sua formação. Ela se identificava com o superego do pai autoritário enquanto suprimia os próprios sentimentos de ódio, deste modo fazendo com que se tornasse agressiva.

Os padres agiram com base em uma convicção religiosa (Sattes): Verdade, e essa convicção surgiu de pontos de vista "religiosos ingênuos — para não dizer primitivos. Os dois tendiam a ter ideias mágicas e místicas que eram, para dizer o mínimo, incomuns para teólogos do nosso tempo". Em termos psiquiátricos, embora o padre Renz tivesse um cérebro calcificado, o padre Alt era anormal. O professor Sattes só pode ter deixado de chegar à conclusão de que não era necessário realizar um exame psiquiátrico dos padres porque não teve acesso ao arquivo completo. Os demônios de Anneliese eram uma expressão de devoção ingênua.

O exorcismo piorou ainda mais as coisas (Sattes): Anneliese era o centro da doença. A radiação que emanava dela atraía principalmente intolerantes desprovidos de senso crítico, que então também adoeciam, algo encontrado com frequência em casos de supostas possessões. Era tudo muito patogênico.

Quanto ao diagnóstico, os drs. Lungershausen e Köhler adotaram com grande dedicação o modelo apresentado pelo professor Sattes, adicionando algumas de suas próprias sugestões. A personalidade de Anneliese era determinada pela epilepsia. Com base nisso, houve o desenvolvimento de uma psicose epiléptica do tipo esquizofrênico, ou talvez uma psicose epiléptica paranoica psicogênica combinada com transtornos depressivos e alucinógenos, ou, por outro lado, possivelmente também uma psicose alucinógena do tipo esquizofrênica. Não é de se admirar que o Parecer do Tribunal sentiu a necessidade de declarar que esse monte de jargões terminológicos era irrelevante. Tudo significava a mesma coisa — o que é uma questão um tanto incerta.

Há uma única boa ideia em toda essa baboseira, uma sugestão que indica que, afinal de contas, foi feita um pouco de reflexão independente das evidências. É a observação de que substâncias nocivas que afetam o cérebro podem causar transtornos periódicos em indivíduos que sofrem de convulsões. Anneliese claramente estava sujeita a tais ataques intermitentes. A ideia foi apenas incluída — talvez a título de conclusão — mas nunca desenvolvida. Do mesmo modo — e apenas em seu próprio relatório preliminar — o dr. Köhler comenta que, embora os remédios usados no tratamento da epilepsia pudessem causar psicose, não se sabe se esse é o caso com o Tegretol. E deixa por isso mesmo. Essa observação não está presente no relatório escrito em conjunto. Durante a audiência, o Tegretol é mencionado apenas uma vez. Padre Alt:

> O dr. Köhler falou sobre o Tegretol, [dizendo] que este podia, após um uso prolongado, causar o que chamou de "mudança de campos", e que por esse motivo era uma medicação perigosa,

mas o Tribunal não deu importância a isso. O dr. Lungershausen admitiu que era possível que houvesse questões religiosas para as quais a psicologia não tinha respostas. Em todos os outros aspectos, os dois concordaram completamente com as teorias do professor Sattes.

A sra. Thora ficou muito decepcionada. Achou que esses dois psiquiatras iriam falar em nosso favor. Tínhamos tido longas conversas com eles. Durante um intervalo, eu fui até o dr. Lungershausen e disse: "Dr. Lungershausen, o senhor está completamente familiarizado com o meu caso. Por favor, me diga: Como o senhor explica a condição na qual me encontrei naquela noite, quando fui atacado com tanta intensidade por alguma coisa? Como o senhor explica o fato de que, de repente, houve uma fragrância de violetas e tudo terminou? Afinal de contas, eu estava bastante calmo; eu sequer conhecia Anneliese na época; tinha só ouvido falar sobre ela". Ele respondeu, "Bem, isso é algo conhecido com base nas estatísticas", e quando lhe pedi para me dizer o que quis dizer com isso, ele apenas sorriu, como se dissesse: Como algo assim pode ser explicado a um mero padre?

Até mesmo os pais involuntariamente pioraram a posição precária na qual os padres afundavam cada vez mais. Emitiram uma declaração na qual reiteravam sua consternação por serem citados diante de um tribunal de justiça por fazerem algo que estava de acordo com os ensinamentos de sua Igreja. Repetiram diversas vezes nessa declaração a afirmação de que tinham deixado os cuidados "do corpo e da alma" da filha nas mãos da Igreja e dos padres. Esse tinha sido o argumento exato que a promotoria tinha usado, a saber, que os padres também tinham assumido responsabilidade pelo bem-estar físico de Anneliese quando levaram a cabo seu exorcismo, e foi devido à sua negligência, nesse sentido, que ela viera a falecer.

No dia 19 de abril a acusação apresentou seu caso. Exigiram que os quatro réus fossem declarados culpados de homicídio por negligência, pois teriam deixado de cumprir com suas obrigações. Os padres deveriam receber multas. Os pais, argumentou o promotor público, não deveriam ser punidos, visto que a perda da filha já era punição suficiente.

A defesa, em especial Marianne Thora, em uma conclusão muito bem escrita e com argumentos bastante persuasivos, exigiu que os réus fossem absolvidos. Anneliese tinha recusado ajuda médica com base em sua experiência prévia e tinha colocado sua vida nas mãos de Deus, considerando que sua morte seria uma penitência. Esse era seu privilégio, seu direito garantido pela constituição.

Quando, no dia 21 de abril, o juiz Bohlender tornou público o Parecer do Tribunal, ficou claro que as hipóteses dos especialistas tinham sido aceitas sem questionamento, como se fossem a declaração de um fato irrefutável, não conjeturas e inferências não demonstrativas, como, na verdade, tinham sido. O tom do Parecer se torna condescendente nesse ponto, enquanto que no restante do documento é friamente jurídico. Claro, segue o Parecer, os envolvidos no caso não poderiam saber que a epilepsia tinha se metamorfoseado em psicose, quando foi isso que, de fato, acontecera.

O Parecer ainda argumenta que em maio de 1976, no mais tardar, a paciente não tinha mais nenhuma capacidade de tomar decisões a respeito do próprio destino. O exorcismo e a influência de seu ambiente agravaram sua doença. Ao não chamarem um médico, os quatro réus tinham se tornado culpados de homicídio por negligência. Caso Anneliese tivesse sido levada a uma clínica e recebido tratamento apropriado, ela teria sobrevivido.

A sentença deixou todos aturdidos: penas de seis meses de prisão, suspensas por três anos, e custas processuais para os quatro réus. Até mesmo os jornalistas discordaram do Tribunal — e disseram isso aos réus. Os advogados de defesa deixaram claro que iriam apelar, mas até o momento em que este livro foi publicado ninguém o fez. O padre Alt, que tinha a melhor chance de ter a sentença revisada, se recusou a apelar. Essa era uma questão de Deus, disse; tribunais terrenos não poderiam julgá-la.

Se a questão legal foi, em sua maneira, enterrada para que pudesse ter um descanso inquieto, a lenda de Anneliese não foi. "Videntes" seguem espalhando mensagens sobre ela ou atribuídas a ela. Essas mensagens não vêm apenas da região natal de Anneliese. Algumas supostamente se originaram na Suíça e em Alsácia-Lorena. Ela está "nas alturas do paraíso", uma dessas mensagens dizia. Continua falando sobre o Dia do Juízo nessas mensagens e as datas de quando isso poderá acontecer circulam por aí. A última estava ligada à queda da Skylab na Terra. Quando esse evento não causou nenhuma reação dos céus, as datas mencionadas em profecias subsequentes se tornaram um tanto mais vagas.

Outros eventos também se somaram à lenda. Ernst Veth, que tinha se posicionado contra o padre Alt no julgamento, morreu de insuficiência cardíaca pouco depois. Um padre de Aschaffenburg que tinha publicamente lançado ataques injuriosos contra os réus também morreu de repente. Dois homens que tinham construído e exibido um carro alegórico parodiando o exorcismo durante o Carnaval em Klingenberg sofreram um acidente. O túmulo de Anneliese recebe muitos visitantes todos os dias. Eles viajam até o local sozinhos ou em ônibus cheios e rezam o terço. Ela se tornou o ponto focal, o centro de um renascimento religioso, muito conservador, muito arraigado na tradição popular, de certo modo retomando de onde Barbara Weigand tinha parado, de acordo com a profecia que Anneliese escrevera: "Você irá realizar a missão de Barbara Weigand".

Felicitas D.Goodman

POSSESSÃO

Capitulum 9

Ideias em Confronto

O mito da doença mental

Os réus do caso Klingenberg foram condenados porque supostamente tinham sido responsáveis pela jovem doente e não lhe tinham proporcionado ajuda médica. Embora fosse legalmente adulta, não tinha sido capaz de tomar decisões por conta própria, foi dito, e, portanto, deveria ter sido forçada a se submeter a um tratamento pelo próprio bem. O professor Sattes contou ao Tribunal o que teria sido utilizado: imobilização com sedativos; alimentação forçada e tratamento com terapia de eletrochoque. Até o dia de sua morte, Anneliese se recusou a se submeter a esse tipo de interferência brutal. O Tribunal afirmou que caso tivesse recusado, ela deveria ter sido subjugada à força para que sua vida pudesse ser salva. O professor Thomas Szasz, famoso por sua luta de longa data contra o que chama de "mito da doença mental", gosta de destacar que no mundo ocidental existem apenas dois tipos de pessoas cuja integridade pessoal pode ser violada legalmente — os criminosos e aqueles considerados "loucos". Surge então a pergunta: Anneliese era louca? Isso depende, claro, de como a insanidade é definida.

Uma maneira de definir a insanidade é dizer que ela se manifesta em um comportamento anormal. O problema com essa definição é que fazer uma afirmação geral sobre a normalidade é quase impossível. O que é anormal ou aberrante em um contexto pode ser completamente normal em outro. Em outras palavras, se uma pessoa age de acordo com as regras predominantes em sua própria cultura e se seu comportamento é consistente com as expectativas de sua sociedade, então seu comportamento é normal. Ver o comportamento sob essa luz é chamado de "relativismo cultural" e as atitudes refletidas são a base da antropologia. Antropólogos estão convencidos de que o comportamento deve ser estudado de maneira holística, no contexto das instituições, valores e significados da cultura da qual a pessoa em questão faz parte. Fazer o contrário irá levar a conclusões distorcidas e inválidas. Como o caso de Anneliese demonstra, o psiquiatra que trabalha em uma sociedade ampla e pluralista faria bem em adotar esse tipo de postura antropológica. Caso os psiquiatras que cuidaram de Anneliese como paciente tivessem sido treinados para também examinarem a cultura que com toda certeza a tinha moldado — o catolicismo profundamente enraizado na tradição camponesa — seus diagnósticos poderiam ter sido bastante diferentes. De maneira ideal, eles não teriam se apressado em apresentar a fórmula — tão desastrosa no caso de Anneliese — das convulsões como sendo sinais de epilepsia. Poderiam ter tentado encontrar outras possíveis causas para essas ocorrências. A questão é: Quais causas podemos propor?

Um caminho que vale a pena ser explorado pode ser o de alguma característica particular no sistema nervoso de Anneliese.

Lugares sagrados, temores sagrados

Anneliese era, de acordo com os relatos, dotada de um sistema nervoso mais sensível do que o da maioria das pessoas. Em indivíduos envolvidos com suas religiões, ir à igreja aos domingos produz uma certa disposição, um estímulo que proporciona nessa ocasião um prazer diferente daquele do mundo rotineiro. Para Anneliese, a empolgação costumava ser tão insuportável em sua adolescência que a deixava enjoada; à medida que a missa se aproximava do auge, ela sentia que tinha que sair correndo da igreja senão iria gritar. Ou lembre-se da reação dela ao ver imagens de Hitler em um cinema. Para outras pessoas da sua idade ele era um objeto de aversão, de uma curiosidade mórbida, talvez. Nela ele despertou um medo gélido e dominante.

Um exemplo ainda mais notável é encontrado no que aconteceu a Anneliese em San Damiano. Ela ficou fisicamente incapaz de entrar em certas áreas do local. Thea Hein tomou isso como prova definitiva de que a garota estava possuída por demônios que não suportavam estar perto de lugares sagrados. Mas o que faz com que um lugar seja sagrado? Por que em todo mundo, em todos os sistemas religiosos dos quais temos conhecimento, existem determinados locais geograficamente fixos identificados como especiais? É apenas uma questão de características geográficas, de beleza, de sua importância para a sobrevivência que os distingue, como alguns antropólogos sugerem? Todos esses fatores podem ter seus papéis em algum lugar ou outro. Mas as lendas sobre esses santuários, antes de mais nada, quase sempre contam histórias sobre como foram descobertos. Acontece de maneira bastante acidental. Alguém sente ou vivencia algo estranho, algo milagroso, não apenas em qualquer lugar na área, mas em um ponto específico. Esse "algo" está lá com um propósito, brotando de maneira inesperada como uma nova nascente, por assim dizer. Cientistas esperam que algum dia existam instrumentos que possam nos dizer o que é essa qualidade especial. Até lá, apenas o sistema nervoso bastante sensível dos "xamãs" ou "místicos" é capaz de registrá-la e falar sobre ela.

Em San Damiano, Mamãe Rosa encontrou pela primeira vez essa emanação especial e a traduziu para seu próprio idioma religioso. Tal emanação a curou. Ela teve uma visão da Virgem Maria e isso afetou a pereira, fazendo-a desabrochar fora da estação. Alguns anos depois, tanto o padre Alt quanto Anneliese experimentaram esse efeito em eventos separados. O padre Alt, evidentemente também dotado de um sistema nervoso bastante sensível, visitou San Damiano e registrou suas impressões para mim em julho de 1979:

> Eu queria tirar fotos do santuário... mas quando cheguei a uma distância de uns dez metros não consegui mais andar. Foi como se estivesse paralisado da cintura para baixo... O filme rasgou dentro da minha câmera parada e o motor da minha filmadora se recusou a funcionar. Tive a sensação de estar sendo açoitado com urtiga por todo o corpo, uma terrível sensação de queimação.

Quando bebeu do poço localizado no santuário, "toda a 'infestação' desapareceu por completo. Eu me senti revigorado, saudável, feliz, como se um fardo tivesse sido tirado dos meus ombros". E à medida que começou a penetrar mais no santuário, "...tive a sensação de que a terra começou a vibrar... [e] eu estava vibrando junto dela, como se eu tivesse passado por um campo de força elétrico... A corrente me atravessou e de algum modo me transformou, me fez estremecer com deslumbramento...".

Para o padre Alt, houve, antes de tudo, o efeito físico. Beber a água do poço de San Damiano o fez se sentir aliviado, revigorado, saudável. Ela o libertou da paralisia que ele acreditou ser uma infestação demoníaca. Ele foi embora com uma experiência de conversão, fazendo-o decidir que, como padre, deveria passar mais tempo em oração dali em diante.

Que a experiência de Anneliese foi qualitativamente parecida pode ser inferido a partir de seus arquivos. Ela observou que depois de visitar San Damiano sempre se sentia bem durante muitas semanas. Para ela, a experiência também se traduzia em uma transformação religiosa. "Fui iluminada em San Damiano", contou para Mechthild Scheuering. E em suas revelações, há uma declaração que diz que foi em San Damiano que ela "estremeceu com deslumbramento", fazendo com que percebesse que "todos os padres são um Cristo".

"Xamãs" ou "Místicos" na Sociedade

Indivíduos com um sistema nervoso bastante sensível podem ser encontrados em todos os tipos de sociedades conhecidas. Podemos imaginar tal indivíduo sobrecarregado por um cérebro no qual tudo que vem de fora reverbera, como se fosse uma rede telefônica na qual algo que o falante diz não é transmitido para apenas um ouvinte, mas para dez. Em algum momento o cérebro não consegue mais lidar com essa hiperatividade constante. Algo tem que ceder. Cientistas como Barbara Lex afirmam que há uma descarga causada por toda essa tensão que se acumula no sistema nervoso parassimpático. Essa descarga, que pode assumir uma ampla variedade de formas, costuma acontecer durante ou próximo da adolescência.

Em um determinado caso, Alce Negro, do povo Oglala Sioux, contou ao seu biógrafo, o poeta do Nebraska John G. Neihardt, como ficara inchado quando tinha 9 anos, caíra desmaiado e permanecera assim durante doze dias e noites.

Para usar um exemplo de outra parte do mundo, os húngaros têm uma tradição a respeito das crianças xamãs, ou *táltos*. Nos anos 1950, o folclorista húngaro Vilmos Diószegi reuniu uma quantidade impressionante de material sobre elas. Acredita-se que as crianças *táltos* entram em um prolongado estado catatônico ou fogem de casa e quando voltam estão ensanguentadas e com as roupas em farrapos. Podemos supor que isso seja causado por convulsões que elas sofrem, durante as quais se machucam.

É provável que as convulsões de Anneliese também se encaixem nessa categoria. Ela teve cinco delas: uma em 1968, uma em 1969, duas em 1970 e outra em 1972, além de uma branda, que não mencionou, em novembro de 1972. Costumavam acontecer à noite, por isso ninguém nunca a observou enquanto aconteciam. Ela as descreveu em grande parte como uma sensação assustadora de pressão, acompanhada de uma incapacidade de mexer os braços ou de gritar. Seus médicos diziam que eram "do tipo epiléptico" e visto que não tinham ciência de que poderiam ter alguma outra causa, eles então presumiram que eram de fato epilépticas. Após a terceira convulsão — aquela que sofreu quando esteve no sanatório em Mittelberg — um EEG de sua atividade cerebral foi feito, mas os resultados foram inconclusivos. E quando o dr. Lüthy mais tarde realizava um EEG — o que fez diversas vezes — o resultado era sempre normal, um padrão fisiológico alfa.

Anneliese descontrolada

Foi apenas quando a dra. Schleip realizou um teste enquanto Anneliese dormia em seu laboratório — uma situação na qual a garota não poderia exercer nenhum controle consciente — que aconteceu algo que a dra. Schleip descreveu como um padrão de descargas irregulares no lobo temporal do cérebro. Ela acreditou que isso significava que os "ataques epilépticos" se originavam ali e que provavelmente havia um "dano neurológico orgânico" no local. Indivíduos que de fato têm um ferimento nessa região do cérebro, em especial se o ferimento abrange o córtex medial ou basal do lobo temporal ou partes de seu invólucro, sofrem com alucinações, despersonalização e súbitos ataques sensoriais subjetivos, como sentir o cheiro de odores desagradáveis.

Anneliese não tinha contado à dra. Schleip sobre as carrancas, mas mencionou os maus odores e também as breves crises de ausência, ou seja, ataques de inconsciência que sofria desde outubro de 1972. Portanto, é possível entender por que a dra. Schleip teve tanta certeza de ter detectado a causa certa das queixas de Anneliese. Durante a necropsia, contudo, não foi encontrada nenhuma lesão nos lobos temporais, nada em absoluto que pudesse confirmar o diagnóstico da dra. Schleip.

Uma realidade diferente

Sabemos a partir de relatos de pessoas hipersensíveis que, além dos aspectos físicos, elas *vivenciam* algo que, na maioria das vezes, envolve a visão. Durante o período no qual ficou deitado como se estivesse morto (em um estado catatônico), Alce Negro teve uma visão grandiosa e muito complexa de seu povo, a nação Sioux, passando por muitos estágios diferentes. As crianças *táltos* veem um mestre *táltos*, com quem precisam lutar, avançando até elas. E Anneliese começou a ver as carrancas, aqueles assustadores rostos demoníacos. A questão de enxergar algo, uma realidade diferente, seja ela anterior, além ou dentro da normal, se transforma em um problema para o hipersensível, um cativeiro prolongado. É como se o cérebro, depois da enorme descarga das convulsões, fosse incapaz de voltar a "funcionar normalmente". Como Anneliese disse: "Não é depressão, é uma condição". Estava falando com o dr. Lenner, portanto não mencionou as carrancas, cujas aparições traziam a depressão em sua esteira. A condição pode se prolongar durante anos, como no caso abaixo relatado a mim por uma das minhas alunas:

Quando tinha uns 14 anos, de repente cheguei a um ponto onde não conseguia lidar com a escola ou com um grande número de pessoas. Isso piorou depressa até o ponto onde tive dificuldade em estar na companhia de qualquer pessoa. Isso me deixava bastante desconfortável — parecia que eu tinha perdido toda a habilidade de me comunicar. Muitas vezes não conseguia falar nada, em outras conseguia, mas não gostava. Passava muitos dias andando de 8 km a 32 km porque não suportava entrar no prédio da escola. Ficar na cidade também era um incômodo. Enquanto caminhava no campo, eu me sentia em paz, aberta ao mundo natural e à solidão. Tudo era vibrante e cheio de poder e vida. Costumava afundar até os joelhos na terra, que era um ser acolhedor que irradiava luz. As plantas e pedras eram exuberantes, coloridas e muito iluminadas. Às vezes, me sentia esticada por sobre a terra até onde a vista alcançava naquele terreno plano. Nas montanhas eu de repente enxergava toda a cordilheira e então voltava em disparada até o interior de uma folha. Durante esse tempo eu raramente sentia fome ou cansaço. Meu sono era errático, a qualquer hora, de dia ou de noite, por curtos períodos. A maioria das comidas me parecia repugnante. Não conseguia fazer nenhuma refeição. Havia muito barulho, havia muitas pessoas, muitas coisas acontecendo. Levantava tarde da noite ou bem cedo pela manhã quando a casa estava quieta e comia um pouco de granola seca. Isso era a única coisa que conseguia engolir. Nunca sentia frio durante esse período, me sentia bastante quente de vez em quando, embora isso não parecesse ter nenhuma ligação com minhas roupas ou com o clima. Nunca sentia dor, exceto uma vez, quando sofri um corte bem fundo no pé. A dor foi apenas momentânea e o corte fechou depressa. Quase sempre andava descalça, mas não era incomodada pelo calor ou frio. Só a neve fazia meus pés doerem algum tempo depois. Costumava brincar muito com fogo, colocando fósforos acesos nas mãos e nos pés, pegando carvão, apagando velas com os dedos. Podia sentir o fogo vagamente, mas nunca ficava com bolhas ou com dor.

Em janeiro de 1975 larguei a escola e quase me isolei por completo durante muitos meses. Às vezes trabalhava com meus animais [ela possuía inúmeros cavalos], mas em grande parte ficava nesse mundo intensamente vivo. Também fiquei tremendamente forte durante esse período. Lembro de mudar dormentes ferroviários de lugar com pouquíssimo esforço, algo que exige bastante força de mim agora. Não me lembro muito bem de pegá-los. Eu levantava uma ponta, depois os levava até onde os queria. Flutuava para dentro e para fora da "realidade". As vezes em que eu tinha algum contato com outras pessoas e com o mundo se tornaram cada vez mais raras.

Além de alucinar e, até certo ponto, suspender algumas funções físicas como comer e dormir, essa aluna também sofreu outra reação onde ficava mais ou menos imobilizada em uma condição catatônica, a qual interpretou como uma necessidade irresistível de dormir:

Houve um período durante o qual dormi por quatro dias. Eu me levantava para comer uma vez por dia, talvez, e voltava direto para a cama. A mulher com quem estava me hospedando achou que eu estava com mononucleose e me levou a uma clínica. Não encontraram nada errado comigo. Eu estava bastante desorientada. Não tinha nenhuma percepção de tempo.

Ao que parece, nesse caso, as convulsões iniciais passaram despercebidas: "Quando tinha uns 14 anos, de repente cheguei a um ponto...". Há, em um sentindo mais amplo, uma experiência religiosa ("A terra era um ser acolhedor que irradiava luz") ligada à visão. A experiência dessa aluna se estendeu ao longo de muitos anos.

Pedido de ajuda

Os hipersensíveis consideram essa condição prolongada, na qual o que veem e vivenciam interfere com a realidade normal, como um tipo de cativeiro. As crianças *táltos* "batalham contra *táltos* mais velhos" em uma tentativa de se libertarem. Anneliese falou sobre um "buraco" no qual se encontrava e do qual não conseguia sair. Eles, portanto, recorrem à ajuda dos curandeiros de suas respectivas sociedades. As crianças *táltos* apelam aos *táltos* versados mais velhos ou aos xamãs. Anneliese, como membro de uma sociedade com inúmeras especializações, consultou os representantes de dois grupos distintos e antagonistas, os psiquiatras e os padres.

Qualquer que seja a orientação profissional do curandeiro, todos precisam esclarecer, em primeiro lugar, se o caso diante deles requer sua interferência. Com este propósito, precisam avaliar o comportamento. A pergunta básica é sempre a mesma: Estamos lidando com uma verdadeira experiência religiosa de uma pessoa clinicamente saudável ou é possível que seja alguma doença física refletida em um comportamento perturbado? Em sociedades não ocidentais, os especialistas têm uma tradição intacta que os informa a respeito de quais sintomas específicos procurar. Isso faz com que seja possível para eles distinguirem entre um hipersensível e alguém que "apenas se senta à margem do oceano e tenta esvaziá-lo com um balde furado", como um curandeiro comentou com um antropólogo.

No caso de Anneliese, infelizmente, os psiquiatras não contaram com nenhuma tradição assim. O dr. Lüthy teve algumas dúvidas sobre se Anneliese era de fato epiléptica. Ele falou a respeito da probabilidade, não da certeza, de tal diagnóstico duas vezes em seu interrogatório no dia 9 de fevereiro de 1977. Foi apenas quando outro ataque ocorreu que ele se sentiu confiante o bastante para prescrever um medicamento anticonvulsivo. Se de fato sugeriu que Anneliese procurasse o conselho de um jesuíta não é assim tão importante, o importante é sua negação veemente do fato. Se tivesse dito aquilo, isso implicaria, aos olhos de seus colegas, que ele estava disposto a admitir que uma experiência religiosa poderia ser um diagnóstico alternativo. Em vez disso, dentro de sua cultura profissional, ele teve que insistir que o relato dela confirmava seu diagnóstico: convulsões somadas a "alucinações" religiosas era igual à epilepsia.

Experiência religiosa e estado de consciência

Uma experiência religiosa inclui a mudança para um estado diferente de consciência, popularmente conhecida como transe. De modo geral, o cérebro humano é capaz de assumir de maneira espontânea um número considerável de diferentes estados de consciência. Com treinamento, muitos outros podem ser acrescentados, como pessoas engajadas em práticas meditativas sabem muito bem. Desses estados, como o psiquiatra Roger Walsh explica em um artigo sobre o assunto, as ciências comportamentais ocidentais costumavam reconhecer apenas três como "normais": o normal, o sonhador e o dormente sem sonhos. Além disso, o posicionamento aceito mantido por essas disciplinas (isto é, sociologia, psicologia e psiquiatria) era que o estado de consciência comum era o melhor, capaz de analisar e avaliar percepções em qualquer outro estado, agindo, desse modo, como medida para a validade de seus insights ou cognição. Na verdade, Walsh argumenta, nós deveríamos encarar os estados de consciência como um conjunto, onde cada um dos diversos estados distintos são subconjuntos. Embora tenham certas características em comum, cada um tem sua própria percepção, afeto e cognição específicos. As experiências que uma pessoa tem em um estado de consciência pode ser validada ou rejeitada com base nos insights obtidos pelo outro.

Novas fronteiras da antropologia psicológica

Dos diversos estados de consciência nos quais o cérebro humano pode ser sintonizado, o mais importante para a antropologia é o religioso. O interesse nesse estado foi evidenciado relativamente tarde entre os assuntos tratados pela antropologia psicológica, como descobrimos em um livro escrito pela antropóloga Erika Bourguignon em 1979. A princípio, a antropologia psicológica nos Estados Unidos nos anos 1920 e 1930 se originou de uma preocupação com a relação entre cultura e personalidade. Ela difere da psicologia norte-americana por seus métodos comparativos interculturais. Foi graças principalmente ao crescente uso e aceitação do público das experimentações com estados de consciência durante os últimos vinte anos que a antropologia acrescentou esse tópico à sua gama de assuntos. Além disso, o antropólogo sabia com base em trabalho de campo como, em particular, o estado de consciência alterado pela religião (ECAR) era onipresente. Estudos etnográficos provaram que praticamente não existe nenhuma sociedade ou grupo religioso que não usa o ECAR como recurso central em suas cerimonias. Longe de ser um sintoma de uma grave doença mental, como os especialistas no julgamento em Aschaffenburg proclamaram com tanta confiança, Anneliese se envolveu em uma atividade humana bastante normal.

Dimensão física do E C A R

Obras antropológicas que lidam com o ECAR em muitas culturas descrevem os rostos de indivíduos em um ECAR como contorcidos e soturnos, que foi como Anna Michel, assim como Peter e Anna Lippert, descreveu o de Anneliese. "O rosto dela ficou rígido, uma máscara demoníaca", foi uma expressão ouvida com muita frequência. Os indivíduos exibem pupilas bastante dilatadas. Isso também sabemos ter sido verdade com Anneliese. O padre Alt notou isso, assim como Anna Michel. "Os olhos da nossa Anneliese ficavam muito pretos", ela disse.

Não apenas os rostos dos indivíduos em transe ficam rígidos e imobilizados, mas também suas extremidades. As mãos crispadas de Anneliese costumavam ser descritas como "se tivessem se transformado em patas". Dizia-se sobre o padre Pio que enquanto celebrava a missa, ele tinha dificuldade em fazer o sinal da cruz porque suas mãos ficavam muito tesas. Anneliese mencionou essa rigidez inúmeras vezes. Suas pernas eram como duas varetas, dizia. O jeito estranho de andar que resulta dessa condição é geralmente relatado. Eu o vi com muita frequência nas igrejas apostólicas no Iucatã. Era Satã que a deixava tão dura, Anneliese afirmava, e seu anjo da guarda fazia ginástica com ela para superar essa rigidez.

Como sinal de grande agitação interna, indivíduos em ECAR podem sofrer tremores. Alguns estremecem apenas de leve, como em congregações norte-americanas, onde intensas manifestações são desprezadas;

outros podem estremecer visivelmente, como o padre Pio costumava fazer durante a missa. Ou podem realizar movimentos muito rápidos, tais como aqueles relatados no caso de Anneliese, que com frequência tremia e se contorcia. De acordo com as anotações do padre Renz, ela também parecia estar sendo sacudida por alguém. Ela se balançava como se fosse empurrada por trás, abanava a cabeça de um lado para outro e caía de joelhos com muita velocidade.

Uma vez em ECAR, o indivíduo não responde com facilidade a estímulos externos. Ele se "foi", não pode ser abordado. Apenas não percebe o que está acontecendo ao seu redor. É possível falar com ele, até mesmo pisar em sua mão por engano quando estiver prostrado no chão; ele permanece alheio a tudo. Em uma das fitas há um exemplo desse fenômeno envolvendo Anneliese e o padre Renz. Ele está entoando uma oração em latim e o demônio está rosnando e gritando. O telefone toca muito alto; deveria estar no mesmo cômodo. Fica claro na maneira como o volume da voz do padre Renz muda que ele se virou na direção do telefone, mas não há nenhum indício de reação na vocalização de Anneliese.

Eventos no cérebro: a evidência das gravações

Padrões comportamentais tão notáveis, muito diferentes do modo como as pessoas se comportam no estado de consciência normal, deve ser o resultado de equivalentes mudanças no cérebro. Descobri-las seria de grande interesse científico, mas a questão de como podemos ter acesso a elas continua. Registrar ondas cerebrais não parece ser a resposta. Antes de tudo, é bem possível que essas mudanças aconteçam tão fundo no cérebro a ponto de não serem registradas pelos eletrodos grudados ao crânio. Além disso, muitos indivíduos se mexem bastante quando estão em ECAR, portanto os traçados das ondas cerebrais são contaminados pelos chamados artefatos de movimento. Além disso, na maioria das comunidades religiosas o uso dos equipamentos eletrônicos necessários seria totalmente inadmissível.

Existe uma possibilidade, contudo, de compreendermos algo sobre os respectivos eventos cerebrais através de uma rota alternativa e indireta, a saber, ao examinarmos os padrões de fala de indivíduos em

ECAR. Por ser uma linguista treinada, fiquei fascinada ao descobrir, na literatura, relatos recorrentes de que pessoas em transe também falavam, ou de modo inteligível — nesse caso de uma maneira estranha e forçada — ou em sílabas ininteligíveis. Em suas próprias comunidades religiosas, tal fala era interpretada como uma mensagem de um ser da realidade separada ou como um idioma desconhecido. Em igrejas cristãs isso era chamado de "falar em línguas". Em seguida, foi realizada uma análise das declarações de falantes em ECAR representando as seguintes comunidades religiosas e dialetos ou idiomas: uma congregação "Streams of Power" na ilha de São Vicente (inglês caribenho afrodescendente); uma tenda de avivamento em Columbus, Ohio (inglês das montanhas Apalaches); diversas igrejas protestantes no Texas (dialeto de prestígio inglês); congregações apostólicas no Iucatã (maia); congregações apostólicas na Cidade do México (espanhol); um ritual mediúnico em Acra (ga, um idioma cuá de Gana, África); uma congregação da Sociedade Cristã na ilha Nias na Indonésia (nias, um idioma austronésio); e um culto de cura em Bornéu (rungus-dusun). Todas essas falas tinham em comum algumas características notáveis. As vocalizações eram muito rítmicas, como métrica poética. As unidades de fala eram iguais em tamanho. Por exemplo, se um falante entoava, "ulalala dalala, takan dalala ulala", então na próxima vez que dizia isso a unidade inteira tinha a mesma duração. Alguns falantes precisavam de mais tempo para pronunciar uma unidade de fala, outros menos, mas sempre obedeciam a essa regra. De vez em quando, um falante ficava cansado. Depois de emitir sua vocalização, ele precisava de um período de recuperação durante o qual poderia balbuciar alguma coisa. Então retomava seu padrão mais uma vez. No geral, uma fala — algo como uma frase em um idioma natural — começava no registro médio do falante, então se elevava a um pico quando chegava a um terço da fala e abaixava até ficar quase inaudível. Quase todos falavam dessa maneira.

Essa foi uma descoberta bastante significativa porque, em contraste, idiomas naturais não agem desse modo. Ou, para ser mais exata, os falantes no estado de consciência normal não lidam com seu padrão de fala dessa maneira. É claro, existe o que pode ser chamado de melodia de fala característica de cada idioma. Mas, além disso, a entonação da frase pode ser mudada de maneira arbitrária, com frequência passando por cima da melodia específica do idioma, a fim de acomodar significado. Por exemplo, considere as seguintes frases: *John* está no jardim; John *está* no jardim; John está *no* jardim; John está no *jardim* — dependendo do que o falante quer enfatizar. Não existe nenhum caso no qual a mesma melodia é sempre repetida, como acontece durante um ECAR. Além do mais, é claro, dificilmente existe um exemplo na fala em um estado de consciência normal onde todas as frases têm a mesma duração.

Para complementar as observações anteriores, as diversas faixas sonoras também foram examinadas com a ajuda de um medidor de nível. Esse medidor é um instrumento usado no laboratório de fonética; a agulha pula sempre que existe uma ênfase. Nas frases anteriores, a agulha iria traçar um pico nas palavras "John", "está", "no" ou "jardim", dependendo de onde a ênfase estivesse. Para falas durante um ECAR, as curvas resultantes exibiam um pico no fim do primeiro terço da unidade de fala com uma regularidade monótona.

As regularidades impressionantes descritas acima nos dizem que os processos neurológicos durante um ECAR são totalmente constantes, obedecendo leis neurofisiológicas muito rigorosas que são diferentes daquelas obtidas durante o estado de consciência normal, quando o medidor de níveis da fala apresenta uma distribuição aleatória de curvas. Também são diferentes do padrão obtido na fala durante a hipnose. Graças à forma regular e previsível da curva da fala em ECAR, ela agora pode ser usada a fim de determinar se, durante um certo ritual, o falante estava de fato em um ECAR ou não. Essa foi, claro, uma questão importante que precisou ser investigada no caso de Anneliese. Com esse propósito, um total de trinta minutos de suas falas — as declarações dos demônios — foi transcrito com o medidor de nível a partir de uma gravação do dia 22 de outubro de 1975. E, de fato, a vocalização de Anneliese bateu exatamente com todas as outras analisadas anteriormente. Isso significa que Anneliese sem dúvida estivera em um ECAR durante as sessões de exorcismo. Quase imediatamente, ela desenvolveu um sistema muito complexo. Além de um berro curto, ela utilizava duas formas básicas, um grito e um rosnado. Duas variações de cada são apresentadas na Figura 3. Ela gritava ou dizia alguma coisa com a mesma entonação, como demonstrado em (a), ou rosnava ou dizia alguma coisa com uma entonação diferente, como pode ser visto em (b). A maioria de suas falas, ademais, era muito alta e tinha uma característica de rouquidão. Ainda assim, quando voltava a um estado de consciência normal, sua voz não soava rouca. O provável motivo era que no estado alterado ela usava as dobras ventriculares, as cordas vocais superiores ou falsas, não as cordas vocais verdadeiras. As falsas são localizadas um pouco mais para cima. Essa também pode ser a razão pela qual ela, às vezes, era capaz de fazer vibrar dois registros simultaneamente: Ela ativava ambas as estruturas ao mesmo tempo. Era um belo de um truque, e os monges tibetanos se dedicam ao treinamento dessa arte.

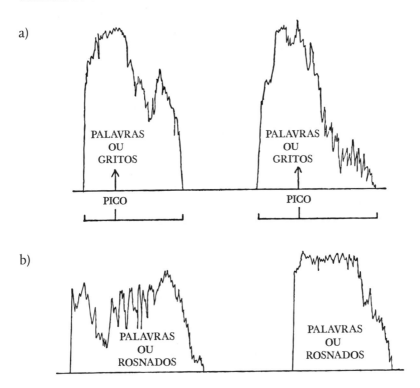

Figura 3. Vocalização de Anneliese apresentada em um diagrama. As curvas são simplificadas a partir dos traçados do medidor de nível. (Brühl e Kjaer, Copenhague, Modelo 2305)

Até o fim de outubro, quase todas as unidades de fala de Anneliese duravam três ou quatro segundos e eram com frequência reunidas em frases de sete segundos. Isso foi o que instigou os psiquiatras que ouviram as fitas a comentarem que sua fala era "primitiva" ou "grotescamente monótona". Essa monotonia não se dava apenas por conta da mesma duração das unidades. Era reforçada pelo fato de que o padrão de entonação era sempre o mesmo. Isso acontece porque assim que o estado alterado é estabelecido, uma pessoa perde temporariamente o controle sobre a fala e se torna um instrumento que expressa um tipo de atividade cerebral "pulsante". É, a propósito, quase impossível para o indivíduo imitar esse jeito de falar quando se encontra no estado de consciência normal. A regra autocrática da atividade cerebral pulsante leva em conta certas peculiaridades do que é significativo, isto é, as exclamações demoníacas que ouvimos nas gravações. Por exemplo, aquele doloroso, *"auf alle Ewigkeit verdammt* — condenado por toda a eternidade", não é apenas acentuado no "E" de *Ewigkeit* — o pico da fala no fim de seu primeiro terço — mas também termina com um "o - oh", o que faz um sentido incrível, mas que também é necessário por conta da exigência da entonação decrescente, que por sua vez é uma expressão do que o cérebro faz nesse estado e do qual não irá se desviar. A Figura 4 reproduz isso de maneira gráfica, mostrando como a entonação em transe domina a melodia do idioma natural (a), que é apresentada para comparação (b). A segunda frase na Figura 4 diz, *"Selbstmord, ha ha* — suicídio, ha ha", referindo-se à morte de Hitler. Ao contrário da entonação em alemão, que requer que a sílaba tônica seja a primeira, esta em vez disso cai na parte do *–mord*, e o "ha ha" preenche a linha decrescente da curva. O padrão ocioso, o rosnado, dura três ou quatro segundos, então temos *"Ich hab's gedürft, hihi* — eu tive permissão para fazer isso", ou *"leider, leider, leider...* — infelizmente", que é repetido até os três ou quatro segundos terem se esgotado. Até mesmo a incapacidade do "demônio" em fazer uma pergunta direta se dá devido a essas mesmas restrições. Em alemão a entonação interrogativa se eleva no final, assim como acontece na maioria das vezes em inglês. Mas a entonação da frase do transe fica muito mais baixa do que qualquer frase em um idioma natural, e é impossível fazer uma pergunta dessa maneira.

a)

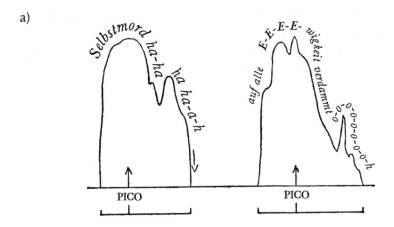

b)

Figura 4. a) Falas significativas sob a influência da entonação de um transe regular. b) Uma das muitas possíveis entonações da mesma frase em um estado de consciência normal.

Medo ou alegria, Céu ou Inferno

A experiência religiosa de Anneliese foi uma de medo e desespero. Surge a questão: Entrar em um ECAR é sempre aterrorizante? A resposta é não. Na verdade, na maioria das vezes é uma experiência bastante gratificante que proporciona alegria ou euforia intensa. As pessoas se sentem intoxicadas; ficam "chapadas". A experiência de Anneliese é muito mais rara. A agitação do transe religioso é como um trem viajando em alta velocidade. De repente, ele chega a uma bifurcação na ferrovia. Mãos invisíveis mudam a alavanca para os trilhos de cima ou para os de baixo. Se o trem viajar pelos trilhos de cima, os passageiros chegarão a um lugar de felicidade; no outro caso, serão levados ao longo dos trilhos de baixo e terminarão em um buraco incandescente de terror. No que se refere ao cérebro, isso é literalmente verdade, pois enterrados no sistema límbico, a região das emoções, se encontram tanto o centro do prazer quanto o da punição. Todos os seres humanos carregam consigo seu próprio céu e inferno.

Sheila Womack, uma antropóloga da Universidade City Science Center na Filadélfia, acredita que estamos lidando com um caminho disposto quimicamente. De acordo com a dra. Womack, sob o estímulo do transe religioso o cérebro sintetiza compostos químicos chamados endorfinas. Elas fazem duas coisas: Bloqueiam certas conexões entre os hemisférios esquerdo e direito do cérebro para que o cérebro como um todo não consiga mais verificar o que está acontecendo e permitem o acesso ao centro de prazer no sistema límbico. O caminho para o centro de punição também deve, claro, ser marcado dessa maneira por uma mudança bioquímica, mas até o presente ainda não sabemos qual é.

O caso de Anneliese, contudo, proporciona algumas pistas iniciais. Sabemos, por exemplo, que quando possuída, Anneliese exalava um mau odor muito característico. Durante o exorcismo, que é projetado para curar a possessão demoníaca, esse mau funcionamento químico, e com ele o mau odor, desapareciam. O padre Alt se lembra do incidente específico relatado abaixo:

> Estávamos sentados depois do exorcismo, descansando. Eu estava sentado ao lado de Anneliese. Ela estava "livre" e estávamos tendo uma conversa agradável. De repente, tive a sensação de que "alguma coisa" estava prestes a acontecer. Instantes depois senti o fedor e então ela gritou.

O fato de que estamos lidando com verdadeiras mudanças bioquímicas mensuráveis no corpo durante o que é vivenciado como um ataque demoníaco é sustentado pela seguinte observação do padre Alt:

Durante o período em que estive sofrendo de infestação demoníaca, ao realizar alguns testes em mim mesmo, percebi de repente que desenvolvi uma considerável deficiência de ferro, assim como uma queda nos níveis de manganês. Meus rins não funcionavam direito; houve uma queda nos níveis de nitrato de potássio e de outras substâncias. Em outras palavras, eu estava erodido.

Anneliese, assim como outros indivíduos que já tiveram uma experiência parecida, sempre usava muitas obscenidades durante um ECAR, o que proporciona uma ligação com uma anormalidade comportamental chamada de coprolalia. No linguajar médico, é conhecida como síndrome de Tourette. É uma aflição onde as pessoas exclamam obscenidades em surtos, chamados de tiques verbais, ao que parece com pouco controle sobre o próprio comportamento. A dra. Womack sugere que o "falar em línguas" dos cristãos e a coprolalia proferida por Anneliese, por exemplo, passam pelo mesmo processo cerebral subjacente, exceto que um é uma expressão de uma experiência positiva e o outro de uma negativa. Pesquisas parecem confirmar isso, visto que sem dúvida não existe nenhuma diferença na entonação de um falante em línguas e de alguém como Anneliese quando ambos são examinados com o auxílio do medidor de nível.

Em termos médicos, é possível então especular que a experiência de Anneliese representa algo como um mau funcionamento de determinados sistemas. Isso está de acordo com a visão das sociedades de caçadores e coletores que sobreviveram e têm as mais extensas tradições ininterruptas que envolvem o transe religioso. Elas consideram a experiência positiva como sendo a normal, a que deve ser esperada. Para elas, a experiência negativa pode ser causada pelo choque; pode acontecer, por exemplo, se um erro é cometido na execução de um ritual. Elas a consideram como uma doença, algo que precisa ser curado. A tradição católica procede de modo parecido. A possessão demoníaca é relativamente rara; pode ser causada por uma maldição (isto é, um confronto social) e precisa ser tratada com um exorcismo.

A dimensão do mistério

Quais são as manifestações psicológicas do ECAR? O que as pessoas vivenciam nesse estado de consciência em particular? O psiquiatra Roger Walsh explica no mesmo artigo mencionado anteriormente que "sensibilidade e clareza perceptivas, atenção, receptividade, senso de identidade e processos perceptivos, afetivos e cognitivos variam de acordo com o estado de consciência de maneiras aparentemente precisas e previsíveis" (p. 665). Portanto, se a cognição e a percepção variam de acordo com o estado de consciência, é evidente que a realidade percebida em um estado não precisa ser idêntica àquela percebida em outro. Na verdade, ela sem dúvida será diferente. Além do mais, até mesmo a qualidade da realidade percebida no estado de consciência normal precisa ser questionada. Eugene G. d'Aquili, professor de psiquiatria da Universidade da Pensilvânia, alerta que embora "a questão da validade da percepção do mundo durante estados de consciência alterados... ainda permaneça sem resposta, não podemos confirmar com certeza o estado da realidade externa nem mesmo considerando a consciência normal".[1] O motivo pelo qual precisamos ser céticos em relação a nossa habilidade de julgar o que é "real", ele diz, é porque "precisamos estar bastante cientes do que é real apenas na medida em que isso é estruturado pelo modo analítico do pensamento". O modo analítico, claro, é uma marca da consciência normal e assim, como Walsh também adverte, não pode ser usada para avaliar a validade da percepção de qualquer outro estado. Essa também é a conclusão à qual d'Aquili chega: "Quaisquer critérios que usemos para julgar um estado de percepção não são aplicáveis em outros estados porque, na verdade, estamos lidando com dois mundos separados" (p. 273).

O psiquiatra reitera aqui o que os antropólogos descobriram com base em trabalho de campo. Na visão de mundo das pessoas ao redor do globo, a realidade comum é acompanhada por sua realidade gêmea. Carlos Castaneda cunhou o termo "realidade separada" para se referir a ela. Quer aceitemos ou não a opinião dos psiquiatras sobre a qualidade

---

1   *Zygon* 13: 257–75.

efêmera de qualquer tipo de realidade, precisamos com certeza estar cientes de que a realidade separada tem validade social. No universo das sociedades, incontáveis milhões de pessoas agem de determinado modo a fim de demonstrarem que em sua experiência a realidade separada sem dúvida existe "em algum lugar". No entanto, ela é diferente para sociedades diferentes. Em outras palavras, enquanto a capacidade de entrar em um ECAR é uma habilidade física que todas as pessoas compartilham, a percepção cultural da realidade encontrada nesse estado é padronizada culturalmente. Para fazermos uma comparação, a realidade separada pode ser imaginada como um vasto espaço. Cada sistema religioso pode abranger apenas uma pequena parte dele. Do mesmo modo, visto que diversos países são habitados por pessoas que falam idiomas diferentes, que têm heróis diferentes e que vivem sob diferentes formas de governo, a realidade separada também é muito distinta em suas muitas partes. Por exemplo, ainda que os hindus da Índia, os chineses tradicionais, os iorubas da Nigéria e os católicos romanos professem religiões agrícolas caracterizadas por uma divindade rodeada por uma variedade de especialistas, elas sem dúvida também diferem em muitos aspectos importantes.[2] Em grandes estados estratificados modernos uma outra distinção é introduzida pela tradição ocidental supostamente científica. Durante pelo menos dois séculos, essa tradição enfatizou a preeminência do estado de consciência comum como fonte do conhecimento, a ponto de excluir todos os outros estados, para os quais não eram mais proporcionados treinamentos. Isso gerou uma situação onde, como Walsh diz: "É muito difícil, se não impossível, reconhecer as limitações do estado de consciência normal se ele é tudo o que um indivíduo já vivenciou" (p. 665).

No caso de Anneliese essas duas tradições — de um lado aquela dos vinicultores; do outro a do sistema científico — bateram de frente. A estratégia desta última foi declarar que embora a facção religiosa pudesse ter qualquer crença que desejasse, dizer que estava tendo experiências com demônios era com certeza uma doença. O que isso demonstrou

---

2   Concluí recentemente o estudo comparativo no qual essas observações são baseadas que será publicado sob o título *In The Dreaming: A New Look at Religious Behavior*.

foi uma abnegação da validade da experiência caso tal experiência não tivesse acontecido no estado de consciência normal. O dr. Lüthy descartou o relato de Anneliese sobre ter visto semblantes diabólicos como algo que ela nunca vivenciou. Isso é incompreensível para alguém que, em suas próprias palavras, esteve presente. Pois experiências em ECAR possuem um enorme senso de realidade. Seus objetivos são tridimensionais; é possível andar em volta deles e os examinar de todos os ângulos, como Carlos Castaneda descobriu. De acordo com Cervo Aleijado, um homem santo do povo Sioux:

> A verdadeira visão precisa sair de seu próprio ser. Não é um sonho; é muito real. Ela atinge você abrupta e nitidamente como um choque elétrico. Você está bem desperto e, de repente, há uma pessoa parada ao seu lado que você sabe que não poderia estar ali de jeito nenhum. Ou alguém está sentado ali perto e de súbito você também o vê no topo de uma colina a 800 metros de distância. E ainda assim você não está sonhando; seus olhos estão abertos (p. 64–65).[3]

Os demônios e a Igreja

A história de Anneliese é uma experiência. Ela via as carrancas; os demônios possuíram seu corpo. Durante a cerimônia de exorcismo, os padres, seus pais, suas irmãs e outros presentes viram e ouviram provas da realidade dos demônios: Eles tinham atuado no corpo da garota e falado através de sua boca. Ainda assim, nem mesmo sua própria Igreja, cujo dogma oficial confirma a realidade de Satã e de seus comparsas, apoiou suas alegações.

---

3 Cervo Aleijado/John Fire e Erdoes, Richard, 1975. *Lame Deer: Seeker of Visions*. Nova York: Simon and Schuster.

A Igreja Católica contemporânea parece ter a convicção de que a abordagem científica ocidental é o futuro. Muitos de seus teólogos adotaram a opinião de que os demônios são na verdade símbolos de algo que adequadamente pertence ao domínio da realidade comum. Como o teólogo de Tübingen, o professor Herbert Haag, bastante citado durante o julgamento, diz em seu livro *Abschied vom Teufel* [Adeus ao Diabo]:

> Se contemplarmos os conceitos do "mal" ou do "poder do mal", então estamos lidando com um termo indefinido, algo apenas conceitualizado. Deve ficar claro que o "mal" em si não existe. O "mal" existe apenas desde que tome forma em uma pessoa através do que ela quer ou faz. O "mal" não existe, apenas pessoas más (p. 8).

Essa é a proclamação da emancipação do católico ocidental focado nas ciências a partir de sua tradição agrícola. Teólogos como o professor Haag estão, claro, em boa companhia. Se Weston La Barre, um antropólogo que reduz o comportamento religioso a termos freudianos, diz, "Não há nada aqui embaixo a não ser nós, as pessoas", então essa é uma afirmação da mesma crença. Assim como a citação a seguir de Carl G. Jung: "O que costumava ser chamado de demônio é agora chamado de neurose". O dr. Köhler a copiou em seu Parecer individual, mas não soube em que direção seguir a partir daí, então a removeu.

A experiência da possessão

Haag afirma que se você não acredita no diabo, também não irá acreditar em possessão. Existem dois erros em seu argumento. O primeiro é que o foco central da possessão é a crença nela, a percepção de que é verdadeira. Não é assim. A possessão é uma experiência em ECAR, uma que muitas pessoas vivenciam com regularidade em muitos rituais religiosos diferentes. O segundo erro é a opinião de que a possessão ocorre apenas em conjunto com o diabo. Na maioria dos casos isso não acontece. Muitas pessoas em seitas pentecostais e, mais recentemente, católicos carismáticos são com frequência possuídos não pelo diabo, mas pelo Espírito Santo.

A psiquiatria ocidental está mais bem informada nesse caso — esta pelo menos admite que o fenômeno existe. Na verdade, ela reuniu um grande conjunto de teorias sobre possessão, a maioria delas com a ideia em mente de que a possessão com certeza é uma doença. Da psicanálise vem a opinião de que o que temos aqui é um sintoma de histeria causada por conflitos sexuais, de acordo com Freud. Os drs. Lungershausen e Köhler disseram que Anneliese teve uma leve histeria ligada à conversão porque o pai era um autoritário e ela odiava a mãe, algo que o dr. Lenner achava bastante óbvio. Eles afirmaram que essa abordagem se encaixava muito bem no caso de Anneliese porque de vez em quando ela sofria de paralisia. Outros psiquiatras argumentam que a possessão é uma regressão ao comportamento infantil ou, de acordo com eles, um recuo a uma defesa patológica. Por outro lado, existe a opinião de que a possessão pode, afinal de contas, não ser tão doentia porque serve as necessidades do ego, proporcionando uma vazão temporária de impulsos reprimidos.

Como esperado, os antropólogos têm bastante interesse em possessão. Erika Bourguignon dedica um espaço considerável ao assunto em seu livro sobre antropologia psicológica e já escreveu uma pequena monografia a esse respeito. Destacando que mulheres vivenciam a possessão com mais frequência do que homens, ela escreve que "o indivíduo em transe de possessão alcança [poder] ao abdicar de si mesmo... abrindo espaço para um eu ainda mais poderoso que assume o controle do corpo e que realiza feitos poderosos enquanto reside nesse corpo" (p. 262). Esse é um ponto de vista que está completamente de acordo com o que a Igreja Católica considera um teste para a presença da possessão demoníaca. Ela acredita que o transe de possessão tende a ocorrer com mais frequência em sociedades complexas que dependem da agricultura ou da agricultura e da pecuária. Em tais sociedades, as mulheres são educadas para serem obedientes e maternais em vez de independentes. Em situações estressantes, elas não apelam para que espíritos a ajudem a fazer com que sejam mais poderosas. Em vez disso, buscam seres autoritários da realidade separada para agirem em seus lugares.

No que se refere ao seu papel no ritual religioso, Bourguignon acredita que o transe de possessão inclui a personificação de uma entidade estranha. Ela foca em performance e, portanto, precisa de uma audiência. Na maioria das vezes o transe de possessão é seguido de amnésia. A audiência é importante também por esse motivo, pois pode lembrar o indivíduo em transe do que aconteceu durante a possessão. Embora o padre Renz também tivesse esperado constatar amnésia em Anneliese, não foi o que aconteceu. Ela assistia tudo como um espectador espiando através de um buraco, como com frequência insistia.

A imagem do transe de possessão, Bourguignon continua, é passiva e sexual. O indivíduo em transe de possessão pode se ver como esposa do espírito, como é o caso dos fons, grupo étnico do Daomé (África) ou, no catolicismo, no casamento das freiras com Cristo. O indivíduo possuído com frequência também é chamado de cavalo do espírito, de acordo com relatos da Umbanda, um culto mediúnico de cura do Brasil, ou é considerado como seu recipiente ou vítima, como no caso de Anneliese.

A evolução do E C A R

Independentemente de qual possa ser a experiência durante o transe religioso, ela pode ter diversas durações de tempo. Durante um ritual religioso, como um culto pentecostal, pode se estender ao longo de aproximadamente vinte minutos. Com alguns indivíduos, a experiência pode durar muito tempo antes que uma volta ao estado de consciência normal possa ser alcançada. Observações durante trabalhos de campo indicam que, por exemplo, quando as pessoas estão tendo visões, estas tendem a se dissolver em um intervalo de aproximadamente quarenta dias, para nunca mais voltarem.[4] No caso de um "levante" em um culto, uma congregação inteira no Iucatã permaneceu mais ou menos em um êxtase religioso contínuo.[5] O episódio durou por volta de quarenta dias. Esse período de quarenta dias parece representar algo como uma constante biológica. De acordo com a crença tibetana,

---

4   Felicitas D. Goodman, *Glossolalia and Hallucination in Pentecostal Congregations*. Psychiatria Clinica 6:97–103, 1973.
5   Ibid. "Disturbances in the Apostolic Church: A Trance-Based Upheaval in Yucatán". Em: *Trance, Healing, and Hallucination*, Nova York, 1974.

a alma permanece no limbo durante esse período após a morte da pessoa. Ele também aparece na Bíblia: Jesus jejuou no deserto por quarenta dias, por exemplo.

No caso dos hipersensíveis, o estado de consciência alterado continua — "Vivo em um plano de consciência diferente do das outras pessoas" Anneliese disse — enquanto o episódio de quarenta dias surge dele como se de uma linha de base. Anneliese, por exemplo, vivenciou um episódio assim no verão de 1975, o qual a manteve em suas garras por aproximadamente a mesma duração.

Os ciclos de quarenta dias são experiências cruéis, mesmo se forem do tipo positivo. Períodos de grande agitação intercalados por uma "morte" aparente, ou seja, um estado catatônico. O indivíduo sente um calor ardente, "a febre do Senhor", como um informante disse. Devido ao retesamento dos músculos do pescoço e à pressão no estômago, a pessoa afligida consegue comer ou beber apenas de tempos em tempos, quando o cérebro se acalma por breves períodos. Dormir é quase impossível. Existe um movimento constante e o desejo de infligir dor a si mesmo. Jejum e dor, por sua vez, retornam ao transe, alimentando-o. As pupilas ficam bastante dilatadas, fazendo com que luzes ou cores sejam dolorosas aos olhos. E a agitação do cérebro é expressa no padrão de fala do ECAR, refletindo o pulsar contínuo do cérebro. No caso de Anneliese, o episódio se tornou ainda mais violento porque ela estava passando pelo tipo negativo e por conta de sua hipersensibilidade. Ninguém sabia o que fazer por ela, então Anneliese teve que suportar o sofrimento até o fim, assim como a congregação no lucatã. O ciclo pode, no entanto, ser interrompido, como aconteceu em outra vila na mesma região alguns anos depois. Beneficiando-se do conhecimento obtido como resultado da ocorrência anterior, a segunda congregação procurou ajuda e foi capaz de pôr um fim ao episódio após quatro dias.

Se nada for feito, a agitação persistente de baixa intensidade dos hipersensíveis pode continuar durante muito tempo, com apenas breves interrupções. Nesses intervalos, o indivíduo mais ou menos consegue permanecer no estado de consciência normal. A experiência positiva pode durar de três a quatro anos, a negativa ainda mais tempo, possivelmente de seis a sete anos. Não é de se espantar que indivíduos que passam pela experiência negativa pensem nela como uma espécie de cativeiro. Anneliese se referiu a isso como um buraco no qual se encontrava e do qual não conseguia escapar. Todas as sociedades sobre as quais temos relatos, portanto, possuem métodos para interromper e pôr um fim no ciclo biologicamente fixo, libertando assim a pessoa afligida do cativeiro. A cura não é um medicamento, mas sim uma manipulação ritualística do cérebro que faz com que seja possível que o indivíduo ganhe controle sobre seu comportamento, que "dome o espírito", como muitas sociedades dizem. O exorcismo é apenas um ritual como esse e visto que é o foco central da história de Anneliese, será tratado em mais detalhes no capítulo seguinte.

Felicitas D.Goodman
POSSESSÃO

Capitulum 10
Causa Mortis

Pessoas que sofrem de algum tipo de dano cerebral ou de determinados tipos de desequilíbrios bioquímicos, por exemplo, não possuem controle sobre seus comportamentos cotidianos. Tampouco podem ser curadas ao aprenderem a assumir tal controle. Em vez disso, precisam de ajuda médica. Anneliese, por outro lado, tinha dificuldade em controlar o próprio comportamento porque estava presa em um ECAR. E para isso um tipo diferente de cura é possível.

A cura

Durante o estado de consciência normal, o cérebro tende a processar os estímulos recebidos do mundo exterior de modo linear. O indivíduo está ciente da passagem linear do tempo e consegue contar, dar nomes às coisas e falar. Durante um transe religioso, o cérebro fica muito mais inclinado a ver tudo de modo holístico, enxergando a imagem completa em vez dos detalhes. O que os humanos ao que parece sabem há muito tempo, a julgar pela antiguidade de seus respectivos rituais, é que o cérebro saudável pode ser ensinado a mudar de um modo de processamento para o outro. Então se uma pessoa é mantida prisioneira no modo holístico do transe religioso, ela pode ser ensinada a reverter para o modo sequencial por meio de manipulações adequadas. Esse é o objetivo básico dos rituais, sejam eles seculares ou religiosos.

Em um exemplo fora do contexto religioso, minha aluna mencionada anteriormente continuou presa no estado de consciência alterada durante prolongados períodos. Dois anos após o início de sua experiência ela decidiu por conta própria se mudar para um ambiente que fosse rigidamente estruturado, uma coisa que sua própria casa não era.

Eu tinha quase 16 anos quando decidi que tinha que parar, porque estava incapacitada de fazer o que era preciso no mundo normal. O que desencadeou isso foi quando, em um determinado dia, não consegui encontrar meus cavalos em nenhum lugar do pasto. Procurei por bastante tempo e não os vi até que um deles relinchou para mim, e de repente fiquei ciente da presença deles. Decidi que tinha que sair de casa. Eu tinha diversos planos, mas acabei passando o verão com meu tio e minha tia, que viviam de acordo com uma agenda muito rigorosa. A rotina me ajudou bastante a estruturar a maneira como eu lidava com o mundo cotidiano e consegui me manter nos eixos. Passei o ano seguinte em um internato com uma agenda severa. Mais para o fim do ano, comecei a me sentir mais confortável com as pessoas e fiz alguns amigos.

Passei o verão e o ano letivo seguintes com a mãe de uma amiga, frequentando uma escola de ensino médio particular. Estava empolgada por poder desfrutar da companhia das pessoas e passar bastante tempo com alguns amigos. Tive períodos de clareza e alegria, mas não eram um estado constante. Certa vez, o piso do prédio escolar onde eu estava esperando uma pessoa começou a ondular como água em uma piscina. Um passo fazia com que um lugar parado formasse círculos concêntricos que se expandiam até baterem na parede e voltarem, produzindo padrões entrecruzados de ondulações. Decidi ver se as paredes iriam ondular, mas em vez disso começaram a vibrar, se movendo com as ondulações que avançavam até elas. Isso prosseguiu durante algum tempo e depois parou. Em abril daquele ano tive um sonho contínuo no qual eu estava viajando por uma estrada longa e sinuosa, onde encontrei muitos seres e fiz as pazes com eles. O sonho terminou comigo subindo uma colina com vista para onde eu tinha viajado. Então acordei, me sentindo muito alegre e sentindo que agora estava completa. Em seguida tive uma série contínua de sonhos muito vívidos e meu estado alterado se mostrou como incidentes isolados. Os sonhos passaram a acontecer em intervalos de algumas semanas, com o último mais para o final de dezembro de 1978. Desde 1 de janeiro de 1979 não houve nenhum incidente involuntário de estado de consciência alterado.

Enquanto os rituais seculares, tais como estabelecer uma rotina, são do tipo imprevisível, rituais religiosos de cura são de uma eficácia admirável porque foram aperfeiçoados por milhares de anos de uso. Por esse motivo é muito lastimável que devido aos eventos acerca da morte de Anneliese agora existam reivindicações na Alemanha para que o exorcismo seja modificado ou completamente proibido.[1] Esforços nesse sentido são baseados na ideia errônea de que a morte de Anneliese foi causada pelo exorcismo. Será demonstrado que não foi.

"Atacada por demônios"

O exorcismo, assim como outros rituais de cura do mesmo tipo em muitos outros sistemas religiosos não cristãos, tem como objetivo mudar a atividade cerebral do modo de processamento holístico para o linear, fazendo com que o transe fique sob controle ao reforçar a estrutura linear. A maneira com que o exorcismo faz isso é, antes de tudo, impondo limites de tempo: Existe um início do ritual marcado para um horário determinado; existe um meio; e, então, existe um fim. No começo do ritual, o indivíduo afligido é encorajado a entrar

---

[1]   Durante seu trabalho de campo na Bolívia, a dra. Libbet Crankshaw, uma antropóloga da Universidade de Connecticut, se deparou com um caso de duas irmãs que sofriam de possessão demoníaca. Devido a algumas circunstâncias especiais, uma irmã foi tratada em um hospital psiquiátrico norte-americano e também com orações de um pastor metodista — sem grande sucesso. A outra irmã ficou sob os cuidados de um padre católico, cujo exorcismo teve êxito em curá-la. Esse incidente foi relatado a mim através de comunicações pessoais.

no estado alterado, através principalmente de uma sugestão cultural, a expectativa de que isso irá acontecer. Induzir um transe religioso é relativamente fácil. O motivo é que as pessoas são tão completamente padronizadas no âmbito genético para que sejam capazes de fazer isso que somos bastante suscetíveis a qualquer estratégia que induza tal estado. Quando, durante aquele episódio agitado no verão de 1975, Anneliese começou a ver animaizinhos escuros em disparada e nuvens do que pareciam ser insetos, aqueles ao seu redor também passaram a vê-los. Mais tarde, sua mãe foi "atacada por demônios", de acordo com o que Josef Michel contou ao padre Renz. O padre Alt entrou no estado alterado só de ouvir sobre o que estava acontecendo com Anneliese. Os exemplos que o padre Rodewyk cita também proporcionam evidências desse aspecto de aprendizado. As duas garotas, Germana e Monica, cujas possessões demoníacas ele explica em detalhes, tinham a mesma idade, eram amigas e trabalhavam na mesma missão na África do Sul. Essa foi uma observação que deixou a dra. Schleip intrigada, conforme sabemos a partir da carta que enviou para o promotor público. "Estou completamente desinformada sobre o fato", escreveu, "de que uma indução pode acontecer no ambiente de uma pessoa que sofre de psicose, como uma psicose epiléptica, causada por um dando cerebral orgânico. Esse tipo de psicose carece da qualidade empática de uma verdadeira paranoia." Mesmo com uma verdadeira paranoia, comentou, uma indução (isto é, do mesmo comportamento) é bastante rara. Ela estava absolutamente certa. O argumento sobre os fenômenos da indução era que Anneliese não sofria nem de psicose epiléptica nem de uma verdadeira paranoia.

Com a expectativa de que o transe religioso se estabelecesse e os demônios começassem a falar, Anneliese aprendeu a realizar a mudança com muita rapidez. Nas anotações feitas pelo padre Renz a respeito das primeiras sessões, quando não estava gravando nenhuma fita, nós lemos, sobre o dia 24 de setembro de 1975 (a data em que o primeiro exorcismo foi realizado), que "Anneliese, ou melhor, os demônios estavam muito quietos no começo". Em 29 de setembro, ele escreve: "Anneliese começou a tremer assim que cheguei".

Mantendo o transe

Uma vez induzido, o transe precisa ser mantido ativo porque muitas coisas devem ser realizadas durante essa fase dos eventos, a fim de livrar o indivíduo de sua aflição — no caso de Anneliese, de sua possessão demoníaca. Existe uma grande quantidade de estratégias para manter um transe. Uma é a leitura ininterrupta de fórmulas em latim. Isso lembra os sinais de tambores usados em tantas sociedades para alcançar o mesmo propósito. Outra ferramenta é a introdução de atributos com o propósito de "irritar o demônio", desse modo mantendo a agitação elevada, um pré-requisito para a continuidade do estado de consciência alterado. O padre Renz seguiu todas as sugestões listadas pelo padre Rodewyk em suas obras sobre exorcismo e acrescentou algumas próprias. De maneira astuta, ele anotava se algo era útil e então o explorava ao máximo. Fazer o sinal da cruz, salpicar água benta, colocar a estola sobre os ombros de Anneliese, exibir imagens do crucifixo ou de personagens santos, levar um relicário para o exorcismo, ler passagens bíblicas relevantes ou trechos da obra de Barbara Weigand, rezar o terço, cantar louvores à Virgem — tudo servia ao mesmo propósito. O quão importante era a manutenção contínua do estado alterado para o propósito geral da cura pode ser visto no fato de que em um evento surpreendente o próprio demônio sugeriu o que poderia ser mais desagradável para ele: a recitação da Litania das Cinco Chagas de Cristo. Se algo não funcionava, o padre Renz desistia dele. A descrição do demônio como um animal com dez chifres decorados com diademas e tendo garras como as de um urso não surtiu efeito no demônio, que era, afinal de contas, uma criatura do século xx, não uma que pertencia ao século i. Então o padre Renz não repetiu a leitura desse trecho do Livro do Apocalipse.

O trabalho de trocar o processamento do cérebro do holístico para o sequencial é realizado através do uso de algumas ferramentas. Esse é o tipo de processamento que, por exemplo, estava em andamento quando os demônios foram ordenados diversas vezes a dizerem uma fórmula de oração específica, "Ave Maria, cheia de graça". A ferramenta mais importante e mais óbvia, contudo, é o interrogatório: Qual era o nome do demônio? Por que estava atraído pela danação eterna?

Por que estava presente na pessoa possuída? Para quando estavam previstos a hora e o dia de sua partida? Com permissão de quem ele estava presente? Essas foram algumas das perguntas feitas pelo padre Renz aos demônios de Anneliese, como prescritas no *Rituale Romanum*. Outras questões diziam respeito a alguns problemas da época, como o conflito na Igreja Católica alemã entre os conceitos mantidos como tradição e aqueles recém-introduzidos pelo Concílio Vaticano II. O que vemos aqui é a importância da função do estabelecimento de uma comunidade no ritual. A pessoa possuída precisa da comunidade como audiência diante da qual ela apresenta sua experiência. Em contrapartida, a comunidade precisa da pessoa possuída, através da qual sua experiência religiosa é confirmada e intensificada. As respostas dos demônios — como as mensagens que vieram diretamente da Mãe de Deus que eles foram obrigados a transmitir — ainda servem como diretrizes de conduta até hoje para aqueles presentes em sessões de exorcismo.

A julgar pela declaração de Anneliese, o trabalho da cerimônia de exorcismo foi realizado em etapas graduais. Deste modo, por exemplo, a Mãe de Deus a princípio aparece no ritual apenas de maneira indireta. Estamos cientes de sua presença porque os demônios dizem que devem obedecê-la. Duas semanas após o início do exorcismo, os personagens benevolentes da realidade separada do catolicismo começam a falar com Anneliese em pessoa. E existe até mesmo a esperança de que a condição mais persistente da possessão, as carrancas, irão desaparecer, pois a Mãe de Deus lhe promete que elas serão substituídas por visões. Em termos neurológicos, o exorcismo está cada vez mais transferindo o comportamento para longe do centro de dor e na direção do centro de prazer ou de recompensa. Ao mesmo tempo, o mau odor característico começa a se dissipar durante o exorcismo — algo percebido por todos os participantes — e uma fragrância agradável surge em seu lugar. O relato de fragrâncias agradáveis é tão persistente que pode ser uma tradução das mudanças neuroquímicas do estado de consciência alterado pela religião que levam ao centro de prazer em termos olfativos.

Previsões do Dia do Juizo

A dificuldade que Anneliese teve para bloquear o caminho até o centro de dor pode ser compreendida com base na constante recusa dos demônios em partirem e com base na hesitação rancorosa e ocasional em concordarem em fazer algumas concessões à Mãe de Deus. Também pode ser ilustrada pelas previsões de um julgamento por fogo — algo como uma Terceira Guerra Mundial — nas quais os demônios insistiram com tanta persistência. Anneliese assustou algumas de suas amigas no dormitório com essa previsão. "Anneliese era muito pessimista em relação ao futuro", disseram. "Era preciso fechar as portas e as janelas e rezar para podermos ser salvos." É óbvio o que está acontecendo aqui em termos neurológicos: O julgamento representa o confinamento do centro de dor; bloquear a trajetória até ele é o fechar das portas e janelas; e rezar proporciona acesso ao centro de prazer.

Previsões sobre o fim do mundo não são estranhas àqueles que sofrem de possessão demoníaca. Grupos cristãos e não cristãos possuem profecias parecidas. Mas com o acesso ao centro de prazer, e desse modo ao aspecto positivo da experiência, essas profecias costumam envolver uma terra sem maldade, por exemplo, para sociedades indígenas na América do Sul, ou um reino de mil anos com Cristo como governante para os cristãos, onde os aleijados podem andar, os cegos podem ver e a morte perde sua dor. O que parece acontecer nesses dois últimos exemplos é a esperança de que o estado de consciência alterado, e com ele um acesso ao centro de prazer, possam ser instituídos permanentemente. A essa altura, claro, o mundo discernido durante o estado normal, a realidade da vida cotidiana, se afasta do campo de visão, o "mundo" chega ao fim — um evento muito desejável. Infelizmente para aqueles que nutrem tais esperanças, o estado de consciência alterado é instável. Depois de algum tempo ele literalmente evapora, se dissolve, e com ele o acesso ao centro de prazer também é bloqueado. A química do cérebro se acerta e a perspectiva do êxtase eterno se perde.

No Iucatã, um caso assim aconteceu em uma congregação milenarista, um que previa o fim do mundo e a chegada de Cristo. Quando, após aproximadamente quarenta dias, a congregação como um todo voltou ao estado de consciência normal, a experiência foi muito triste. Foi tão difícil para a congregação lidar com o fato de que o fim do mundo não aconteceu em agosto de 1970 que a previsão se prolongou durante anos com novas datas. Essa é uma maneira de entender o suicídio em massa que aconteceu na colônia de Jonestown na Guiana.[1] Em vez de permitirem que a realidade normal tomasse conta de novo, eles fizeram um pacto de morte, o que iria fazer com que o mundo comum fosse embora para sempre e que iria permitir que os membros da seita recebessem entrada permanente para a realidade separada. "Hoje vamos todos morrer", um dos guardas disse a um homem da comitiva do congressista Ryan e sorriu.

O fim do evento

A pessoa afligida precisa ser treinada para encerrar o transe religioso a um comando, ao receber um sinal. Essa é uma lição muito importante a aprender porque representa uma garantia para o afligido de que ele pode funcionar sem dificuldade no mundo do estado de consciência normal. Tanto em termos neurofisiológicos quanto psicológicos isso representa o reparo da barreira entre os dois tipos de consciência, a normal e a alterada. É a construção da represa que Anneliese mencionou naquele bilhete trágico que implorava por ajuda, encontrado pelo padre Alt em seu quarto. Portanto, isso é muito mais difícil de aprender do que iniciar o evento. Sabemos com qual frequência os demônios se recusavam a concordar com o pedido de intervalo feito pelo padre Renz durante uma sessão mais extensa. Muitas vezes as sessões se prolongavam demais porque os demônios não paravam de gritar ou rosnar diante do sinal da bênção final.

---

1   Em 1978, em uma região de floresta amazônica na Guiana, mais de
900 pessoas beberam uma mistura de suco e cianeto, instigadas a
encontrar o paraíso por Jim Jones, o líder religioso do Templo Popular.
As imagens dantescas da tragédia correram o mundo e marcaram
o evento como o maior suicídio coletivo da história. [NT]

Em termos ritualísticos, um exorcismo é bem-sucedido se os demônios responderam todas as perguntas, fizeram mesuras diante dos Santos e foram embora. De vez em quando são relatadas recaídas, mas estas costumam ser breves e fáceis de lidar. Mais nenhuma aflição chegou a ser reportada. Isso fica bem claro com base nos históricos de casos compilados pelo padre Rodewyk. Também é um conhecimento tradicional em sociedades não ocidentais e está de acordo com o que os antropólogos descobriram com base em trabalhos de campo. Costuma haver um motivo social ou psicológico para a recaída.

Um evento dramático

A pessoa possuída é o centro de muita atenção. O exorcismo por si só é um evento dramático, vivenciado tanto pelo paciente quanto por aqueles ao seu redor. O drama em si pode ser intensificado pela volta da entidade que deve ser expulsa. O etnógrafo russo A. F. Anisimov descreve em muitos detalhes um exorcismo extremamente empolgante realizado por um xamã tungue (evenque). Nesse caso, o contexto não é cristão, claro, e o espírito a ser expulso é o espírito de um falecido. Após uma disputa longa e dramática entre o xamã e o espírito do falecido — envolvendo negociação, debate, muitos insultos, o sacrifício de uma rena, ordens por parte do xamã e desafios do espírito — ele foi expulso, sendo encontrado depois escondendo-se em uma parte inexplorada do corpo do paciente. Por fim, ele é engolido por um dos espíritos ajudantes do xamã, o espírito de uma mobelha-grande, que voa acima do abismo do mundo inferior e o expele pelo ânus para que não possa retornar. Nesse caso o paciente fica curado de forma permanente.

O surgimento do especialista religioso

A pessoa comum sai de uma experiência religiosa com a saúde mental melhorada. Estresses incontroláveis se tornam embotados, a vida é encarada com coragem renovada. Em outras palavras, a experiência ajuda na adaptação de mudanças rigorosas e dolorosas — essa é uma razão pela qual, na era moderna, vemos uma proliferação de seitas e cultos ao redor do mundo que ritualizam o transe religioso. Para os hipersensíveis, as recompensas são proporcionalmente mais significativas. Alce Negro, por exemplo, se tornou um homem santo, um líder visionário de seu povo. As crianças *táltos* húngaras cresceram e se tornaram adivinhas, curandeiras, indivíduos capazes de controlar o clima. Em especial, demonstravam a habilidade de ver os mortos. Essa habilidade sobrevive até hoje. No verão de 1978, histórias sobre uma mulher da vila de Putnok capaz de ver os mortos, uma *halottlátó*, ganhou as manchetes na Hungria. Desde que existem registros escritos da história húngara, esse vem sendo um dos títulos comuns dos *táltos*. Eles também são chamados de "homens e mulheres de conhecimento", o que irá soar familiar para aqueles a par da obra de Castaneda. Jolán de Putnok, agora no final da casa dos 40 anos, pode ver e ouvir os recém-falecidos: Eles conversam com ela. Em seu caso, o dom surgiu após uma doença não especificada durante a adolescência. A princípio ela achou que "todos viam os mortos". Muitos casos de pessoas que testemunharam sua habilidade são comentados por todos ao redor do país. Multidões buscam informações com ela sobre parentes desaparecidos ou mortes inexplicáveis.

No curto período de tempo destinado a ela, Anneliese começou a demonstrar muitos desses mesmos dons. Ela se transformou em telepata, sabendo, por exemplo, quem estava orando por ela em alguma outra cidade e a que horas. Começou a fazer adivinhações, contando àqueles ao seu redor que maio e junho de 1976 iriam ser muito ruins para ela e que julho iria trazer sua libertação. Felizmente, não estava ciente de que isso significava sua morte. Os mortos a visitavam, como sabemos a partir de seu diário. Houve Siegfried, o sobrinho recém-falecido do padre Roth. Caso tivesse sobrevivido, ela poderia ter escolhido qualquer exemplo entre os modelos disponíveis para ela. Havia Teresa Neumann de Konnersreuth, a apreciadora do sofrimento, quem ela poderia ter seguido em penitência para salvar almas. "Reserl", como costumava ser chamada, era da mesma região da Alemanha que Anneliese. E ela venerava Barbara Weigand, escrevia revelações imitando esta última, e poderia ter seguido os passos dessa visionária, cujo lar ficava a uma curta distância de Klingenberg. Isso não estava destinado a acontecer. A tarefa continua sendo tentar descobrir por que Anneliese morreu.

Tratamento de preferência

Existem evidências suficientes para sustentar a alegação de que Anneliese de fato não estava doente, que não era epiléptica, que o que para os desinformados pareciam sintomas de uma doença eram, na verdade, manifestações de uma experiência religiosa. Podemos até presumir que após tanto sofrimento ela teria se recuperado por conta própria. Ou que poderia ter encontrado algum jeito de aplicar a própria cura sem a ajuda de terceiros, como aconteceu no seguinte caso bastante conhecido envolvendo um funcionário público indiano chamado Gopi Krishna.

Em um relato autobiográfico intitulado *Kundalini: The Evolutionary Energy in Man*, Gopi Krishna conta como depois de dezessete anos de meditação algo extraordinário e muito assustador aconteceu com ele. De súbito, seu corpo ficou retesado e pesado e foi inundado por correntes fluídas de energia que o queimavam e não o deixavam descansar nem de dia, nem de noite. Ele não conseguia comer direito, se tornou incapaz de sentir afeição pela esposa e filhos e caminhava pelas ruas dia e noite. Nenhum dos especialistas religiosos, professores de Yoga e outros que consultou já tinha se deparado com algo como aquilo e nenhum deles foi capaz de aconselhá-lo. Ele não recorreu a nenhum psiquiatra, pois estava bem familiarizado com a literatura ocidental e tinha certeza de que nenhum deles iria reconhecer sua aflição como algo que pudesse remediar. Dominado por um medo insuportável, foi levado à beira da morte pela falta de comida e sono, atormentado o tempo todo pela dor causada pelas correntes incandescentes que o engolfavam, a pele parecendo estar sendo perfurada por agulhas quentes. Foi em tal momento de desespero que se lembrou de uma explicação que fazia sentido entre os muitos conselhos que tinha recebido, a saber, que ele tinha cometido um erro ao ativar a energia criativa do corpo, como às vezes acontece. Em vez da energia fluir para cima pelo lado esquerdo da espinha, ela estava inadvertidamente circulando através da *pingala*, ou plexo solar, no lado direito. Talvez ele pudesse corrigir esse erro. Reunindo sua força minguante em um último esforço, Gopi Krishna se concentrou na base de sua espinha e tentou desviar o fluxo para a esquerda, para a *ida*, ou plexo lunar. Ele ouviu um som como o de um nervo se rompendo e de repente o fluxo de energia se tornou frio e brilhante, reconfortante e revigorante. A experiência o deixou com um grande número de habilidades extraordinárias, atestadas pelo professor Weizsäcker, quem ele visitou nos escritórios da Associação de Pesquisas de Sabedoria Oriental e Ciência Ocidental na Alemanha. Ele e o professor Weizsäcker colaboraram em um livro que trata da base biológica da experiência religiosa.

Anneliese sequer teve que realizar a cura por conta própria. Ela foi tratada com o exorcismo, o "tratamento de preferência" em casos como o dela. Então o que deu errado?

O falso paradigma

Durante muito tempo — com certeza desde que a Idade da Razão surgiu — o ocidente assumiu uma postura particular em relação à religião. Nela estava incluída a ideia de que estava tudo bem, e que era até mesmo virtuoso, acreditar em conceitos religiosos como Deus, Cristo, paraíso, possivelmente até Satã e inferno. Como o professor Sattes escreveu em seu Parecer, isso com certeza não deveria ser considerado patológico. Mas qualquer coisa que remetesse a uma experiência — digamos, se alguém afirmasse que na noite anterior Jesus veio a ele ou que estava possuído por demônios que falavam por sua boca e o atormentavam — era uma doença, uma psicose delirante, no linguajar contemporâneo. Antigamente, tais indivíduos eram evitados, ridicularizados, banidos ou, em casos graves, trancafiados em hospícios. Claro, nem todos os psiquiatras contemporâneos trabalham com esse paradigma em mente. É por isso que foi lastimável quando o Tribunal consultou psiquiatras clínicos em vez de interculturais. Ainda mais lastimável é o fato de Anneliese ter tido o azar de se deparar apenas com psiquiatras clínicos.

O modo diferente com que os representantes dessas duas especialidades podem tratar o mesmo tipo de paciente é ilustrado por um incidente — relatado pelo psiquiatra estadunidense E. Mansell Pattison, consultor da Clínica de Saúde Pública da reserva indígena Yakima — envolvendo uma jovem Yakima cujo caso é bastante parecido com a experiência de Anneliese.

O dr. Pattison chegou na reserva indígena em uma manhã de dezembro e foi informado pelo doutor em saúde pública a respeito de uma adolescente indígena que ele tinha acabado de atender. Ele fora chamado pela família e encontrara a garota correndo em pânico pela casa: incoerente, balbuciando, agitada, murmurando coisas sobre fantasmas e com medo de morrer. Ele já tinha aplicado nela uma injeção de clorpromazina (isto é, uma medicação para tratamento de esquizofrenia) que a colocou para dormir. Seu diagnóstico foi psicose esquizofrênica aguda. O dr. Pattison pediu que mãe e filha fossem vê-lo na clínica. Considerou Mary, de treze anos, bem-desenvolvida e saudável, mas estava encurvada, mantinha os olhos fixos no chão e quase não falava. A mãe lhe contou que Mary tinha brincado ao luar com algumas outras meninas em um acampamento de verão. Elas olharam para o topo das árvores e viram figuras humanas fantasmagóricas que reconheceram como seus ancestrais tribais.

Uma conversa se seguiu entre as garotas e os fantasmas. Ninguém sofreu nenhum mal por conta dessa excursão para a realidade, exceto Mary. Um fantasma a seguiu, pulou em cima dela e tentou estrangulá-la. Mary lutou contra o fantasma. Ela arfou em busca de ar e então gritou pedindo ajuda. No fim das contas, os conselheiros tiveram que levá-la para o hospital local, onde lhe aplicaram uma injeção de clorpromazina. Desde aquele dia até a consulta com o dr. Pattison — um período de mais ou menos quatro meses — ela não conseguiu se livrar dos fantasmas. Durante o dia ia para a escola e tinha um bom desempenho, mas em casa via fantasmas na janela e ficava aterrorizada. Via sangue no campo quando saía para caminhar e tinha medo de que os fantasmas matassem seus irmãos e irmãs. Estava amedrontada, chorava e gritava. Às vezes seus pais a levavam ao hospital para outra injeção de clorpromazina. Quando a mãe perguntou ao psiquiatra se ele achava que sua filha estava louca, ele respondeu que não sabia porque, embora a menina parecesse retraída, ela agia de maneira lógica e em contato com a realidade em suas conversas. A mãe então decidiu perguntar se o psiquiatra "acreditava em religião". Tranquilizada a esse respeito por suas respostas a uma quantidade de perguntas perspicazes, ela lhe contou sobre seu pai, que fora um curandeiro e que cuidara de todo o seu povo. Antes de morrer, ele disse que seu poder iria passar para um de seus netos. Ao que parecia, esse neto era sua filha, embora nunca tivesse conversado com a menina sobre o assunto. Ela não achava que seria realista, nos dias de hoje, que a garota aceitasse o dom do avô. O dr. Pattison encorajou a mãe a ir em frente com a ideia de pedir para a avó e outras idosas Yakima para libertarem a menina dos fantasmas, dizendo-lhes que Mary não queria lutar contra eles. As idosas realizaram o exorcismo naquela mesma noite, sem a presença do dr. Pattison.

Quando ele voltou um mês depois, mãe e filha estavam radiantes. Elas o consideravam um ótimo médico, pois Mary tinha sido curada. Ela não teve nenhuma recaída nos muitos meses durante os quais o dr. Pattison acompanhou o caso. Em outras palavras, o dr. Pattison rejeitou o paradigma oferecido por seu colega mais jovem, que achava que Mary apresentava uma psicose esquizofrênica aguda, para o benefício de sua paciente.

Começam os medicamentos

Outro aspecto importante do falso paradigma leva à conclusão de que todas as atividades do tipo convulsivas são, inevitavelmente, sintomas de uma doença, a qual — com o advento de novos remédios poderosos — deve ser tratada com estes. O que distingue o caso de Anneliese de todos os outros mencionados anteriormente é o fato de *ela ser a única que, quase desde o início do que os antropólogos chamam de sua doença xamanística, foi tratada com medicamentos anticonvulsivos*. Estes interferiram muito com o que seu cérebro foi projetado para fazer. A tabela a seguir apresenta um resumo do que aconteceu em relação a isso.

Tratamentos

Sem medicamentos

Outono de 1968	Primeira convulsão
25 de agosto de 1969	Segunda convulsão
Junho de 1970	Terceira convulsão

A) Medicamento anticonvulsivo desconhecido; primeira provável aparição das carrancas

Outono de 1970	Quarta convulsão As carrancas permanecem
5 de junho de 1972	Quinta convulsão As carrancas permanecem

B) Dilantin

5 de setembro de 1972	As carrancas permanecem Depressão Mau odor Crises de ausência
8 de novembro de 1972	Última e leve convulsão, geralmente não relatada
3 de setembro de 1973	As carrancas permanecem Depressão Mau odor Crises de ausência

C) Aolept (periciazina)

7 de setembro de 1973	Acrescentado ao tratamento

D) Tegretol

28 de novembro de 1973	As carrancas permanecem As crises de ausência provavelmente param Depressão e mau odor (param, então retornam)
9 de março de 1976	Última prescrição de que se tem conhecimento

Medicamento A: Anticonvulsivo desconhecido. Anneliese contou ao padre Alt que teve sua primeira experiência religiosa em Mittelberg. Ela também recebeu o primeiro medicamento anticonvulsivo lá. Sabemos que ela ficava bastante doente quando criança. É bem provável que isso a tenha tornado predisposta a abrir o caminho até o centro de dor. "Estamos dentro dela desde o começo", os demônios disseram. Por outro lado, esse caminho pode ter sido aberto pela composição do medicamento em si. Que os acontecimentos seguiram esse caminho durante aquele período é confirmado por provas circunstanciais, a saber, pela mudança que todos notaram nela quando voltou de Mittelberg: a depressão mais intensa; a incapacidade de sentir afeição; a rejeição de manifestações sexuais. Ainda que esta última fosse determinada, até certo ponto, por sua cultura, que valoriza muito a castidade antes do casamento, ainda assim era um alerta de que havia algo errado.

Medicamento B: Dilantin (fenitoína sódica). Em setembro de 1972, o dr. Lüthy receitou Dilantin para Anneliese. De acordo com o *Physicians' Desk Reference* (PDR), o Dilantin é receitado para controlar convulsões tônico-clônicas, supostamente por afetar o córtex motor. Ele pode causar efeitos colaterais muito desagradáveis no sistema nervoso central, causando, entre outras coisas, insônia e dores de cabeça — duas das coisas sobre as quais Anneliese reclamava. Também afeta a química das células cerebrais, fazendo com que percam sódio nas sinapses.

O Dilantin é um medicamento bastante desagradável, cuja administração só pode ser de fato justificada porque convulsões tônico-clônicas são ainda piores. Para Anneliese, ele foi um desastre. Conforme contou para a dra. Schleip, "quase que diariamente, desde outubro de 1972", ela passou a sofrer de depressão mais intensa e crises de ausência — apenas quatro semanas depois de começar a tomar o Dilantin. O que ela não contou à médica foi que, no mesmo período, as carrancas também se tornaram aparições assustadoras bastante comuns, surgindo com mais frequência do que antes. O que o Dilantin parece ter feito foi causar, ou pelo menos agravar, uma interrupção nas transmissões de mensagens no cérebro — por isso as crises de ausência. É bem provável que também tenha intensificado as mudanças químicas que abriram caminho até o centro de dor — por isso a maior proeminência das carrancas, o mau odor e a depressão assustadora.

Anneliese recorre à Igreja

No verão de 1973, Anneliese já tinha compreendido que o medicamento do dr. Lüthy não fazia nada para obscurecer ou afastar os rostos fantasmagóricos e assustadores. Eles apareciam de repente, assustando-a durante as atividades mais inócuas, atormentando-a e trazendo consigo aquele pavor gélido indescritível, a ameaça de aniquilação. Tampouco a libertou dos maus odores que surgiam de tempos em tempos. Era a isso que ela se referia quando insistia que não queria se consultar com um médico. Era essa enfermidade em particular que ela sabia que eles não conseguiriam curar.

Se os médicos se mostraram ineficazes, pelo menos sua fé proporcionou uma interpretação para o que eram as carrancas: diabos, demônios. Isso fazia sentido, visto que tudo se encaixava: suas aparições, tão assustadoras que ela sempre se recusava a descrevê-las; o temor do inferno ligado a elas; a atmosfera de condenação. Como católica, tinha ciência do fato de que a Igreja também tinha alguns remédios, armas poderosas para expulsar os demônios: orações, bênçãos e, se todo o resto falhasse, exorcismo. Com uma consistência admirável, portanto, começou a exigir ajuda religiosa. Não que tivesse sido recebida de braços abertos logo de cara. Foi necessária uma intervenção do Salvador para fazer com que perdoasse o fato de alguns padres continuarem a duvidar de que estava sendo perseguida por demônios, como sabemos a partir do registro abaixo encontrado em seu diário:

> 29/10/1975
> Preciso confessar que quando pensava no padre Herrmann e no padre Habiger, com frequência eu ficava magoada com eles, porque em 1973 eles não quiseram acreditar que Satã estava me molestando e atormentando. Ontem à noite, o Salvador me fez sentir que os padres tinham feito a coisa certa, porque naquela época não tinham provas visíveis. Só a sra. Hein e o padre Alt tiveram. (O "Maligno" sempre se esgueirava para longe.)

Se os padres mereciam perdão ou não é questionável. Pois foram sua timidez e hesitação que, no outono daquele ano, a fizeram voltar ao dr. Lüthy, sobretudo porque seus pais também estavam em dúvida sobre a origem religiosa de sua aflição. Quando o dr. Lüthy então disse, como eles afirmaram, que deveriam procurar um jesuíta, eles devem ter ficado perplexos.

Medicamento C: Aolept (periciazina). Em vez de suspender todos os medicamentos quando Anneliese lhe contou sobre sua experiência religiosa — as carrancas, o medo da danação, o julgamento por fogo que previu — o dr. Lüthy acrescentou outro anticonvulsivo. A periciazina afeta o sistema nervoso central. É usada para reduzir a "hiperexcitabilidade". No mínimo, esse medicamento desencadeou uma ação que esteve em conflito com a necessidade de descargas no cérebro de Anneliese.

Medicamento D: Tegretol (carbamazepina). Visto que Anneliese não estava sentindo nenhuma melhora, ela recorreu aos serviços médicos da Universidade de Würzburg quando começou a frequentar a faculdade de pedagogia. No dia 28 de novembro de 1973, a dra. Schleip passou a receitar Tegretol. Que as mudanças químicas causadas por medicações anteriores ainda poderiam ter sido revertidas àquela altura é comprovado pelo fato de que, durante algumas semanas, Anneliese se sentiu muito melhor, já que tinha deixado para trás o fardo do Dilantin combinado com a periciazina. O alívio não durou. Mas Anneliese continuou tomando o medicamento com diligência assim mesmo. Em sua declaração escrita para o Tribunal, a dra. Schleip deu a impressão de ter informado Anneliese de que ela teria que tomar o Tegretol por um período ainda indefinido. Não foi isso, contudo, o que Anneliese relatou. Ela disse que não poderia se casar enquanto estivesse tomando esse remédio. Com uma exuberância juvenil, Anneliese repetiu para Peter e os padres que na clínica ela havia sido informada de que em seis meses o Tegretol iria cuidar do que quer que houvesse de errado em seu cérebro, o exorcismo a iria libertar dos demônios e então eles poderiam se casar. Essa expectativa era tão importante para ela que até se tornou parte de suas revelações.

Se o Dilantin e a periciazina faziam mal a Anneliese, o Tegretol era pior. Na verdade, a marca de carbamazepina Tegretol é muito mais perigosa. Anneliese passou a tomá-lo porque tanto o dr. Lenner quanto a dra. Schleip acreditavam que sua depressão contínua, as breves crises de ausência e os maus odores com os quais ela sofria eram, na verdade, crises de ausência epilépticas — e o Dilantin não era indicado para o alívio de tais sintomas. No entanto, o PDR faz referência à suspeita de que o Tegretol pode levar a defeitos congênitos quando receitado a mulheres com possibilidade de engravidarem. Então é muito difícil entender por que optaram por ele. Além disso, ele tem efeitos colaterais extremamente perigosos, com a possibilidade de causar modificações de graves a fatais nas células sanguíneas. Por esse motivo, de acordo com o fabricante, antes de começarem a tomar Tegretol, os pacientes devem fazer exames à procura de anomalias sanguíneas e então semanalmente à procura de alterações no sangue durante os primeiros três meses de uso do medicamento e a cada mês dali em diante durante dois ou três anos. Não existe nenhum indício na carta que a dra. Schleip enviou para a promotoria de que isso foi feito. Peter afirmou com bastante ênfase que durante todo o tempo em que Anneliese esteve sob os cuidados da dra. Schleip ela nem uma vez sequer fez um exame de sangue.

De acordo com o PDR, a ação do Tegretol, uma marca de carbamazepina, é obscura. Ele é metabolizado no fígado e a meia-vida plasmática é de catorze a 29 horas. Isso não quer dizer, claro, que as alterações que possa ter causado na química do cérebro ou em qualquer outro lugar enquanto permaneceu no corpo não possa ter persistido além desse tempo. O que ele causou em Anneliese, ao que parece, foi um tipo de efeito gangorra, fazendo com que ela se sentisse bem em alguns períodos e mal em outros. Essa é a "periodicidade causada por substâncias nocivas" comentada pelo dr. Köhler. Mas ele estava tão comprometido com o modelo que pegara do professor Sattes que não seguiu mais essa linha de pensamento. No final das contas, podemos ler em seu parecer que não é de conhecimento que o Tegretol pode causar psicose, e ele considerava Anneliese como sendo psicótica. Por consequência, o Tegretol não tinha nada a ver com a questão.

Tegretol e Exorcismo

No início, o ritual de exorcismo pareceu efetuar a cura. A princípio, o Tegretol não interferiu com aqueles processos neuroquímicos. Mais e mais, o ritual passou a bloquear o acesso ao centro de dor e reconstruir o caminho para o centro de prazer. O exorcismo "a estava libertando", como ela sempre dizia. No Natal de 1975 ela disse a Peter que se sentia melhor do que nunca. Com um tipo de intuição corporal, ela até previu uma cura completa, algo como o rompimento de uma fibra nervosa que Gopi Krishna vivenciara. Isso é o que a previsão insistente dos demônios, sobre partirem "quando rachar ou se romper", pode ter significado.

Ao mesmo tempo, porém, justamente quando estava melhorando de modo subjetivo, algo sinistro sobre o qual ela não estava ciente no nível consciente estava acontecendo. Pois o padre Renz estava coberto de razão: O exorcismo deveria ter alcançando seu objetivo muito mais rápido do que na verdade o fez. Pode ser que seu cérebro estivesse preparado para realizar a tarefa combinada no dia 6 de outubro. Mas então a receita do Tegretol foi renovada, e em contraste com a agitação moderada vivenciada no dia 6 de outubro, os gritos de Anneliese no dia 7 de outubro foram surpreendentemente altos. A Mãe de Deus então contou a Anneliese que os demônios seriam finalmente expulsos no dia 31 de outubro. Isso faz muito sentido, porque nesse dia o ciclo de quarenta dias que tinha começado com o exorcismo chegou ao fim.

Mas naquele mesmo dia, o dr. Kehler deu à família outra receita para o Tegretol. Então a grande expulsão dos demônios se transformou em uma batalha aterrorizante entre o poder juvenil do cérebro de Anneliese e a ação do medicamento. É bem provável que a dificuldade que Anneliese enfrentou ao tentar instituir o ECAR no início daquela sessão já fosse um sinal perigoso de que algo estava dando errado. No fim, o medicamento venceu e os demônios anunciaram que estavam de volta. Mesmo após a grande expulsão, houve um exemplo desse efeito irritante do Tegretol. No dia 17 de dezembro a receita foi renovada. Seguiu-se uma sessão de exorcismo agitada no dia 19 de dezembro. Roswitha se lembra que Anneliese costumava tomar menos de três comprimidos por dia quando a validade da receita estava chegando ao fim e, então, compensava por isso ao tomar uma dose maior do que a prescrita assim que a receita era renovada.

As evidências das gravações

As gravações também revelam outras mudanças sutis. Em novembro, podemos ouvir como a garganta de Anneliese parece se constringir de vez em quando. O insultuoso "*Drecksau* – seu porco imundo", que ela usava com tanta frequência se transforma em "*Drecksack* – seu saco de imundices". Em termos linguísticos, o fim da sílaba não é mais aberto, terminando em uma vogal, mas preso devido ao forte "k" duplo (equivalente ao "ck" na escrita alemã). Isso começa a interferir com a melodia das falas induzidas pelo transe: esta geralmente não se atenua até chegar a uma conclusão quase inaudível.

No final de novembro, os gritos, de apenas três ou quatro segundos de duração anteriormente, começam a se estender em uivos de oito, dez, onze ou até mesmo catorze segundos. "Condenado por toda a eternidade" — no alemão "*In alle Ewigkeit verdammt, o — oh*" apresenta um pico um tanto plano no lugar errado a partir do ponto de vista de uma verdadeira fala em transe.

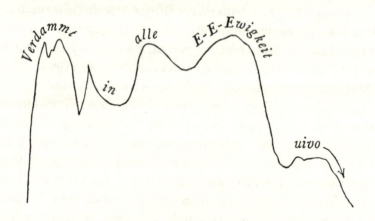

Figura 5. A frase *"auf alle Ewigkeit verdammt"* transformada em *"verdammt in alle Ewigkeit"*, 9 de novembro (curva simplificada).

Anneliese mobiliza suas defesas

Algum tempo depois, claro, Anneliese compreendeu o que estava acontecendo a ela em um nível corporal. Não identificou o medicamento como a fonte da inibição, mas intuiu que precisava superar um tipo de ação de interrupção. Então tentou dar um choque nos sistemas para que voltassem a funcionar de modo adequado por meio de estratégias que tinha explorado no verão de 1975. São conhecidas em todo o mundo por induzirem o estado de consciência alterado pela religião e o manterem ativo, então são provavelmente mais adequadas no âmbito fisiológico. Ela infligiu dor em si mesma, jejuou e se asfixiou — todas ferramentas poderosas para alterar a química do corpo. E se expôs ao frio, o que induz uma reação de tremores projetados para mobilizar as defesas corporais. Não é de se espantar que, para sua surpresa, fosse uma voz amigável que a encorajava a fazer isso, como contou ao padre Renz na conversa que tiveram no dia 1 de fevereiro. Mas foi tudo em vão. O estado de consciência alterado pela religião não pôde mais ser invocado. Por conseguinte, as carrancas se dissolveram, os demônios ficaram em silêncio no dia 29 de fevereiro e, como é apropriado na época da Páscoa, o mesmo aconteceu com Jesus, seu equivalente positivo.

O Tegretol matou Anneliese?

Logo após esses eventos, isto é, na segunda-feira depois da Páscoa, as amigas de Anneliese contaram como ouviram Anneliese rir "de um jeito anormal". Ela ria, então parava, ria de novo, e assim por diante. Esse é claramente um padrão que leva àqueles registrados em maio e junho pelo padre Renz (ver Capítulo 7), qualitativamente muito diferentes em relação ao padrão ouvido durante um estado de consciência alterado pela religião. Anneliese, treinada para dar voz a eventos cerebrais, agora apresentava uma representação vocal de algo que não pode ser descrito de qualquer outra maneira a não ser como uma intoxicação medicamentosa. Essa pode ter sido a razão pela qual suas pupilas estavam tão dilatadas na hora da morte. Tenho uma gravação, registrada em Londres, de um paciente que, por volta de dez anos atrás, foi medicado com uma dose muito alta de LSD-25 durante uma consulta psiquiátrica. O homem tentou falar, mas foi incapaz de fazê-lo sob o efeito da medicação. Em vez disso, passou a uma vocalização que, a seu modo, é tão assustadora e caótica quanto a de Anneliese. É muito mais rápida do que a dela, mas também passa por variações erráticas de padrão, assim como aconteceu com a de Anneliese no fim.

No início de maio, a destruição causada pelo Tegretol já tinha se tornado irreversível. Roswitha diz que durante a primeira semana de maio, quando Anneliese e ela estavam em Ettleben, Anneliese tomou apenas alguns poucos comprimidos. Tanto ela quanto a mãe tinham certeza que após seu retorno a Klingenberg, Anneliese não tomou mais nenhum medicamento. Ainda assim, sua condição não melhorou. Na verdade, as coisas foram piorando cada vez mais. Devido ao efeito do Tegretol nos diversos componentes do sangue, em especial as plaquetas, pacientes que tomam Tegretol ficam com hematomas com muita facilidade. Somos lembrados a partir da descrição feita pelo padre Renz que Anneliese estava "arroxeada, avermelhada e azulada" depois de ter batido no próprio rosto. Ulcerações nas gengivas são outros sintomas que afligem esses pacientes. Dois dias antes de sua morte, Anneliese pediu que Roswitha escovasse seus dentes, algo que nunca tinha permitido antes. Dessa vez ela não só pediu, como também quis que isso fosse feito com álcool. Ela deve ter sentido uma inflamação se desenvolvendo. Até mesmo seu jejum involuntário sem dúvida se deu devido a algum efeito até hoje desconhecido desse terrível medicamento. Sua morte por inanição, confirmada pelos patologistas, foi atípica, pois ela não tinha nenhuma úlcera de decúbito, um sinal indicador de morte por inanição.

Se um paciente interrompe o uso do Tegretol, isso pode, de acordo com o PDR, precipitar um *status epilepticus* — rápida sucessão de espasmos epilépticos —, acompanhado de febre e hipóxia. Anneliese não conseguia mais engolir a medicação e mais para o fim apresentou todos esses três sintomas. Os movimentos descontrolados incrivelmente rápidos durante seus últimos dois meses de vida foram sem dúvida uma expressão de sua condição. Ela teve febre durante os últimos dias de vida. E morreu ao se deitar e não voltar a se mexer. Ainda assim sua morte aconteceu mais ou menos oito horas mais tarde: Pouco a pouco, ela sufocou até a morte à medida que seus glóbulos vermelhos foram ficando sem o oxigênio.

Felicitas D. Goodman
POSSESSÃO

Epilogus
A Partida

Tudo isso, claro, é uma hipótese, um conceito, assim como as opiniões dos especialistas, com base no que sabemos sobre Anneliese. Mas existem algumas testemunhas corroborantes às quais eles não deram atenção, testemunhas que o Tribunal não pensou em convocar e a defesa também não intimou. Essas testemunhas são os demônios: Judas, o traidor; Lúcifer, o anjo caído; Caim, o assassino do próprio irmão; Nero, o assassino em massa; Fleischmann, o padre fornicador; e Hitler, cujo nome fica engasgado nas gargantas dos alemães como o rato morto do provérbio russo ("Você não o consegue engolir e não o consegue cuspir fora"). Transformá-lo em um demônio e exorcizá-lo foi um golpe de mestre. Um grupo medonho. Mas são, todavia, da realidade separada e têm mais conhecimento do que os humanos.

Os demônios conheciam o segredo da morte de Anneliese. Estiveram dentro dela desde o início, afirmou seu porta-voz. Queriam ficar nela — era muito melhor do que o inferno — mas os padres dificultaram tanto as coisas para eles que no dia 31 de outubro chegaram à conclusão de que não conseguiam mais aguentar e foram embora. Como os demônios eram traiçoeiros, porém, deixaram um deles para trás. Desse modo poderiam fazer pouco dos padres caso mudassem de ideia, pois seu confederado anônimo manteve a porta aberta para eles. E, de fato, assim que foram expulsos, pensaram melhor e retornaram, embora soubessem que dali em diante os padres estariam em vantagem; por mais obstinados que estivessem em resistir, os dias de sua estadia estavam contados. Essas eram as antigas regras do jogo. Eles as conheciam, assim como os padres. Só que dessa vez as coisas foram diferentes. Mal tinham recomeçado a montar acampamento em sua antiga moradia quando passaram a sentir que havia algo terrivelmente errado. Em seu abrigo humano agora havia outros demônios cujos nomes, disseram, eles não sabiam.

Ao escutar as gravações é possível ouvir como, a princípio despercebidos até pelos próprios demônios, esses demônios anônimos e estranhos os enojam, como miasmas se elevando de um pântano. Seus gritos estridentes, o próprio batimento do coração demoníaco, começam a fraquejar, se transformando em prolongados uivos estranhos e incômodos que assustam até eles mesmos. Enfraquecem até o ponto onde precisam cada vez mais de descanso, economizando suas forças para explosões de raiva ocasionais. Seus inimigos anônimos eram tão astutos, realizando seu trabalho letal em total reclusão, que enganaram até mesmo os demônios e fizeram com que pensassem que era seu velho inimigo, o Salvador, que estava causando seu desconforto. Despertaram afinal para o que estava acontecendo. Estavam correndo perigo mortal. Iriam sobreviver apenas se fugissem. Só que àquela altura esses outros demônios, sinistros e anônimos, tinham estado ativos durante a noite. Estavam presos em uma rede de aço que estava sendo apertada em volta deles até fazer com que começassem a sufocar. Em um estado de grande alarme, os demônios reuniram suas últimas forças. "Queremos partir, partir, partir, partir", gritaram, repetidas vezes, desesperada e lamentavelmente. Seus gritos se tornaram tão dolorosos que chegaram até a comover o exorcista. Mas era tarde demais. Mais algumas contorções, gritos e alguns últimos rosnados. Como uma vela tremeluzindo na escuridão quando desprovida de ar, assim os demônios desmoronaram. Pouco tempo depois, na Sexta-Feira Santa, o Salvador também morreu, assim como da primeira vez. Em um cataclísmico Crepúsculo dos Deuses, seu mundo inteiro foi obliterado, varrido para longe até desaparecer. Apesar de todas suas estratégias de exorcismo, o padre Renz não conseguiu trazê-lo de volta. "Não era mais possível saber se o que Anneliese dizia vinha dela ou de um demônio", comentou. "Ela gritava e eu não sabia o porquê."

Os novos demônios anônimos tinham agora todo o território para si. Passaram a controlar a voz de Anneliese, mas não tinham nada a dizer, nada em absoluto. Brincaram com ela de modo errático, emitindo sons inumanos, irracionais e neutros. Eles se demoraram durante algum tempo, sacudindo o corpo da garota como se ela fosse uma boneca de pano. Mas logo se cansaram da brincadeira e partiram, enquanto ela afundava para a morte.

O que os demônios testemunharam é o fato que, com toda sua crueldade, o antigo sistema ainda era humano e tinha recompensas e soluções humanas. Havia pecado e havia demônios, mas havia absolvição para um e exorcismo para os outros. Os novos demônios que agora surgem dos pesadelos deste século terrível não fazem parte da esfera humana. "Você pode rezar o quanto quiser, pode gritar pedindo ajuda, não adianta, o paraíso é surdo", disse Anneliese. Ela sabia. Pois enquanto ainda clamava pela ajuda dos deuses de seu mundo, caiu vítima dos novos demônios de sua época.

E, para eles, não existe exorcismo.

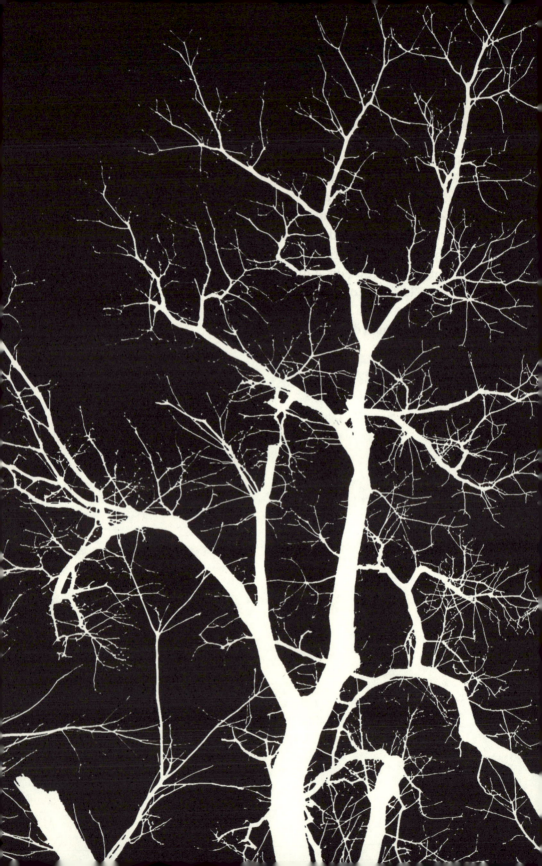

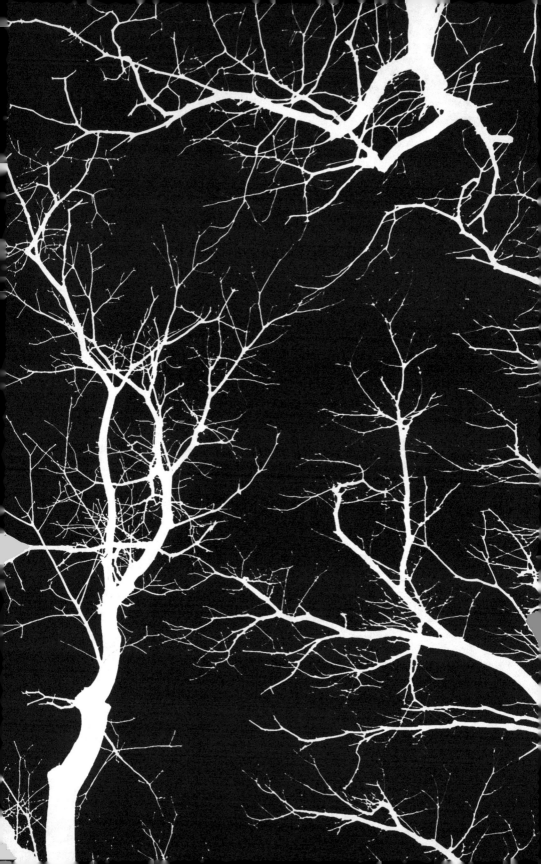

Felicitas D.Goodman

POSSESSÃO

Terror nas Telas

por Gabriela Müller Larocca

Existem duas coisas que os filmes de horror amam: histórias de possessão demoníaca e histórias inspiradas em casos reais. O pacto acontece quando um roteiro consegue unir os dois e entregar um filme verdadeiramente aterrorizante. Não é à toa que logo nos créditos iniciais de *O Exorcismo de Emily Rose* nos deparamos com o letreiro que expulsa o ar de nossos pulmões: "este filme é baseado em uma história real". E esta história não é uma história pouco conhecida ou pouco documentada — se trata de nada mais, nada menos do que a história de Anneliese Michel.[1]

Mas verdade seja dita, *O Exorcista* já havia feito isso antes — o livro de William Peter Blatty é inspirado no caso real de Robert Mannheim, um jovem norte-americano de 14 anos que gostava de brincar com sua tábua ouija, e foi submetido a um exorcismo na década de 1940. Os leitores da DarkSide Books já sabem tudo sobre o caso, é claro, porque leram *Exorcismo*, do jornalista Thomas B. Allen. O filme icônico de William Friedkin, lançado em 1973, ditou o tom das produções cinematográficas focadas em exorcismo nas décadas seguintes, abrindo a porta para uma enxurrada de filmes. Então fica a pergunta: o que há de tão especial em *O Exorcismo de Emily Rose?*

---

1 Um ano depois de *Emily Rose*, em 2006, o caso de Anneliese originou outro filme: um drama alemão intitulado *Requiem*, dirigido por Hans-Christian Schmid.

Para começo de conversa, filmes que trazem histórias verídicas sempre mexem de uma forma especial com as emoções de seu público. Eles alcançam um medo muito básico que todos temos: aquele que está sofrendo na tela poderia ser *eu*. Se o que aconteceu é verdade, poderia então muito bem ter acontecido comigo. No caso específico das histórias de possessão, elas vão um pouco além e tocam em outro medo que acompanha desde a sempre a humanidade: o medo do Mal. Nos enredos de possessão, este Mal sobrenatural é internalizado e exteriorizado nos personagens, adentrando com tudo em nosso mundo e, pior ainda, *em nossos lares*. Desta forma, é abordado e acionado um antigo imaginário, rico e complexo, enraizado na tradição cristã, que entrelaça religião, o conflito entre o Bem e o Mal, o medo do desconhecido e de ameaças diabólicas.

Essas histórias cinematográficas também são muito efetivas em abalar nossas certezas e nossos pressupostos racionais e modernos sobre o sobrenatural e a existência de um mundo invisível, frequentemente passando a mensagem de que algumas coisas existem, independentemente de nossas crenças. Isso fica bastante evidente em um dos diálogos de *O Exorcismo de Emily Rose*, quando o padre Moore diz: "Demônios existem, quer você acredite neles ou não".

Mas, o que também é muito interessante nesses filmes é que, propositalmente ou não, eles oferecem aos seus espectadores dois caminhos diferentes: acreditar piamente no que está acontecendo, alinhando-se à imagética e visão de mundo religiosa do filme, *ou* questionar ceticamente que todos os eventos ali possuem uma explicação racional, cientifica ou médica. Nisso, são conquistados diferentes públicos: os que acreditam e os que não acreditam. Filmes como *O Exorcista* brincam com esses dois caminhos, mas no final acabam reforçando a veracidade daquilo que está acontecendo nas telas como um problema verdadeiro de possessão. Basta lembrar que na produção de Friedkin, em um primeiro momento, o padre Damien Karras explica a Chris MacNeil que sua filha não poderia estar possuída e que os motivos de aflição da garotinha provavelmente residiam em diagnósticos médicos como esquizofrenia e epilepsia. Porém, ao longo do filme, presenciamos a pequena Regan realizar façanhas inexplicáveis, como levitar no ar, soltar palavrões e blasfêmias com uma voz demoníaca, girar sua cabeça completamente, vomitar uma substância verde e até ter sua feição completamente modificada. Ou seja, a mensagem final de *O Exorcista* funciona para reforçar a ideia de que o Mal existe e está à espreita. A possessão do filme é real e não existe espaço para dúvida.

É aqui que *O Exorcismo de Emily Rose* entra e faz o seu próprio caminho. O filme de 2005 dirigido por Scott Derrickson deixa aberta a porta da *possibilidade*. Não existe resposta e muito menos uma conclusão definitiva. Emily realmente estava possuída ou foi tudo fruto de uma condição médica? Os dois pontos de vista são válidos e plausíveis. A escolha fica inteiramente a cargo do espectador, e tudo depende do caminho que *nós* queremos seguir.

No filme, uma advogada agnóstica chamada Erin Bruner (Laura Linney) é contratada para defender o padre Richard Moore (Tom Wilkinson), acusado de homicídio após um exorcismo dar terrivelmente errado, resultando na morte da jovem Emily Rose (Jennifer Carpenter, em uma atuação brilhante e sensível), de apenas 19 anos.

O diretor Scott Derrickson e o produtor Paul Harris Boardman,[2] ambos responsáveis pelo roteiro do filme, descobriram a história de Anneliese Michel quando estavam em Nova York fazendo uma pesquisa para outro projeto. Lá, eles conheceram um policial, que se apresentou como investigador paranormal especializado em atividade demoníaca, que lhes mostrou uma fita cassete gravada e divulgada por um dos padres envolvidos no caso, com trechos do exorcismo de Anneliese. Chocados com o que ouviram, os dois começaram a pesquisar sobre o caso e encontraram alguns documentos, artigos, imagens — e um livro. Este mesmo livro que você tem em mãos agora. Em uma entrevista, Derrickson e Boardman contam que leram a obra de Felicitas D. Goodman e isso despertou o interesse em utilizar a premissa da história de Anneliese em um roteiro de filme. Como em qualquer caso de adaptação, é óbvio que foi necessária uma licença dramática para a escrita do roteiro. Mas ainda sim,

---

2   Além de *Emily Rose*, Derrickson dirigiu outras produções emblemáticas como *A Entidade* (2012), *Doutor Estranho* (2016) e *O Telefone Preto* (2021). Já Boardman, colaborador frequente de Derrickson, também esteve envolvido em filmes como *Pânico 4* (2011), *Poltergeist* (2015) e a série *Arquivo 81* (2022).

Boardman comentou que os eventos e a estrutura do caso de Anneliese foram a inspiração direta para o filme, algo que enxergamos desde a sua premissa até a construção de alguns personagens.

E é aqui que entra o que talvez seja o grande diferencial de *O Exorcismo de Emily Rose*. Apesar de ser um filme sobre exorcismo, é também um filme sobre julgamento e a discussão ciência versus fé. Nisso, a produção se afasta de filmes conhecidos do gênero, como o próprio *O Exorcista*, pois conhecemos Emily e todo o seu sofrimento apenas por uma série de flashbacks. O exorcismo já foi feito e, desde o início, sabemos que a jovem não sobreviveu. A narrativa principal do filme está centrada no tribunal e no julgamento do padre Moore. Oscilamos, assim, entre as perturbadoras cenas de possessão e exorcismo com os momentos alegadamente racionais do tribunal.

Essa forma de contar a história, estruturando-a como um drama de tribunal, possibilitou que o filme se afastasse de comparações inevitáveis com outras produções mais famosas e também de pares recentes que vinham sendo lançados nas grandes telas.[3] A união do horror com o drama de tribunal em um único filme abriu espaço para muitos questionamentos e debates que, inclusive, perpassam o caso verídico de Anneliese. Ao se familiarizar com a história real, Derrickson comentou que ficou bastante impactado e compadecido pela jovem e que algo lhe chamou a atenção: independentemente da forma como enxergasse o que aconteceu ainda lhe eram apresentadas perguntas perturbadoras que não tinham respostas. Segundo o cineasta, além da história render um ótimo filme de horror, nessa mistura de tribunal, exorcismo e discussões sobre saúde mental, sua intenção era provocar os espectadores a questionarem suas crenças e o que pensam sobre o demoníaco e o Mal. Derrickson afirma que ao se fazer essas perguntas inevitavelmente somos levados a pensar sobre o que achamos de Deus, religião, ciência, moralidade, a natureza da memória e até mesmo da verdade. De forma

---

3   Scott Derrickson inclusive comentou que é praticamente uma loucura fazer um filme de exorcismo após *O Exorcista*, que é sua produção de horror favorita. Tanto ele quanto Boardman citam a importância do filme de Friedkin em diversas entrevistas e também comentam outra influência importante para *Emily Rose*: o filme japonês *Rashomon* de Akira Kurosawa. Lançado em 1950, o longa é conhecido por mostrar múltiplos pontos de vista em uma mesma história.

semelhante, Boardman apontou que filmes de horror como *O Exorcismo de Emily Rose* são um caminho interessante para que determinadas ideias sobre a natureza do Mal sejam abordadas. E esses são justamente alguns dos pontos centrais do filme, deixados propositalmente em aberto pelos cineastas: por que Emily Rose morreu? E qual é a verdade por trás de todo esse fenômeno? Nesse sentido, a produção segue muitos dos questionamentos impostos ao caso de Anneliese.

Quando tiveram a ideia para o filme, Derrickson e Boardman procuraram a autora de *Possessão*, Felicitas D. Goodman, já que na época seu livro estava esgotado. Diferentemente do caso que havia inspirado *O Exorcista*, o registro do caso de Anneliese era público e prolífico, compilando documentos sobre os anos de sofrimento da jovem, com o livro de Goodman no centro das grandes referências no assunto.

E isso não passa desapercebido em *O Exorcismo de Emily Rose*. A fim de validar a experiência da possessão, tanto para o público do tribunal quanto para o público do filme, a defesa do padre Moore chama a doutora Sadira Adani (Shohreh Aghdashloo) para testemunhar. Adani é uma antropóloga especializada no estudo de estados de possessão. Tanto dentro quanto fora das telas, a personagem serve como uma voz alternativa de racionalidade, que valida a experiência da possessão como algo que pode ser abordado e verificado de forma cultural e científica. Parece similar? Adani funciona justamente como uma velada alusão à Goodman, ao seu extenso trabalho de pesquisa e expertise no caso. As semelhanças não param por aí. Em um determinado momento do tribunal, uma das falas ditas pela doutora Adani foi quase que retirada integralmente do livro que você acabou de ler.[4]

Apesar de ter o caso e o livro como ponto de partida para a produção do filme, Derrickson e Boardman realizaram inúmeras pesquisas sobre exorcismo e possessão, além de procedimentos criminais e de tribunal. Derrickson procurou englobar em sua pesquisa vários pontos de vista, dos céticos e das perspectivas psiquiátricas até às explicações católicas

---

4   Apesar disso, diferentemente do filme, Goodman não se envolveu no julgamento e seu livro foi publicado apenas alguns anos depois.

e protestantes.[5] Um mergulho assustador em livros, vídeos de exorcismo, fitas, entrevistas e reportagens, com o objetivo de tornar os eventos cinematográficos mais fiéis e respeitosos possíveis, independentemente de qual fosse a explicação por detrás dos fatos, abordando diferentes formas de encarar e interpretar o mundo. Algo que beneficiou bastante essa perspectiva equilibrada foi o fato de a própria dupla possuir visões diferentes sobre o assunto: Derrickson, um cristão praticante, era mais crédulo, enquanto Boardman compartilhava de certo ceticismo.

Diferentemente de muitos filmes de possessão, *O Exorcismo de Emily Rose* abre mão de coisas como levitação e cabeças rodopiantes, mostrando também o processo de exorcismo como algo muito mais longo e complexo, e não como um evento de meras horas. A família Rose é construída como o epítome da devoção rural católica, e o desfecho sombrio de sua história contribui para o tom muito mais sério do que outros filmes do gênero. Para além das adaptações necessárias para o filme funcionar com a audiência, o objetivo da dupla também era criar uma obra que fosse assustadora e curiosa, dando ao público algo para conversar — possibilidades, segredos, crenças — depois que os créditos subissem.

Talvez esse seja o maior êxito de *O Exorcismo de Emily Rose* e sua relação com o caso real de Anneliese Michel. Lado a lado às cenas de possessão e opressão demoníaca, as quais nos fazem tremer de medo e aflição, somos confrontados com um projeto intelectual muito maior: questionar *o que* nos assusta e *por quê*. Indo um pouco além, também podemos nos perguntar: *afinal de contas, no que acreditamos?*

E, assim como Scott Derrickson e Paul Harris Boardman fazem no filme, essa questão, querido leitor, é algo que eu deixo em aberto para você refletir e decidir. Boa sorte.

---

5   Inclusive, um dos detalhes mais icônicos do filme foi retirado justamente dessas pesquisas posteriores. Após ler alguns livros que afirmavam que três horas da manhã era o horário demoníaco, Derrickson ficou tão impactado que ficou acordando exatamente nesse horário por alguns dias. O detalhe acabou entrando no roteiro do filme e ficou bastante marcado em *Emily Rose*. Boardman, por sua vez, apontou que essa questão é um exemplo perfeito da ambiguidade da produção: é o poder do Diabo ou o poder da sugestão? Ou seriam os dois?

Felicitas D.Goodman

POSSESSÃO

BIBLIOGRAPHIA

Anisimov, A. F. 1963. "The Shaman's Tent of the Evenks and the Origin of the Shamanistic Rite". Em: *Studies in Siberian Shamanism*, ed. Henry N. Michael, pp. 84 - 123. Toronto: University of Toronto Press.

d'Aquili, Eugene G. 1978. *The Neurobiological Bases of Myth and Concepts of Deity*. Zygon 13:257-75.

Bourguignon, Erika, ed. 1973. *Religion, Altered States of Consciousness, and Social Change*. Columbus, Ohio: Ohio State University Press.

—. 1976. *Possession*. São Francisco: Chandler and Sharp.

—. 1979. *Psychological Anthropology: An Introduction to Human Nature and Cultural Differences*. Nova York: Holt, Rinehart and Winston.

Büttner, Wilhelm. 1974. "Schippach e Barbara Weigand". Em: *Fränkischer Hauskalender und Caritaskalender*, pp. 3 -21. Würzburg: s.n.

Cohen, Denise, e Marks, Frances M. 1975. *Gilles de la Tourette's Syndrome Treated by Operant Conditioning*. British J. Psychiatry 126:315.

Diószegi, Vilmos. 1958. *A sámánhit emlékei a Magyar népi müveltségben*. Budapeste: Akadémiai Kiadó.

Goodman, Felicitas D. 1972. *Speaking in Togues: A Cross-Cultural Study of Glossolalia*. Chicago: University of Chicago Press.

—. 1973. *Glossolalia and Hallucination in Pentecostal Congregations*. Psychiatria Clinica 6:97-103.

—. 1974. "Disturbances in the Apostolic Church: A Trance-Based Upheaval in Yucatán". Em: *Trance, Healing, and Hallucination: Three Field Studies in Religious Experience*, pp. 227–364. Nova York: John Wiley.

—.1980. *Triggering of Altered States of Consciousness as Group Events: A New Case from Yucatán*. Confinia Psychiatrica 23:26-34.

Gopi, Krishna. 1971. *Kundalini: The Evolutionary Energy in Man*. Boulder, Colorado e Londres: Shambhala.

Haag, Herbert. 1978. *Abschied vom Teufel*. Einsiedeln: Benziger.

—. Elliger, Katharina, Bernhard Lang e Meinrad Limbeck. 1974. *Teufelsglaube*. Tübingen: Katzmann.

Jungnitz, I., H.-M. Fink, A. Jans e J. Lunkenheimer, 1978. *Materialien zur Exorzismusfrage (Fall Klingenberg)*. Mainz: Bischöfliches Ordinariat, Abteilung Öffentlichkeitsarbeit.

Kiesler, Berta Maria. 1965. *Padre Pio*. Salzburg: Erzbischöfliches Ordinariat.

La Barre, Weston. 1970. *The Ghost Dance: The Origins of Religion*. Garden City, Nova York: Doubleday & Co.

Lame Deer (Alce/John Fire) e Richard Erdoes, 1972. *Lame Deer: Seeker of Vision*. Nova York: Simon and Schuster.

Lex, Barbara. 1975. *Physiological Aspects of Ritual Trance. J.* Altered States of Consciousness 2:109–22.

—. 1978. *Neurological Bases of Revitalization Movements.* Zygon 113:276–312.

Di Maria, S. s.d. *Die Muttergottes in San Damiano?* Hauteville/Bulle, Suíça: Parvis.

Neihardt, John G. 1961. *Black Elk Speaks*. Lincoln, Nebraska: University of Nebraska Press.

Ornstein, Robert. 1972. *The Psychology of Consciousness.* São Francisco: W. H. Freeman.

Pattison, E. Mansell. 1973. "Chapter 21: Exorcismo and Psychotherapy". Em: *Religious Systems and Psychotherapy*, pp. 284–95. Springfield, Illinois: C. C. Thomas.

Pfeiffer, Wolfgang M. 1971. *Transkulturelle Psychiatrie*. Stuttgart: Thieme.

1976. *Rites of the Catholic Church as Revised by the Second Vatican Ecumenical Council* (originalmente publicado como *Rituale Romanum*, 1614). Nova York: Pueblo.

Rodewyk, Adolf. 1975. *Possessed by Satan*, traduzido por Martin Ebon. Nova York: Doubleday & Co. (originalmente publicado em alemão como *Dämonische Besessenheit*. 1963. Aschaffenburg: Pattloch).

Walsh, Roger. 1980. *The Consciousness Disciplines and the Behavioral Sciences: Questions of Comparison and Assessment.* Am. J. Psychiatry 137:663–73.

Womack, Sheila. 1979. *An Analysis of the Therapeutic Effects of a Pentecostal Church on Alcohol and Drug Addiction.* Manuscrito não publicado.

—. 1979. *From Coprolalia to Glossolalia: A Possible Link Between Gilles de la Tourette Syndrome and Speaking in Tongues.* Manuscrito não publicado.

FELICITAS D. GOODMAN (1914-2005) nasceu em Budapeste, Hungria, e foi uma linguista e antropóloga altamente conceituada. Estudou tradução e interpretação na Universidade de Heidelberg e trabalhou durante muitas décadas como tradutora e autora de resumos científicos em diversos idiomas. Obteve um mestrado em linguística em 1968, e depois se dedicou a um novo ofício, a antropologia. Após completar o trabalho de campo na Cidade do México e em Iucatã, escreveu livros e dissertações sobre transe extático e também lecionou linguística e antropologia na Denison University. *Possessão* é um dos seus livros de maior sucesso e fruto de um rico trabalho em cima de artigos, gravações, laudos e documentos oficiais sobre o caso da jovem alemã afligida por demônios nos anos 1970. Duas décadas depois de sua publicação, foi usado como base para o filme *O Exorcismo de Emily Rose* (2005), de Scott Derrickson. Felicitas D. Goodman faleceu em 2005 em Ohio.